20, 30대를 위한 심리상담치유서

이야기를 들어주는 심리학

노을이 지음

마인드북스

20, 30대를 위한 심리상담치유서

이야기를 들어주는 심리학

초판 인쇄 2010년 5월 10일
초판 발행 2010년 5월 15일

지은이 | 노을이
펴낸이 | 정영석
펴낸곳 | 마인드북스
주소 | 135-712 서울특별시 강남구 대치동 889-5 상제리제센터 A동 1601호
대표전화 | 02-6414-5995   팩스 | 02-6280-9390
출판등록 | 제2009-000311호
블로그 | http://blog.naver.com/mindbooks_
디자인 | 김승일
ⓒ 노을이, 2010

ISBN 978-89-963495-0-1 03180

사람들이 가지고 있는 생명력은 너무나 아름답고 위대합니다. 그런데 상담을 하면서 만나는 사람들은 어떤 이유로 자신의 생명력을 뿜어내는 데 어려움을 갖고 있었습니다. 움츠려 있던 사람들이 따뜻한 시선, 보살피는 마음, 사랑의 말로 감싸 안아 주는 상담자를 만나 당당하게 세상 속으로 걸어가는 것을 보면 이런 일을 하면서 살아가는 자신에게 흠뻑 칭찬을 해 주고 싶어집니다.

저자 노을이 선생님은 제가 아끼는 학생이며, 상담학에 입문하였을 때 정성을 들여 상담을 한 내담자 중의 한 명입니다. 이 책은 사람에 대한 끝없는 애정과 깊은 통찰력을 가진 저자가 내면의 아픔을 겪고 있는 많은 사람들에게 친밀하게 다가가기를 원하는 저자의 오랜 열망의 소산입니다.

여기에 담긴 여섯 사례는 우리들의 일상적인 삶에서 자주 만나게 되는 이야기입니다. 사례들을 읽다 보면 문득 나 자신을 읽어 나가는 것 같은 생각이 들어 고개를 들고 주변을 한 번 둘러보게 됩니다.

이 책은 인간 심리에 관한 이론책보다 더 정교하게 실질적인 사람의 내면을 분리해서 보여주고 있습니다. 여러분들도 사례의 주인공이 되어 그때그때 자신 내면에서 일어나는 감정, 생각, 기대, 자신에 대한 이미지 등을 바라보면서 주인공과 함께 치유와 회복을 경험하시길 바랍니다.

최승애(한빛상담심리센터 원장)

들어가기 전에

제 삶이 캄캄하던 시절, 강력한 태풍이 온 적이 있었습니다. 세상을 다 쓸어가 버릴 듯한 기세로 휘몰아쳤었죠. 천둥과 강풍이 만들어 내는 흉폭한 굉음에 떨며 혼자 밤을 지새웠습니다. '아침이면 주변이 완전히 초토화되겠구나.' 라고 생각하면서요.

태풍이 지나간 다음 날 아침이었죠. 출근을 하기 위해 집을 나선 제게 뜻밖의 광경이 펼쳐졌습니다. 간밤을 어디서 피했는지 나비 한 마리가 팔랑팔랑 춤추고 있지 않겠어요. 광풍에 한 번만 부딪쳐도 바스러져 버릴 여린 날개로 말입니다. 아무리 둘러보아도 폭풍을 피할 만한 곳은 없는데 제 눈앞에서 사뿐사뿐 날고 있는 모습이란!

그 순간 왠지 모르게 눈물이 핑 돌았습니다. 보이지 않는 어떤 커다란 존재가 '살아라' 라고 말하는 듯했죠. 아무리 연약한 존재라도 '살아야 한다' 고, '살 수 있다' 고……. 생명에 대한 경외감, 이 세상을 가득 채우는 보이지 않는 은총이 말할 수 없는 감동으로 밀려왔습니다. 그 나비의 '살아있음' 은 제게 너무나 큰 위로가 되었죠.

이 책을 내면서 그날을 다시 떠올려 봅니다. 아무리 고민이 많고 힘없는 사람이라도, 삶의 어딘가엔 반드시 그 밤의 폭풍을 이겨낼 은총이 있다는 진실을 말이죠. '그래, 그렇지' 고개도 끄덕여 봅니다. 시대의 초췌한 얼굴을 아침마다 대해야 하는 요즘도 여전히 그것은 '진실'입니다.

심리상담사로 길지 않은 시간을 일해 오면서 많은 20, 30대를 만났

이야기를 들어주는 심리학

습니다. 인생의 행복을 일구려고 누구보다 열심히 노력하는 사람들이었습니다. 저를 포함한 대부분의 청년들에게는 결코 쉽지 않은 오늘이기에, 그들에겐 깊은 위로와 격려가 필요했습니다. 진심으로 함께 고민해 줄 친구가 말이죠.

'이렇게 해야 한다', '이렇게 살아라' 라는 지시와 명령만 범람하는 우리 시대에, 그런 말들로는 도저히 행복해질 수 없었던 그들을 만났기에 저는 이 책을 쓰게 되었습니다. 한 사람의 복잡 미묘한 마음의 실타래를 풀어 하나의 해답에 도달하는 과정은 결코 짧지 않습니다. 그 시간을 함께 걸으며 한결같이 '잘 될 거야', '힘내' 라고 말해 줄 사람, '지금 주저앉지 말고 좀 더 노력해 보자' 라고 말해 줄 사람이 있다면 우리는 무엇이든 이겨내지 않을까요.

이 책을 통해 바로 오늘 그 자리로 당신을 찾아가기 원합니다. 남모를 이야기를 들어주고 공감해 주는 심리학, 조금은 험한 길도 함께 걸으며 도란도란 이야길 나눠주는 심리학이 바로 제가 만난 상담이요, 오늘의 우리에게 가장 필요한 위로라고 믿기 때문입니다. 친숙한 고민들을 갖고 저와 먼저 걸었던 사람들의 이야기를 보면서, 그 속에 있는 당신의 이야기도 한번 찾아보세요. 그들과 함께 당신도 위로받고, 성찰하며, 새로운 선택을 결심도 하면서 말입니다. 그러다 보면 그 사람들이 삶 속에 숨겨진 행복을 찾아낼 때 당신도 그 행복을 발견하게 될 것입니다.

자, 이제 당신의 어깨를 북돋아 일으키고 싶습니다. 그리고 아직 보이진 않아도 반드시 있는 행복을 찾아 여행을 떠날 용기를 주고 싶습니다. 그날 아침 제가 만났던 바로 그 나비처럼 말입니다.

꼭 전하고 싶은 감사의 말로 이 글을 맺음하려 합니다. 정말 바쁘신데도 주옥같은 글로 쉬어 가는 페이지를 채워 주신 함규진 작가님, 정성스러운 손길로 열심히 삽화를 그려 준 사랑하는 동생 신혜, 누군가에게 도움이 되길 바라며 자신들의 내밀한 이야기를 싣도록 기꺼이 허락해 준 내담자들, 저를 계속 신뢰해 주시고 좋은 책을 만들어 주신 마인드북스 대표님, 책을 쓰면서 힘에 겨워 주저앉으려 할 때마다 진심어린 격려와 사랑의 언어로 절 일으켜 주신 최승애 교수님, 제 삶의 모델이자 멘터이신 황헌영 교수님, 김세준 교수님, 훌륭한 검토자이자 지지자였던 소중한 친구들, 그리고 누구보다 힘들었을 자리에서 묵묵한 인내와 애정으로 격려해 준 나의 남편, 마지막으로 늘 가장 가까이 계시는 그분께, 글로는 다 풀지 못할 감사의 마음을 전합니다.

2010년, 더디게 찾아온 봄을 맞으며

노을이

이야기를 들어주는 심리학

차 례

1 장

행복을 찾아 떠나는 여행

그녀는 오늘도 화려한 무대에서 내려오며 심한 피로를 느꼈다. 사람들의 환성과 꽃처럼 피어난 모습에 대한 찬사가 왠지 거친 모래를 삼킨 것만 같다. 모두가 부러워하는 발레리나가 되었지만, 이유를 알 수 없는 공허함은 자꾸만 커져간다. 마치 몸에 맞지 않는 옷을 입은 듯한 불편함을 지울 수가 없다.

"…… 어린 시절로 돌아가고 싶어……"

소란한 대기실에 푹 꺼지듯 앉아 피로와 우울의 먼지들이 하나 둘 자신의 어깨 위로 내려앉는 무게를 느끼며 중얼거린다. 그때, 불쑥 열정적인 목소리가 그녀의 의식을 흔들며 뛰어들었다.

"오늘 무척 아름다웠어. 공연 내내 당신 모습만 보여서 다른 장면은 볼 수가 없었어."

자신이 좋아하는 커다란 꽃들로 꾸며진 화려한 꽃다발과 함께 갑자기 눈앞에 나타난 근사한 남성의 얼굴. 그녀는 빙그레 미소를 지었다.

'그래, 난 이 사람과 함께 행복해질 거야. 더는 우울할 일도 괴로울 일도 없겠지.'

그녀는 오늘도 여전히 멋지게 차려입은 약혼자의 손을 잡고 일어나 대기실 문을 빠져나왔다. 다정하게 팔짱을 끼고 예약해둔 고급식당으로 발길을 옮기며 우울함은 어느새 설렘으로 변해 있었다. 연인의 곁에서 발갛게 상기된 그녀의 뺨에 밤바람이 문득 시리게 스쳐 간다.

"행복해지고 싶어요?"

누군가 나에게 이렇게 묻는다면 대답은 "물론이죠!"입니다. 살아 있는 사람들은 아마도 모두 저와 같이 대답할 것입니다. 여기 우리와 똑같은 꿈을 꾸며 행복을 잡으려 하는 한 여인이 있습니다. 아름다움과 사회적 지위와 멋진 약혼자 …… 참 많은 것을 가진 그녀는 행복해졌을까요? 잠시 후 그녀의 삶을 다시 만나 봅시다. 그러나 그 전에 우리가 원하는 행복, 그것이 무엇인지를 잠시 생각해 보려 합니다.

행 복 이란?

행복에 대한 사람들의 욕망은 정말 큽니다. 갓 동생이 생긴 두 살

이야기를 들어주는 심리학

배기 아기부터 지긋한 연세의 노인들까지 스스로 행복하다고 생각하는 삶을 가슴 속에 품고 있으니까요. 아마도 아기는 동생에게 빼앗긴 부모님의 관심을 되찾아 오고 싶어 하겠지요. 노인들은 자수성가한 자녀를 친구들에게 자랑하며 손주들 재롱을 낙으로 삼아 살고자 하실지도 모릅니다. 이렇게 행복은 우리의 삶에 있어 참으로 중요하고 근본적인 목표입니다. 살아 있는 동안 언제나 더 나은 삶을 바란다는 것, 인간의 놀라운 본성이지요.

그렇다면 무엇이 우리를 행복하게 한다고 생각하시나요? 요즘 초등학생의 인기 장래희망은 대기업 CEO, 연예인 혹은 변호사라고 합니다. 옛날처럼 대통령이나 과학자 같은 이야기는 잘 나오지 않습니다. 이유를 물어보면 "돈을 많이 벌고 싶다."라는 대답을 쉽게 들을 수 있지요. 경제적인 능력이 우리의 행복에 중요한 요소라는 뜻이겠죠. 저는 이것을 부정하지 않습니다.

하지만 아이러니하게도 우리가 그토록 부러워하는 재벌과 그 2세들, 권력자, 유명 연예인들이 어느 날 이혼이나 자살 같은 슬픈 소식으로 우리를 찾아오기도 합니다. 실감이 나지 않는 그들의 비보 …… 우리는 너무나 익숙한 이름들을 금방 떠올릴 수 있습니다. 노무현 전대통령, 최진실, 장자연, 정다빈 …… 다 열거하기엔 너무 많습니다.

"다시 한 번만 기회를 준다면!" 살아 있는 우리가 이렇게 외치고만 싶습니다. 그러나 이 사람들이 살아 있는 동안 우리는 그들의 삶을 선망했습니다. 질투가 날 만큼 많은 것을 가졌다고 느꼈었죠.

과연 행복이란 무엇일까요? 행복은 우리에게 평생을 살아갈 의미와 희망을 줍니다. 도대체 이 사람들이 행복하기엔 무엇이 부족했을까요. 그리고 만약 이들이 다시 살아 돌아온다면, 우리는 과연 무엇으로 그들에게 이전 삶과 다른 행복을 안겨 줄 수 있을까요?

행복을 만들어 내는 요소는 참 다양합니다. 많은 사람들이 돈을 행복의 조건으로 생각합니다. 그 외에도 좋은 대인관계, 화목한 가정, 멋진 애인, 건강, 삶의 여유, 보람 있는 직장, 인기, 아름다운 외모 등 우리를 행복하게 만들어 줄 듯한 조건들은 무척 많습니다.

하지만 이러한 조건을 가지지 못했는데도 행복한 사람들이 있습니다. 우리는 가수 김장훈의 모습 속에서, 노년을 더욱 아름답게 보낸 오드리 헵번의 모습 속에서, 법정 스님의 글 속에서, 마더 테레사의 모습 속에서 행복한 삶을 발견합니다.

그녀가 찾은 행복한 삶

이제 다시 그녀의 삶으로 돌아가 보겠습니다. 과연 이 여인은 어떻게 되었을까요? 사실 이 젊고 아름다운 발레리나는 타샤 튜더입니다. 얼마 전 타계한 미국의 유명한 동화작가이자 삽화가이죠. 그녀는 명문가에서 태어나 그 당시 여성이 진출할 수 있는 최고의 직업 중 하나였던 발레리나가 되었습니다.

그녀는 아름다웠고, 약혼자는 세련되고 멋진 신사였습니다. 우리가 간절히 원하는 조건을 대부분 갖춘 듯 보이죠. 그러나 그녀는 오늘날 뛰어난 원예가이자 동화작가라는 이름으로 알려져 있습니다. 조금 의외지요?

이야기를 들어주는 심리학

시골 산 중턱에 18세기 풍으로 지은 작은 집에서 홀로 살면서 방대한 넓이의 정원을 아름답게 가꾼 것으로 유명해졌죠. 또 직접 그린 삽화들은 지금은 값을 매길 수 없는 가치로 거래되고 있습니다. 그러나 왜 타샤는 세련된 귀부인이나 훌륭한 발레리나가 아니라 동화작가가 된 것일까요.

사실, 그녀는 전통적인 당시 사회 분위기 속에서 이혼이라는 아픔을 겪고 4남매를 혼자 키워 낸 '워킹 맘'이었습니다. 1915년에 태어난 타샤가 살아간 사회는 상상할 수 없을 만큼 보수적이었죠. 그리고 여성들의 힘은 참으로 미약한 시대였습니다.

전원적인 삶을 동경하던 자신과 도회지를 좋아했던 남편과의 결혼생활은 갈등의 연속이었죠. 깊은 우울증과 불안에 시달려야 했던 그녀는 결국 이혼을 하게 됩니다. 이혼이라는 사건은 당시 사회 속에서 그녀를 실패자, 흠 있는 여인, 어딘가 문제 있는 사람으로 낙인찍어 버렸습니다.

게다가 사실상 양육비와 생계를 위한 아무런 경제적인 지원도 보장받지 못했죠. 그래서 결국 여자가 돈을 벌 길이 너무나 희박했던 그 시대에 생계를 책임져야만 하는 '워킹 맘'이 된 것입니다. 그때부터 가난은 타샤의 삶에서 큰 도전이었습니다. 살기 위해 그림을 그렸고, 그나마도 쉽게 길이 열리지 않아 어려운 시절은 지속되었습니다.

아이들에게 늘 아빠 없는 자식이라는 꼬리표가 따라다니는 압박감, 주변의 곱지 않은 시선과 가난, 홀로 가정을 지고 가야 한다는 책임감 …… 그녀가 겪었을 정신적 고통은 우리가 다 헤아릴 수 없을 정도입니다.

그러나 그녀를 회고하는 사람들에게 타샤는 놀랍게도 창의적이고 예술적인 어머니이자 자신의 삶을 부끄러워하지 않았던 여인입니다. 홀로 18세기 물건들로 살림을 하고 염소와 오리를 키우며 드넓은 정원을 가꾸었던, 누구보다 부지런한 사람이었습니다.

그녀는 죽기 얼마 전 인터뷰에서 이런 말을 합니다.

"아무리 큰 재물을 준다고 해도 젊을 때로 돌아가고 싶지 않아요. 나이가 들면 더 멋지게 살 수 있는 걸요."

이 말이 인상적이었던 사람이 저만은 아니었나 봅니다. 타샤 튜더의 별명이 '행복한 사람'이 된 것을 보면 말입니다. 모든 것을 누릴 수 있었던 젊은 시절, 아름다웠고 명예와 근사한 연인도 있었던 그 시절보다 타샤는 자신이 살고 있는 황혼의 삶을 더 사랑했습니다. 삶에 대한 깊은 만족감. 바로 그것이 이 말을 하는 타샤 튜더에게서 전해집니다. 우리가 너무나 잡고 싶어 하는, 참 어려워 보였던 그 행복을 타샤는 누리고 있었습니다.

진정한 행복을 찾아 떠나는 여행

네, 그녀는 행복해졌습니다. 그러나 우리가 반드시 주의를 기울여야 할 사실이 있습니다. 타샤는 자신이 가졌던 많은 조건들을 잃고 별로 원하지 않는 삶을 살았습니다. 고단하고 혹독한 삶 속에서 강인하게 행복을 일구어 내었죠.

우울과 불안, 깊은 회의 …… 분명 그녀의 삶에도 있었을 것입니

이야기를 들어주는 심리학

다. 그러나 그녀가 행복한 사람이 된 데는 보이지 않는 '삶의 자원'이 있었습니다. 타샤의 독특한 삶의 색깔을 이해해 주는 소수의 친구들과 지치지 않는 부지런함이 그것입니다. 또한 삶에 절망이 찾아올 때마다 그것을 정화해 내는 마음의 샘이 있었습니다. 그 샘의 이름은 바로 긍정의 언어입니다.

이런 자원이 불행을 뛰어넘어 행복한 삶의 원동력이 된 가치와 철학을 탄생시킨 것입니다. '자원'이라는 말의 의미에서 알 수 있듯이, 인간은 이것 자체로는 행복해지지 않습니다. 말 그대로 '잠재된 원료'이니까요. 그리고 사람은 누구나 이런 한두 가지의 소박한 '자원'은 가지고 있습니다. 종류와 가짓수가 조금씩 다를 뿐이지요.

실제로 부지런함이나 내면의 긍정적 언어, 그리고 간간히 자신을 이해하는 사람들이 말해 주는 지지와 격려들은 거대해 보이는 삶 앞에 참으로 작은 것입니다. 그런데 그녀는 어떻게 그것을 발견하고, 행복의 밑거름으로 삼았을까요.

삶에 따라다니는 고민들, '이것만 없으면 삶이 좀 더 완벽할 텐데.'라고 생각하는 불편한 문제들이 대부분의 사람들에게도 있습니다. 타샤도 마찬가지죠. 그렇다면 그녀와 보통사람들의 차이는 무엇일까요? 분명 그녀는 많은 것을 잃었고, 고민도 산더미 같았을 텐데요. 그 모습 자체로는 결코 행복해 보이지 않는데 말입니다.

결국, 행복은 무엇을 가졌느냐 보다 무엇을 추구하며 살아가느냐로 결정됩니다. 물론 우리에게 앞서 이야기했던 것들이 필요 없다는 말은 아닙니다. 그러나 사람들이 행복을 발견하는 순간에 공통적으로 드러나는 모습이 있습니다. 바로 자신의 초라해 보이는 삶 속에서 별

것 아닌 줄 알았던 자원의 진정한 가치를 찾는 모습입니다. 마치 호주 머니에 아무렇게나 넣어 둔 잡동사니 중에 보물 상자 열쇠가 들어 있었던 것처럼 말입니다! 아무리 작은 것이어도 좋습니다. 작은 촛불 같은 희망 하나로도, 삶의 캄캄함을 밝힐 수 있습니다.

저는 다만 그 자원의 가치를 함께 발견해 주는 사람입니다. 당신의 삶 안에 놓인 것들의 숨겨진 가치를 함께 찾는 사람, 그 자원들로 행복을 만들어 가는 길을 동행하는 사람, 그 사람이 바로 심리상담사입니다.

작은 우울과 때로 삶을 불행하게 만드는 문제들이 행복을 방해하는 것은 사실입니다. 타샤처럼 자원에 초점을 맞추려 해도 잘 되지 않죠. 괜찮습니다. 이제부터 함께 할 여행은 바로 그런 문제들을 풀어가기 위한 여행이니까요. 어려운 문제들을 하나씩 마주하고 넘어서는 그 과정을 함께 걸어가 봐요. 그러다 보면 우리가 원하는 행복을 어떻게 찾아내는지도 점점 알게 될 겁니다. 마치 타샤처럼 삶의 힘겨운 문제들은 점점 힘을 잃고, 지금 여기서 누릴 행복의 자원은 더 풍성하게 발견되는 삶을 만나는 것이지요.

더 이상 내 삶에 어떤 외부적인 조건이 부족한가를 생각할 필요가 없습니다. 삶은 끊임없이 달라집니다. 다만 지금 내 삶 속에 있는 보물들을 어떻게 발견할 것인가, 이것을 고민하기 시작할 때 행복은 더 가까이 다가옵니다. 우리 초점을 맞춥시다. 행복은 바로 당신의 주머니 속에 있습니다. 물론, 처음부터 쉽게 보물을 발견하여 순식간에 행복해지지는 않을 겁니다.

이 책을 통해 당신과 함께 여행을 하고자 합니다. 바로 고민과 문제들을 넘어서 행복을 찾는 여행입니다. 웬 참견이냐고요? 제 비밀을 살짝 말씀드리겠습니다. 저도 실은 힘겨운 삶 가운데서 주머니 속의 행복을 발견한 사람이니까요.

이 책에서 '돈을 많이 벌고 성공하는 방법'이나, '이렇게 해야만 당신은 행복할 수 있다! 방법 1, 2, 3……' 같은 이야기를 하고 싶진 않습니다. 이런 이야기들은 당신의 삶을 또다시 어떤 외부적 조건이나 특정 행동을 통해서만 변하는 것처럼 만들 위험이 있기 때문입니다. 일상에서 발견되는 행복에 대해 같이 이야기하고 싶습니다. 오늘 고민에 묻혀 숨어 있는 바로 그 행복 말입니다. 보물찾기를 하듯, 함께 고민을 헤치고 행복을 찾지 않겠어요? 전 족집게 강사나 비법을 가진 고수가 아니라 당신의 친구이니까요.

분명 우리도 행복해질 수 있습니다. 그 삶은 생각보다 가까이 있습니다. 저도 그 삶을 만났고, 상담을 하면서 여러 사람들이 행복을 찾는 모습을 보았습니다. 이제 그 여행을 당신께도 소개하고자 합니다. 함께 행복으로 가는 길을 한 걸음씩 걸어가 봅시다. 천천히 산책을 하며 소박한 풍경의 아름다움을 깨닫듯이, 이미 내 주머니 속에 있는 행복을 새롭게 만나는 여행이 될 거라고 당신께 약속합니다.

다시 만나는 시대 속 인물
에이브러햄 링컨

　에이브러햄 링컨의 사진을 들여다보면, 그를 잘 모르는 사람이라 할지라도 왠지 숙연해지며 경외심이 일게 된다. 정치인이라기보다는 예언자나 철학자에 어울리는 표정과 외모 때문이다. 어느 소녀의 조언으로 기르게 되었다는 일화를 가진 턱수염도 신비하고 존엄한 기운을 풍기지만, 조용한 눈과 다문 입은 무한한 지혜와 강철 같은 결의를 나타내는 것 같다.

　그런데 한편으로 링컨의 표정을 다시 찬찬히 보면 쓸쓸함과 슬픔, 애써 참고 있지만 감출 수 없는 고뇌가 묻어나오는 듯도 하다. 그리고 살아생전 링컨과 친했던 사람들은 그런 이상을 뒷받침하는 증언을 했다. 가령 변호사 시절 동료였던 윌리엄 헌든은 "그는 한 걸음 걸을 때마다 우울함을 뚝뚝 떨어뜨리고는 했다"고 한다.

　링컨이 누가 봐도 틀림없을 만큼 우울증에 걸린 일은 젊은 시절에 두 차례, 26세이던 1835년과 32세이던 1841년이다. 1835년에는 권총을 갖고 숲속을 홀로 방황하는가 하면, 1841년에는 "나는 이 세상에서 가장 비참한 사람이다 …… 다 끝난 것 같다."라는 글을 남기기도 했다. 공교롭게도(?) 두 번 다 여성이 개입되어 있었다. 1835년에는 어릴 때부터 친하게 지낸 앤 러틀리지가 갑자기 죽었으며, 1841년에는 메리 토드와의 약혼이 깨어졌다(여기에는 다소 복잡한 애정 문제가 얽혀 있었다. 링컨은 메리 토드와 약혼했지만 다른 여성에게 마음이 기울고 있었고, 메리 토드 역시 링컨의 라이벌이며 나중에는 남북전쟁에서 남군의 대표자로 링컨과 대결하게 되는 스티븐 더글러스와 가까워져 있었다. 링컨은 일단 파혼했지만, 우울증에서 회복된 후 '의무감 때문에' 결국 메리와 결혼한다.).

하지만 7년의 연구 끝에 〈링컨의 우울증〉이라는 역작을 쓴 조슈아 울프 셍크는 링컨이 '여자문제' 때문에 우울증을 앓았다고 본다면 너무 단순한 시각이라고 한다. 두 번째는 몰라도, 적어도 첫 번째 발병은 우울증 특유의 '마땅한 이유가 없는 급작스러운 허무감. 스스로도 조리 있게 설명할 수 없는, 한없는 슬픔과 무력감'으로 시작되었다. 앤 러틀리지의 죽음이 방아쇠 역할을 한 것은 틀림없지만, 깊이 사랑하는 사람을 잃은 충격과 슬픔 때문이라기보다는 '늘 순조롭게 돌아가는 듯하던 세계가 갑자기 붕괴하는 느낌, 그에 따른 경악과 공포'가 일어났다는 것이다.

이런 우울증은 유난히 우울증 환자가 많았던 링컨의 가계와 밀접한 관련이 있었으며, 불우한 환경에서 자라 변호사가 되는 일이나 정치에 입문하는 일이 모두 실패의 연속이었던(그는 두 차례 파산했으며 여섯 차례 낙선했다.) 링컨의 경험이 그런 증세를 더욱 부채질한 점도 있었다(집안에서도 링컨은 그리 행복하지 못했다. 메리 토드와의 결혼생활에는 사랑과 열정이 부족했고, 그녀는 남편을 지배하고 구속하려는 태도가 두드러졌다. 그녀와의 사이에서 네 아들을 두었는데, 셋은 어릴 때 죽었다.). 사실 누가 봐도 확연할 정도로 우울증이 크게 찾아왔던 때는 저 두 차례였지만, 그 뒤로도 가볍지만 만성적인 우울증은 평생 그를 따라다녔다. '걸음마다 우울을 떨어뜨릴' 정도까지.

그러면 링컨은 어떻게 우울증을 극복하고 미국 역사상 가장 위대한 대통령으로 평가받게 되었는가? 정확히 말하면 극복한 것은 아니다. 다만 그는 우울증과 '더불어 사는' 법을 익혔다. 그는 평생 가도 자신의 기질을 고치지 못할 것이며, 세상이 자신에게 행복을 보장해 주지도 않을 거라고 납득했다. 물론 그런 납득으로 우울증을 견디지는 못하지만, "이게 내 팔자다!" 라고 진심으로 수긍하면 자잘한 것에 마음을 쓰다가 더 큰 고민에 잡아먹히는 일은 확실히 줄어든다.

그는 농담을 적극적으로 활용했다. 그 자신도 백악관에 도전했던 미국의 정치인 밥 돌이 미국 역대 대통령의 농담을 수집, 분석한 〈대통령의 위트〉에서, 링컨은 역대 대통령 중 가장 유머 감각이 뛰어났던 사람으로 꼽혔다. 농담은 말하는 사람에게나 듣는 사람에게나 긴장을 늦추고 상황을 낙관적으로 보게 하는 효능이 있다. 농담을 주고받고 하하 웃는다고 밥이 나오는 것도 아니고 전쟁에서 이기는 것도 아니지만, 자기도 모르게 움츠러들던 마음이 기지개를 펴고 일어날 수 있는 기회를 준다. 링컨은 시의적절한 농담으로 자신의 우울증을 달랬을 뿐 아니라, 리더십도 발휘했다.

링컨에게는 '철없는 소년 같은' 꿈이 있었다. 바로 '역사에 뭔가를 남기는 사람이 되고 싶다' 는 꿈이었다. 누구나 어린 시절에는 위인이 되기를 바라지만 결국 철없는 시절의 꿈으로 치부해 버리고, 합격이나 승진, 치부 등의 범속한 목표를 향해 매진하게 된다. 그러나 링컨은 나이 들어서도 그런 꿈을 버리지 않았다. 마흔 살이 되던 때 "내가 살아온 세상보다 조금이라도 나은 세상을 만들지 못한 채 죽는다면 얼마나 애석할까?"라고 토로할 정도였다. 그런 '철없는 꿈' 이 절망과 우울에 허우적거리면서도 그에게 살아야겠다는 의지를 남겨 주었던 것이다.

그런 만성 우울증이 그의 '꿈' 을 이루기에 도움이 된 점도 있다. 자신의 운을 믿지 않고 늘 무슨 재난이 닥칠지 불안해했기에, 최선의 노력을 다했다 (유명한 게티즈버그 연설 때, 그는 기차 안에서 잠도 자지 않고 몇 번이고 연설문을 다듬었다. 그리고 연설을 마치고 단상에서 내려온 다음, '제대로 못 해냈어. 목소리도 안 좋았고 …… 완전히 실패야.'라고 측근에게 중얼거렸다고 한다.). 그리고 스스로의 인생을 불쌍하게 여기는 마음이 있었기에, 노예와 정적을 포함한 많은 이들의 인생을 불쌍하게 여길 수 있었다. 변두리 출신의 '듣보잡' 정치인에 불과했던 링컨이 대통령이 되고 미국의 영웅으로 남을 수 있었던 까닭으로 천재적인 두뇌나 카리스마적인 기백보다는 불굴의 의지, 초인적인 세심함, 그리고 누구나 감동시키는 인간적인 면모 등을 들고 있음을 보면, 결과적으로 우울증의 덕을 보았다고도 하겠다.

물론 남북전쟁이 남군의 승리로 돌아갔더라면, 그리하여 끝내 실패한 대통령으로 남게 되었더라면 어땠을지 모른다. 결국 적들의 비난보다 자신의 기질이 그를 옥죄었을지도. 링컨이 전쟁 직후 암살되지 않고 전후 처리와 해방노예 관리 문제 등 골치 아픈 문제와 씨름해야 했다면 또 어땠을지?

아무튼 링컨은 최선을 다해 살았다. 그 이유가 보통은 살아갈 이유를 없애 버리는 우울증이었다는 사실이 그의 위대함을 증명해 준다. 우울증은 삶의 가치와 즐거움을 단숨에 잿빛으로 만들고, 살아가느니 죽는 게 차라리 낫다는 메시지를 영혼에 새긴다. 그러나 링컨은 그럴수록 더욱 열심히 살았다. 자신의 의무, 그리고 반드시 이루어야 할 원대한 목표에 대한 믿음이 그것을 가능하게 했다. 그리하여 어지간한 사람이 절망하여 일어나지 못할 곳에서도 일어났다. 절망은 이미 그에게 친숙했으므로. 링컨을 존경했으며 링컨과 같은 사람이 되기를 원했다는 또 다른 대통령도 그런 점을 새겼다면 다른 선택을 하지 않았을까.

2 장

오래된
벽을 넘어

우리가 함께 여행을 하려면 가장
먼저 넘어서야 할 벽이 하나 있습니다. 그 벽의 이름은 '오래된 두려
움'입니다. 사실 누구에게나 있는 마음이죠. 자신에 대한 평가가 나빠
질까 봐 두려워하는 마음, 아픔을 드러내면 거절당할까 봐 두려워하
는 마음, 현재의 모습을 인정하고 마주보기를 두려워하는 마음……

진정한 행복을 만나기 위해서는 먼저 자신을 진실하게 만나야 합
니다. 행복은 내가 아무렇게나 집어넣고 돌아보지 않는 '내' 주머니
속에 들어 있기 때문입니다. 그 속에는 그동안 만나지 못했던 자신도
함께 들어 있습니다. 대부분 남 앞에 내놓기 힘든 약하고 고집스럽고
미숙한 자신이지요. 보물찾기를 할 때면 구석구석 샅샅이 뒤지듯이,
행복을 누리기 위해선 나의 숨겨진 진짜 모습들을 찾아야 합니다. 그

래야만 내가 무엇 때문에 지금 행복하지 못한지, 어떤 문제를 넘어서야 하는지 잘 알게 됩니다. 물론, 마음을 다 헤집어 아픈 상처를 끄집어내자는 말은 아닙니다. 다만 어떤 모습이든 있는 그대로의 자신을 안아줄 준비를 하는 것이죠.

적을 알고 나를 알면 백전백승이라 했던가요? 당신의 삶에서 행복을 누리지 못하게 하는 가장 큰 주범은 무엇인가요? 지금부터 이야기할 내용 속에 그 벽이 있습니다. 그것을 넘어설 마음의 준비가 되셨나요? 그럼 이제 답답하고도 익숙한 '오래된 두려움'이란 벽을 마주보기로 합시다.

편견을 넘어 걸어가기 – 행복의 열쇠

"솔직히 …… 상담은 정신적으로 문제 있는 사람들이 받는 것 아닌가요?"

또 한 사람이 돌아서려 합니다.

"마음은 많이 힘들지만 다른 사람들이 제가 상담 받는다는 걸 알면 이상한 눈으로 볼 것 같아요."

이해가 되면서도 말할 수 없이 안타깝고 왠지 가슴이 답답해지는 상황들 ……. 저는 심리상담을 하면서 가끔 이런 일들을 만납니다. 바로 상담에 대한 편견의 벽에 부딪히는 상황입니다. 그 사람들에게는 상담이 그런 것이 아니라고 설명을 해도 이미 박힌 이미지가 지워지지 않아 안타까울 때가 잦습니다.

　그러나 상담은 정말 정신적으로 문제 있는 사람들만 받는 것일까요? 아이러니하게도 사실 상담을 가장 많이 받는 사람은 상담사로 일하는 저 같은 사람입니다. 상담사들이 더 정신적으로 문제가 있거나 심각한 고민을 하고 있어서는 아니겠죠. 그보다는 상담의 유익을 누구보다 잘 알기 때문입니다. 그래서 상담사들은 고민이 생기면 당연한 듯 상담을 받습니다. 혼자서 고민하는 것보다 상담을 통해 그 문제를 함께 생각하는 것이 얼마나 더 큰 힘이 되는지를 잘 아니까요.

　심리상담사의 길을 걸으면서, 저는 젊고 멋진 남녀들을 많이 만납니다. 그 사람들은 재능과 매력도 있고, 현재 비전을 성취하기 위해 매우 진취적으로 살아가고 있습니다. 우수한 학생이거나 직장인이기도 하고, 착하고 예쁜 사람들이기도 합니다. 아마 거리에서 마주쳤다면 참 행복해 보였을 사람들입니다. 하지만 이들은 아무도 모르게 오랫동안 앓고 있었습니다. 그리고 어려운 결심을 하고 제게 찾아와 고민을 꺼내 놓지요. 누군가는 정말로 부러워할 보물을 하나씩은 꼭 가진 사람들이, 행복을 방해하는 불편한 문제 역시 하나씩 가슴속에 숨기고 있습니다.

　하지만 저는 이렇게 말하고 싶습니다. 저를 찾아온 이들은 지혜롭고 용기 있는 사람들이라고 말입니다. 오늘도 문제가 없는 것처럼 살아가는 수많은 사람보다 더 나은 사람들이죠. 이 사람들은 자신의 행복을 방해하는 문제를 마주 보았습니다. 그리고 그것을 넘어서고자 기꺼이 도움 받는 길을 선택하는 지혜와 판단력을 갖췄죠. 게다가 자신을 괴롭히는 문제를 더 이상 '그냥 참지 않기로' 결정한 사람들입니다. 자신을 존중하고 사랑할 줄 알기 때문이죠. 과연 '누구나 이렇게 사는데'라고 생각하며 문제를 덮어둔 채 무겁게 끌고 가는 사람과, 그 문제를 해결하고 행복해지고자 용기 있는 선택을 하는 사람, 누가 더 지혜로울까요?

그래서 전 제가 만난 사람들을 '특별한 사람'이라고 생각합니다. 이들은 더 행복해질 권리가 있고, 더 나은 삶을 살아가고자 변화할 용기도 있습니다. 사실 행복해질 권리는 누구에게나 있죠. 그러나 대부분의 사람들은 문제를 해결하기보다, 문제를 안고 살아가는 삶에 익숙해져 있습니다. 다시 말해 문제를 가지고 살아가는 삶을 더 편안하게 느끼고, 의식적이든 무의식적이든 그 삶을 선택했다는 말이지요. 그래서 전 그 익숙함을 떨치고 새로운 모험을 한 사람들은 행복해질 특권이 있다고 생각합니다. 물론 상담실에 찾아온다고 해서 모든 문제가 극적으로 해결되고 장밋빛 인생이 펼쳐지지는 않습니다.

상담을 받는 대부분의 사람은, 적어도 자신이 행복해지기 위해 무엇이 변해야 하는지를 알게 됩니다. 그리고 지금 현재 상황 속에서 행복을 찾을 힘과 지혜를 얻습니다. 이전보다 삶은 조금 더 가벼워지지요. 이제는 고민의 내용도 내가 바꾸지 못하는 일이 아닌, 지금 할 수 있는 일이 무엇인지에 대한 생각으로 바뀝니다. 그다지 커 보이지 않는 이 변화가 한 사람의 인생에 있어 얼마나 많은 것을 바꿔 놓는지를 저는 여러 번 보아 왔습니다. 사실 그 사람들의 삶의 변화는 충분히 '극적'이었습니다.

행복의 열쇠는 바로 여기 있습니다. 먼저, 여태까지 익숙해진 덮어두기만 하는 삶을 멈춰야 합니다. 그리고 행복해지기 위해 대안과 도움을 찾아보기로 결심하는 것이죠. 스스로 괜찮다고 위로하거나, 혼자 충분히 감당할 수 있다고 생각하시나요? 사실 이러한 모습은 두려워하고 있는 소극적인 모습임을 기억하세요. 변화는 늘 당신의 선택과 새로운 시도로 시작됩니다. 행복은 용기 있는 사람에게 다가서지요. 그 용기는 이미 당신 안에 있습니다. 바로 당신이 가진 자원이죠. "난 행복해지고 싶으니 함께 고민해 주세요."라고 말하세요. 그런 당신에게 저는 손을 내밀겠습니다. 그때 모든 상담실의 문은 활짝 열려 있을 것입니다.

보편적인 비밀, 보편적인 눈물

아무 소리도 없이 눈물방울은 뺨 위로 흐릅니다. 오늘도 마주 앉은 그 사람은 입술을 깨물 듯 닫고 숨을 죽입니다. 마치 침묵하는 공기를 흔들까 걱정하는 듯 소리 없이 울고 있습니다. 저는 다만 테이블 옆의 화장지를 몇 장 뜯어 건네고서 한동안 조용히 기다립니다.

상담실 안에서는 이런 광경을 자주 만납니다. 아무렇지도 않은 듯 웃거나 환한 얼굴로 이야기하던 사람이 문득 가슴 속에 묻어 뒀던 슬픔을 터트리듯이 눈물을 흘립니다. 때론 속상함과 화남을 잊어버린 것처럼 행동해야 했던 아픔, 괜찮은 척하며 살아야 했던 그 시간들의 힘겨움을 토해 내듯이 눈물방울은 떨어집니다. 많은 경우 그 시간은 너무도 절제되어 있고, 비밀스럽게 느껴질 만큼 고요히 찾아옵니다.

"…… 괜찮아요. 울어도 돼요."

억지로 울음을 삼키려 하는 그 모습이 안타까워서 이렇게 한 마디 말을 합니다. 그러면 그 사람은 휴지를 손에 꼭 쥔 채 다만 몇 분이라도 더 울 수 있습니다. 솔직히 제게 그 우는 모습은 아름답고 투명해 보입니다. 참 인간을 만나는 모습이지요.

우리는 늘 행복한 듯, 즐거운 듯, 이 세상에서 나만은 고통과 상관없는 듯한 모습으로 살아갑니다. 혹은 누구나 만날 수 있는 문제쯤은 내겐 아무렇지도 않다는 듯, '쌘' 모습을 보여야 한다고 생각하죠. 세상은 그렇게 살아가야만 하는 것 같습니다. 그러나 우리가 그렇게 살아야 한다고 언제부터 정해졌을까요. 그것이 '평범한', '보통'의 모습이라고 과연 누가 정한 걸까요.

사람들에게는 누구나 비밀이 있습니다.

나의 아픔과 고통스러운 기억을 쉽사리 들켜선 안 된다는 은밀한 법, 그런 것을 드러내는 사람은 '평범'을 벗어난다는 암묵적인 규칙이 우리에게 있지요. 그래서 사람들은 모두 가슴 속에 비밀의 방을 하나씩 만들고, 그 안에서만 만날 수 있는 '아픈 나'를 숨겨 놓습니다. 이것이 바로 사람들 모두가 가진 '보편적인 비밀'입니다.

아이러니하게도, 이렇게 마음에 비밀의 방이 있다는 사실을 누구나 알고 있습니다. 그리고 누구나 이 방에 있는 자신을 풀어 주고 싶어 합니다. 그런데도, 다른 이들 앞에선 자신만은 그런 방 따위는 없는 사람으로 보이길 바랍니다. 그렇기 때문에 그 속에서 들리는 두드리는 소리, 힘없는 외침들은 깊이깊이 숨겨 놔야 할 '비밀'이 되지요.

이야기를 들어주는 심리학

이 방을 모든 사람 앞에서 열어야 할 필요는 없습니다. 상대방도 똑같이 이 마음의 방을 가진 사람이기에, 나의 비밀을 다 감당해 달라고 부탁할 수도 없는 노릇입니다. 하지만 '비밀의 방을 가진 나'를 자신도 인정하지 못하고, 다른 누구에게도 용납 받지 못한다면 과연 우리는 어떻게 그 고통에서 벗어나야 하는 걸까요.

작은 상자를 만들어 나의 팔을 하나만 가둬 놓고 살아간다고 생각해 보십시오. 과연 얼마나 정상적으로 생활할 수 있을까요? 늘 팔에 덜컹덜컹 매달려 있는 작은 상자 …… 밥을 먹을 때도, 옷을 입을 때도, 물건을 들어 올릴 때조차도 상자는 나를 아주 불편하게 하겠죠. 아마 당장에라도 빼 버리고 싶은 고통스러운 물건이 될 것입니다. 실제로 이런 사람을 본다면 우리는 우스꽝스럽다고 웃겠지요. 그런데 사람들은 바로 이렇게 살고 있습니다.

그럼 도대체 어떻게 해야 한단 말일까요?

앞서 말했던 눈물을 상담실에서 만날 때마다, 저는 너무나 조용히 울고 있는 그 사람 속에서 '딸각' 하고 비밀의 방이 열리는 소리를 듣습니다. 그렇다고 '벌컥' 문이 열리고 '아픈 나'가 뛰쳐나와 한꺼번에 모든 고통이 사라지고 자유를 얻게 되진 않습니다. 그러나 그 속에 꼭꼭 숨겨 두었던 흐느낌과 신음, 외로움의 목소리들이 조금씩 들리기 시작합니다. 그리고 그런 아픔이 있었음을, 처음엔 당황스럽고 두렵더라도 스스로 차츰차츰 인정하는 과정을 보게 됩니다. 바로 '아픈 나'를 안아주는 시간, 자신과 진실한 만남을 경험하는 순간이죠. 저는 그 속에서 일어나는 치유를 발견합니다.

그렇습니다. 상담실에 와서 사람들이 흘리던 눈물은 사실 모두의 눈물, '보편적인 눈물'입니다. 마음의 방 속에 '갇힌 나'가 흘리는 외로움과 소외감의 눈물, 아픔과 슬픔의 눈물이지요. 그리고 보편적인 비밀 때문에 만나지 못한 진정한 자신에 대한 그리움의 눈물입니다.

이제 내 가슴 속에서 우는 나를 꼭꼭 숨겨 놓고 살아가는 삶은 멈추기로 합시다. 사실은 우리 모두다 울보이니까요. 가슴 속에서, 심지어 자기 자신에게조차도 잊힌 채 울고 있는 나를 안아줍시다. 그리고 진실하게 마주봅시다. 이렇게 하기 위해선 어떻게 해야 하는지, 이제 그 이야기를 해 보도록 하겠습니다.

용감하게 'Help me!'

요약하자면, 문제를 해결하는 출발점은 자신이 힘들다는 사실을 인정하는 일부터입니다. 그런데 인간은 정말 이상하게도, 스스로 인정했다고 생각하는 것만으로는 부족할 때가 많습니다. 자기기만에 빠질 위험이 있기 때문입니다. 우리는 실제로 다른 사람을 속이는 것만큼이나 자기 자신에게도 거짓말을 하니까요. 그래서 자신의 문제를 진정으로 마주 보고 인정하는 일은, 실제로 그것을 표현하는 일과 동시에 이뤄질 때가 많습니다. 그렇기에 누군가에게 아픔을 솔직히 표현하고 도움을 구하는 행동은 자신이 변화하는데 있어 정말로 중요한 일입니다.

그런데 우리나라에서 힘든 내색을 하지 않기 위한 뚝심은 여성들보다 남성들에게 더 있는 것 같습니다. 상담 현장에서도 남성들은 상당히 완고합니다. 힘들었던 상황에 대해서 공감을 해 주어도 "정말 그랬어요."나 "제 마음을 이해하시는군요." 같은 말은 잘 하지 않습니다. 그냥 '그래서~' 라고 자신의 이야기를 더 이어가면 그게 바로 공감을 받았다는 표시입니다. 혹여 이야길 하다 감정이 울컥해서 눈물이라도 날 것 같으면 입술을 일자로 굳게 다물고 열심히 천장을 쳐다봅니다. 때론 갑자기 관심도 없던 테이블의 장식물을 들었다 내려놨다 하면서 한참을 눈물을 삼키기에 여념이 없죠. "울어도 괜찮아요." 라고 말이라도 하면 "안 웁니다!"라고 어찌나 강력하게 부정하는지 …….

'남자답다' , '멋있다' 라고 생각하느냐고요? 아니요, 그렇지 않습니다. 그러나 남성들이 왜 그렇게 해야만 하는지는 깊이 공감합니다. 우리나라에서는 어릴 때부터 "남자는 평생 세 번 운다."와 같은 말을 듣고 자랍니다. 다쳐서 울기라도 하면 "사내자식이~, 뚝!"이라고 말씀하시는 어머니의 꾸중을 듣습니다. 동네에서 싸움이라도 했다 치면 "사내놈이 싸웠으면 이기고 들어와야지 그걸 지고 울고 오냐!" 같은 집안 어른들의 실소를 대하기도 합니다. 남자는 쉽게 울어선 안 되고, 투쟁적이어야 하며, 감정을 쉽게 표현해서도 안 된다고 사회는 말합니다.

그래서 우리 남성들의 비밀의 방은 자물쇠가 두 개씩 달리고, 문도 매우 육중해집니다. 생각해 보면, 상담실에 오는 남성들은 이미 자신의 문제를 그냥 방치해 놓지 않기로 결정한 용기 있는 사람들입니다. 그럼에도 스스로 선택한 그 자리에 앉아서 '아픈 나' 를 만나기 힘겨워 합니다. 사실은 '남자답고 멋있기 때문' 에 눈물을 참는 것이 아닙니다. 눈물을 흘리면 나약한 남성으로 보이고 만다는 그 메시지를 뛰어넘지 못하는 것이지요.

저는 그래서 우는 남자를 좋아합니다. 쑥스럽고 부끄럽지만 자신의 감정을 솔직히 드러내고 눈물을 흘리니까요. 그런 남성이 정말 멋있고 남자다운 사람이라고 생각합니다. 머릿속에 새겨진 강력한 메시지를 뛰어넘어 자신의 진실한 감정을 만나는 '저력'을 지닌 사람이기 때문이지요.

비밀의 방을 열고 참 자신을 만나기 위한 방법은 바로 이것입니다. 용감하게 자신을 드러내고 "Help Me!"라고 외치는 힘. 아파하고 눈물을 흘리는 자신을 감추지 않는 힘이지요. '누구나 그런 것처럼' 살기보다 '진짜 나로 행복하게' 살고 싶나요? 그러려면 제일 먼저 일어나야 하는 변화가 있습니다. 바로 '솔직하게 도움을 요청하는 것은 용기 있는 행동이다'라는 가치관의 변화입니다.

문제를 감추고 참는 것이 결코 성숙하거나 멋진 일이 아닙니다. 오히려 문제없어 보여야 한다는 압력을 이기고 자신의 문제를 직시하여 해결하려는 사람이 훨씬 성숙합니다. 이런 사람이야말로 변화를 이뤄 낼 능력이 있는 사람입니다. 그리고 이런 가치관을 가질 때 비로소 진실한 나의 모습과 고통을 알게 됩니다. 결국 진정한 해결에도 다다를 수 있죠.

여성보다 어떤 면에서 더 입을 떼기 어려운 남성들의 이야기를 여기서 꺼낸 것도 이런 이유에서입니다. 우리들의 마음에는 누구나 다 넘어서야 할 가치관의 장벽이 있습니다. '남자는 울어서는 안 된다'와 같은 가치관이지요. 이러한 가치관에 익숙하게 살았던 자신을 넘

이야기를 들어주는 심리학

어서는 일이 행복으로 가는 첫걸음입니다. 그중에서도 비밀의 방을 열어보는 것은 가장 큰 장벽을 넘는 행동이지요.

그 한 걸음을 옮기기 위해서 우리가 꼭 해야 할 일이 있습니다. 그것은 바로 "난 아무 문제없어!"라는 생각을 버리고 진실한 모습으로 도움을 요청하는 일입니다. 모든 사람에게 이 일은 필요합니다.

자, 이제 모든 젊고 지혜로운 남성과 여성들이여, 용기 있게 외쳐봅시다. "Help Me!"

다시 만나는 시대 속 인물
최진실

2008년 10월 2일, 서울 서초구 잠원동의 어느 빌라 6층.

한 여성이 샤워부스에서 압박붕대로 목을 매 숨진 채로 발견되었다. 그것뿐이라면 갈수록 늘어나는 자살 사건의 하나로, 별로 관심을 끌지 못했을 것이다. 그러나 자살한 여성은 '국민배우' 최진실이었다. 이후 한동안 매스컴은 패닉에 빠졌다.

최진실은 1988년 연예계에 데뷔한 후 그야말로 폭발적인 인기를 누리며 최고의 스타로 군림했다. TV 탤런트, 영화배우, CF 모델로 폭넓게 활동하며 찍는 작품마다 성공했다. 이처럼 꿈같은 20대를 보낸 그녀는 30이 되는 2000년대에는 삶의 전환을 모색한다. 일본 요미우리 자이언츠에서 활약하던 프로야구 선수 조성민과 결혼한 것이다. '내조를 위해' 연예활동을 접은 그녀는 두 자녀도 낳아 '행복한 중년'으로 나아가는 듯했다.

그러나 2002년부터 '이혼설'이 흘러나오더니 결국 2004년에 합의이혼이 이루어진다. 이혼 한 달 전에 최진실이 폭행죄로 조성민을 고발했다는 기사가 언론에 공개되어 '잉꼬부부'의 실상을 엿보게 된 대중은 경악했다. 이보다 조금 먼저 다시 연예계에 복귀한 최진실은 그럭저럭 호평을 받았으나 예전만큼의 인기는 얻지 못했다. 이혼녀의 이미지가 부담스러운 데다 조성민과의 이혼을 둘러싸고 각종 루머가 난무하는 가운데, '당당하고 매력적인 중년 미시' 역으로는 곤란하다고 여긴 그녀는 2005년 〈장밋빛 인생〉에서 '억척스레 불행을 헤쳐 나가는 맹렬 아줌마'의 이미지로 변신에 성공했다. 2008년 〈내 생애 마지막 스캔들〉에서도 비슷한 이미지의 캐릭터로 인기를 끌었으나, 시즌2 촬영을 앞두고 40세의 나이로 자살한 것이다.

자살 이유로는 한 달 전쯤 연기자 안재환이 자살을 하고, 그 원인이 사채 때문이라 알려졌는데 이때 '최진실이 사채를 빌려주었다'는 루머가 나오며 한동안 구설수에 시달린 일이 많이 거론된다. '근거 없는 인터넷 루머와 악성 댓글'이 최진실을 비롯한 여러 사람의 자살을 불러왔다는 인식에 따라 이를 제한하는 이른바 '최진실법'이 논의되기도 했다. 여기에 때마침 조성민이 재혼한다는 소식이 알려졌고, 이혼 당시 포기한 두 자녀의 친권을 조성민이 되찾으려 할지도 모른다는 고민을 했던 것으로 보인다. 자살 이전부터 조울증 증세를 보여 왔는데, 이미지 문제 때문에 제대로 치료를 받지 못했다는 친지들의 증언도 있었다.

최진실이 어떤 심정에서 자살을 했는지, 직접적인 동기는 사채 관련 루머였는지, 조성민의 재혼이었는지, 또 다른 무엇이었는지는 알 수가 없다. 아무튼 한때 인기 정상을 달렸던 그녀가 그토록 쓸쓸한 최후를 맞이한 점은 그녀를 알고 아꼈던 많은 사람들에게 트라우마를 남겼다. 하지만 달리 보면, 그녀가 그토록 인기 정상을 달릴 때부터 그런 최후가 닥칠 위험은 싹텄던 것이다.

최진실은 대한민국의 역대 스타들 중에서도 특별한 존재였다. 그녀 이전에는 '국민'이라는 표현이 붙을 만한 여성 대스타가 없었다. 물론 1960년대의 김지미, 엄앵란, 1970년대의 정윤희, 장미희 등의 인기도 대단했다. 그러나 그녀들은 '기생', '딴따라'라는 구식 편견이 아직 지워지지 않은 상태에서 다만 아름다운 외모로 어필했으며, 어디까지나 '은막의 스타'일 뿐 그녀들의 평소 생각이나 사생활 등은 베일에 가려져 있었다. 하지만 최진실은 그렇게 빼어난 외모가 아님에도 청순하고 발랄한 이미지로 대중을 사로잡았고, 그 이미지는 영화, 드라마, CF뿐 아니라 1980년대 말부터 본격적으로 나타나기 시작한 각종 예능 프로그램에서 확대 재생산되었다. 김지미나 정윤희가 '한번 품어 보고픈 예쁜 여자'였다면, 최진실은 함께 데이트하고, 공부하고, 여행가고, 한 사무실에서 일하고 싶은 '누나', '여동생', '딸'이었다. 그녀는 남성뿐 아니라 여성들에게도 많은 인기를 얻었다. 말하자면 1990년대의 대중문화를 상징하는 아이콘이었던 셈이다.

그만큼 유례없는 절대적 인기였으니, 그 인기가 시들었을 때 본인이 느낄 상실감과 패배감은 어떨지 짐작할 수 있다. 다른 직업과는 달리 연예인은 자기 인기의 하락을 명확하게 느낄 계량적 지표를 갖는다. 바로 팬레터의 숫자, CF 출연료를 비롯한 '몸값'의 변화다. 보통사람도 매일 10통씩 문자를 보내고, 한 번씩 꼭 통화를 하던 연인이 문자는 일주일에 한 번, 통화는 한 달에 한 번으로 줄인다면 그의 애정이 식었음을 절실히 느끼지 않겠는가? 그리고 마음이 아프지 않겠는가? 과거와는 비교할 수 없을 정도로 줄어든 팬레터와 몸값 하락은 최진실에게 단지 물질적인 의미 이상의 충격이었을 것이다.

그리고 그런 과정은 서서히 이루어지지 않았고, 급격했다. 30대로 접어들며 그녀도 인생의 기로에 섰을 것이다. 이전까지의 여자 스타는 결혼하고 일을 그만두는 식이 아니면 중장년 여성으로서 조연에 만족하는 식으로 '출구전략'을 짰다. 최진실은 조성민과의 결혼을 택했으나 만족스럽지 못했다.

언론에 불미스러운 일이 공개되면서 예정(?)보다 빠르게 연예계로 복귀했을 때는 1990년대 최고의 스타로서는 도저히 받아들이기 힘든 인기 하락이 기다리고 있었다. 여기서 차라리 연예계를 포기하고 은둔해 버리는 쪽을

이야기를 들어주는 심리학

택했더라면 본인에게는 더 나았을지도 모른다. 나이가 들자 인기 하락을 두려워한 나머지 종적을 감춰 버린 그레타 가르보나 마쓰다 세이코처럼. 하지만 그녀는 어떻게든 연예계에 남고 싶었다. 예전의 인기를 되찾고 싶다는 미련도 있었겠지만, 유난히 불우한 환경에서 자라며 스타가 되기 전까지 늘 돈 문제에 골몰했던 그녀로서는 '한 푼이라도 벌 수 있을 때 벌어 두어야 한다'는 강박관념이 심했다.

결국 '억척 아줌마' 역할을 맡았고, 그것으로 복귀에 성공했다. 하지만 이는 그녀에게 기쁨과 동시에 괴로움을 주었을 것이다. 가난 속에서 어떻게든 살아 보겠다고 발버둥치는, 예쁘지도 멋지지도 않은 보통 여자. 그것은 자신이 10대 시절 그처럼 혐오했던 이미지이며, 20대에 대스타가 되면서 영원히 탈출했다고 생각했던 이미지였을 테니까. 그녀는 그런 이미지를 팔아서 돈을 벌고 예능계에서 자리를 차지해야 하는 자신의 처지가 견디기 어려웠을 것이고, 심각한 정신적 부담을 느꼈을 것이다. 그렇게 해서 우울증이 왔고, 그녀를 이해하고 보듬어 줄 남성은 곁에 없었다.

이처럼 정신 건강이 심각하게 나빠진 상태가 이어지는 가운데 안재환 사건, 조성민 소식 등이 불거졌고, 그리하여 자살이라는 극단적 선택이 뒤따르게 되었으리라. 자살할 때의 나이가 통념상 '젊다'는 말이 더 이상 어울리지 않게 되는 경계지표인 40이었음도 우연이 아니리라.

연예계의 스타는 수많은 사람들의 환상의 대상이 되며, 그리하여 자신의 에고를 한도 없이 부풀린다. 그러나 하늘 높이 날아오른 헬륨 풍선이 언젠가는 내려와 땅에 떨어지듯, 인기가 줄어드는 날, 대중에게서 잊히는 날이 반드시 온다. 그때 자신의 과대 팽창된 에고가 다치지 않도록 슬기로운 관리가 필요하다. 스케줄 관리만 중요하지는 않은 것이다. "진실이는요, 진실하게 살 거예요." 앙증맞은 20대 초반의 스타였던 시절, 그녀가 말한 대사와 같이 살

있더라면? 그녀가 스스로의 인생에 대해 진실했는지 여부는 그 자신의 잣대로만 알 수 있다. 하지만 일반적으로, 한 인생의 진실함 여부를 판단하기에 그녀가 삶을 포기한 때는 너무 일렀다고 여겨진다.

3 장

'보통사람'
이란 환상

앞서 이야기한 여러 가치관의 장벽들은 자신을 정상적인 사람, 즉 '보통사람'으로 보이기 위해 존재하고 있었습니다. 무엇 때문인지 몰라도, 사람들은 '보통사람'의 모습은 큰 고민 없이 평온하게 사는 모습이라고 생각합니다. 흔히들 이런 말을 하죠. "보통은 돼야지, 보통은!" 정말 이런 모습으로 살고 있는 사람들은 과연 얼마나 될까요?

이 시대는 이미 청년 순수 취업률이 42%에 불과하고, 이혼율은 50%대에 이릅니다. 바로 나 아니면 내 곁의 사람이 실업 중이거나 이혼의 위기를 만난다는 무시무시한 통계입니다. 이런 사회 속에서 '별 고민 없이 안정된 생활'을 한다는 것이 얼마나 어려운 일인지 느껴지나요? '보통사람'이 정말 평균적인 사람을 이야기한다면, 그동안 생각했던 보통사람의 모습은 얼마나 허황된 것인지 알게 됩니다.

그러나 여전히 사람들은 각자가 생각하는 보통사람의 모습으로 살기 위해 많은 희생을 감수합니다. 더구나 실제 '보통사람' 의 모습이 아닌, 각자의 마음에 새겨진 모습이기에 그 기준조차 제각각입니다. 사실은 모든 이에게 보편적으로 공감 받는 '보통사람' 이란 없을지도 모릅니다. 그런데도 사람들은 '보통사람' 으로 살기 위해 자신 안의 여러 불편한 모습을 그냥 참고 있습니다. '누구나 그렇게 살기 때문' 입니다.

이 장에서는 '행복한 사람' 이 되기 위해 '보통사람' 인 자신 안에 어떤 모습들이 소외되어 있는지 살펴보려 합니다. 바로 비밀의 방 안에 있는 나를 만나는 거죠. '보통사람들' 에게 있는 여러 가지 불편하고도 익숙한 모습들입니다. 정말 많은 사람들이 가지고 있죠. 그동안 이런 모습을 안고 살아가는 삶을 당연하다고 생각했나요? 그렇다면 행복해지기 위해 우리가 뛰어넘어야 할 장벽이 무엇인지 다시 한번 떠올려 보세요. 이런 불편한 모습을 해결할 수 있는 자원이 바로 당신 안에 있습니다.

우리가 여태까지 당연하게 받아들였던 '보통사람' 의 모습을 깊이 생각해 보기로 합시다. 보통사람이기 위해서 우리는 어떤 값을 치러 왔을까요? 사람들이 진정으로 원하는 것은 정말 '보통사람' 으로 사는 삶일까요?

이야기를 들어주는 심리학

보통사람의 모습들

〈보통사람이 하는 말들〉

"제대로 못할 바에야 안 하는 게 낫지."

"가슴이 답답해."

"한번 배신하면 나랑 끝이야!"

"사람 만나는 게 부담스러워."

"날 보고 웃는 게 아닐까?"

"내가 뭔가 잘못한 것 같아."

"항상 남을 생각해야 해."

"별로 재밌는 게 없어."

"이게 해결돼도 다른 문제가 또 생길 걸."

"세상은 너무 냉혹하고 살기 힘들어."

"아는 사람은 많은데 고민을 얘기할 사람이 없어."

"입맛이 없어", "음식이 계속 땅겨."

"남 앞에서 감정을 드러내는 건 교양 없는 짓이야."

"깜박깜박 해."

"분명히 실망했을 거야."

"자꾸 피곤해."

"그냥 듣기 좋으라고 하는 말이야."

"잠을 잘 못 자겠어.", "잠이 계속 와."

"난 바보야."

"머리가 아파."

"왜 난 이 모양일까?"

"죽는 게 더 편하지 않을까?"

이 상자에 있는 말들은 우리가 살아가면서 쉽게 들어본 말이나, 혹은 가끔씩 스스로 생각해 보는 말입니다. 어떤 말은 나와 상관이 없겠지만, 어떤 말은 무척 친숙할지도 모릅니다. 우리 주변에서 흔히 하는 말들 속에 어떤 진실이 숨어 있는지, 용기 있게 들여다봅시다.

"그렇게 못 할 거면 하질 말든가", "제대로 못할 바에야 안하는 게 낫지"

가게나 거리에서 토론하는 사람들의 이야기를 자세히 들어보면 흔히 하는 말이 있습니다. "할 거면 확실히 하고, 안할 거면 아예 말고!" 대단히 명쾌하고 지혜로워 보입니다. 그러나 이런 말 속에는 흑백 논리적 사고all or nothing thinking가 숨어 있습니다. 중간을 인정하지 못하는 생각이지요. '이런 말을 하는 것이 뭐가 문제야?'라고 생각할 수 있지만, 여기에는 '잘하지 못하면 아무것도 아니다'라는 엄한 기준이 숨어 있습니다. 만일 자신에게 이 말을 한다면 그 사람은 항상 잘하는 일 외에는 새로운 시도를 하기가 무서울지도 모릅니다. 그리고 새로운 시도를 했어도 결과가 만족스럽지 못하면 '거봐, 헛수고한 거야.'라고 생각하겠지요. 처음으로 해본 일이고 그만큼의 경험이 쌓였는데도 말입니다.

자신을 그렇게 보는 사람은 다른 사람들에게도 그 기준을 요구합니다. 우리가 보는 가장 흔한 모습은 약점이 노출되거나 실수를 한 연예인을 쉽게 비난하는 경우이죠. 이런 말을 듣는 사람은 자신의 노력이 가치 없게 느껴지고 항상 잘해야 한다는 실현 불가능한 압박을 받습니다. 혹시 당신도 이런 압박감을 느껴 본 적이 있진 않나요?

"가슴이 답답해", "마음이 무거워"

근심하는 어머니의 모습을 떠올리면 이 말이 생각납니다. 사람들은 이런 감정을 느낄 때가 있습니다. 사실 누구나 한번씩은 느껴 본 감정이지요. 그러나 때로는 이유를 알 수 없는데 자꾸 답답한 느낌이 들거나, 무거운 기분을 느끼고 그럴 때면 견딜 수 없이 힘들어하는 사람들도 있습니다. 왠지 숨 쉬기가 답답하고 가슴이 묵직한 느낌, 경험해 본 적이 있나요.

표현하고 싶은 감정을 표현하지 못할 때나 벗어나고 싶은 상황들이 해결되지 않을 때, 내 앞에 주어진 문제가 너무 크게 느껴질 때, 사람들은 이런 말을 합니다. 이 '답답함'은 원하는 대로 상황이나 감정이 통제되지 않을 때 생기기 때문입니다. 혹시 자주 이런 말이나 생각을 한다면, 그 사람은 지금 현실의 벽은 높은데 반해 자신은 무력하다고 느끼고 있는 것입니다. 그런 무력한 느낌을 그냥 방치하고 있진 않나요?

"한번 배신하면 나랑 끝이야"

'하나를 보면 열을 안다'는 속담이 있습니다. 실제로 이 말은 우리에게 지혜를 주기도 합니다. 그러나 사람들은 때로 객관적으로 '하나'를 보지 않거나 '하나'의 단서를 가지고 너무 확실하게 믿어 버리는 경우가 있습니다. 바로 '과잉일반화overgeneralization'의 오류입니다. "한번 배신당하면 다신 안 믿어."라는 말은 그 속에 '한번 배신한 사람은 반드시 다시 배신한다'라는 전제가 깔려 있습니다. 그러나 이 전제는 상대방이 실수할 수 있는 존재라는 사실이나 자신이 상대방의 의도를 잘못 해석할 수 있다는 가능성을 거부합니다. 즉, 그 사람과 함께 겪는 여러 일 중에 본인이 '배신'이라고 생각하는 사건을 포착하면 바로 상대방을 밀어내는 방어적인 태도이지요.

이런 말을 하는 사람은 사실 상처 입을까 봐 두려워 늘 조그만 단서를 찾아내면 관계를 끊어 버리고 마는 소극적인 사람입니다. 이런 사람들은 예외를 인정하지 않아서 유연성을 잃어버리고, 삶을 새롭게 변화시킬 수 있는 가능성을 놓칩니다. 혹시 '난 고백해도 늘 차여.' 나 '사람들은 항상 날 멀리해.' 같은 생각을 하고 있진 않나요?

"사람 만나는 게 부담스러워", "날 이상하게 볼 거야"

여성들은 화장이 지독하게 받지 않는 날은 밖에 나가기도 싫지요? 실연을 당하기라도 하면, 며칠씩 방에만 있는 경우도 있습니다. 우린 때로 지치고 힘들 때, 자기 모습에 자신이 없을 때 사람들을 만나고 싶지 않아 합니다. 혹시 그런 기분이 계속되고 다른 사람들의 나를 향한 시선이 자주 부정적으로 느껴지나요? 그것은 주관적인 느낌일 가능성이 높습니다. 바로 '사회적 철수'라고 부르는 현상이지요. 자신과 타인을 보는 시각이 부정적으로 변하고, 능동적으로 상황을 바꿀 힘이 없어 자꾸 혼자만 고립되고 싶어 하는 심리적 현상입니다.

이렇게 자신을 계속 내버려 둬선 안 됩니다. 그러면 지독한 소외감과 고독에 휩싸이고 자신을 회복시킬 기회를 놓치게 되니까요. 단한두 사람에게라도 마음의 창을 열어 두고 진실한 대화를 하는 일을 포기하지 마세요. 이 세상에는 당신을 싫어하는 사람보다 좋아할 가능성을 가진 사람이 더 많습니다.

"날 보고 웃는 게 아닐까", "쟤는 방금 날 피했어"

길을 지나가다가 사람들의 웃음소리가 들리면 왠지 자기를 보고 웃는 듯한 느낌을 받은 적이 있나요? 혹은 맞은편에 걸어오는 친구에게 반갑게 인사를 했는데 그 친구가 그냥 지나가서 속상했던 경험, 누구에게나 한번쯤 있을 법한 일이지요. 많은 사람들이 이럴 때 '나를 못 봤나 보다'라고 생각하기보다 '왜 날 무시하지?'라고 생각합니다. 바로 개인화personalization의 오류이죠. 사실은 자신과 상관없이 일어난 사건들을 마치 자기 때문에 일어난 일인 것처럼 느끼는 오류입니다. 대표적으로 "내가 보면 꼭 축구를 진단 말이야!"라고 말하는 친구를 흔히 만날 수 있지요.

사실 대부분의 사람들은 타인에게 그렇게 많은 관심을 갖지 않습니다. 대부분의 사건들도 나와 상관없이 일어나는 일입니다. 그러나 이런 생각들이 자꾸 드는 사람은 늘 예민하고 피곤하게 살아갈 수밖에 없습니다. 혹시 그런 느낌이 들 때 물어볼 수 있는 상대가 있다면 물어보세요. 사실은 당신의 생각과 다른 상황들도 많이 만나게 될 것입니다.

"내가 뭔가 잘못한 것 같아", "난 왜 이렇지"

왠지 분위기가 나빠지거나, 누군가 기분이 상해 보이면 자기 책임인 것처럼 느끼는 친구를 본 적 없나요? 그 상황을 수습하거나 기분을 풀어 주기 위해 무척 노력하는 사람 말이죠. 죄책감이 많은 사람은 대부분 착해 보입니다. 어떤 일에든 자신이 잘못한 부분을 찾아내고 마음 아파하거나 사과를 하니까요. 그러나 이런 사람은 늘 자신이 잘못한다고 느끼기 때문에 자신을 좋아하기가 어렵습니다. 즉, 자기비하를 하게 되는 거죠. 그런 사람의 내면에는 언제나 불안과 비난의 목소리가 살고 있다가, 뭔가 사건이 생기면 그때마다 자신을 괴롭힙니다.

이런 사람들은 스트레스 상황에서 더 큰 충격을 받고, 상황을 해결하기 위해 능동적으로 움직이기보다는 딱딱하게 굳어 어쩔 줄 몰라 하는 모습을 보입니다. 이런 사람에겐 무엇보다 먼저 자신의 민감한 양심적 기준을 객관적인 피드백을 통해 바꿀 필요가 있습니다. 혹시 당신도 안 좋은 일을 만나면 다 자기 탓인 것처럼 느끼지는 않나요?

"모든 사람과 잘 지내야 해", "항상 남을 생각해야 해"

대부분의 사람들은 다른 사람과 갈등이 생기는 것을 싫어합니다. 그래서 좀 불편하더라도 그냥 참고 넘어가거나 일부러 져 주기도 합니다. 그러나 자신이 항상 이렇게 행동해야만 한다고 느끼는 사람들이 있습니다. '모든' 사람을 배려하고 이해해야 한다고 생각하는 사람, 다른 이들의 부탁을 거절하는 일을 잘못처럼 느끼는 사람. 바로 '착한 아이 증후군Good Child Syndrome'에 걸린 사람들입니다. 이 사람들은 정말 '착한' 사람과는 차이가 있습니다. 착하게 행동해야 하는 이유가 사실은 다른 사람들에게 거절당하거나 비난받지 않기 위해서이기 때문입니다.

이 사람들은 늘 자신이 피곤하고 싫어도 그런 고통을 감수하고 계속 상대방을 위해 희생합니다. 속으로는 자신이 이렇게 까지 했는데도 보상을 돌려주지 않는 상대방에게 화가 나는데도 말이죠. 하지만 자신은 화를 내선 안 된다고 생각하기 때문에, 그런 감정도 표현하지 못하고 결국 우울해지곤 합니다. 혹시 당신도 '모든 사람과 잘 지내야 한다'는 불가능한 목표를 가지고 있진 않나요?

"하고 싶은 게 없어", "별로 재밌는 게 없어"

"뭐 먹으러 갈래?" 하고 물어보면 정말 결정하기 어려워하는 친구, 있지요? 뭘 먹고 싶은지 고민하는 사람들을 위해 '아무거나'라는 메뉴까지 등장한 식당도 있습니다. 자신이 뭘 좋아하는지, 지금 하고 싶은 일이 뭔지 모르고, 이걸 해도 저걸 해도 재미가 없거나 금방 질려 버리는 사람들이 많습니다. 살아가면서 우리가 경험하는 생생한 욕구를 잘 알아차리지 못하게 된 것이죠. 이런 경우 늘 막연한 욕구불만이나 답답함이 있지만 그 이유가 무엇인지 알 길이 없고, 왠지 세상이 흑백화면처럼 보입니다.

언젠가 내가 무시해 버려서 계속 내 안에 해결되지 못한 채로 남아 있는 욕구가 지금 내 삶을 즐겁게 살아갈 에너지를 빼앗고 있다는 사실을 아시나요? 인간은 참 신기하게도 나쁜 감정을 억누르려 하면 좋은 감정까지 같이 빛을 잃어 갑니다. 이런 현상이 심해지면, 바로 상담에서 말하는 '정서적 둔마' 상태가 됩니다. 어쩔 수 없이 묻어 둬야 했던 나의 거절당한 욕구를 찾아 다시 삶에 총 천연색을 입혀 주지 않겠어요?

"쟨 늘 일을 망쳐", "이게 해결돼도 다른 문제가 또 생길 걸"

많은 사람들이 자주 예언자가 됩니다. 무슨 말이냐고요? 사람들은 '틀림없이 이럴 거야, 저럴 거야' 같은 생각을 자주 합니다. 단적으로 예쁜 뒷모습을 보며 분명 '얼굴도 예쁠 거야'라고 기대하는 남자들, 히딩크 감독이 대표팀을 이끌던 시절, 평가전을 5:0으로 지는 그에게 '오대영'이라는 한국 이름을 붙여 주고 틀림없이 못 할 거라 비난했던 누리꾼들, 모두 그 순간 예언자가 된 것이죠. 이런 생각을 대표적인 예언자적 오류fortune telling라고 합니다. 기왕이면 좋은 결과를 이렇게 굳게 믿고 있으면 좋을 텐데, 이 오류는 대체로 부정적인 결과를 근거 없이 확신하는 쪽으로 더 많이 작용하죠. 그리고 그 믿음은 자신을 움직입니다. 만일 "난 어차피 되는 일이 없어."라고 예언한다면, 자기도 모르게 두려워하는 결과를 만들어 내게 되죠. 즉, 삶은 늘 자신이 생각하는 한계 안에서만 빙빙 돌게 됩니다. 언제나 새로워질 가능성을 가진 존재가 바로 인간 아닐까요? '틀림없이', '어차피', '아마' 같은 말이 나오려 하는 순간, 잠깐 멈추고 다시 한번 생각을 해 보세요. 과연 내 생각과 다른 결과를 만들어 낼 길은 정말 없을까요?

"앞날이 캄캄해", "세상은 너무 냉혹하고 살기 힘들어"

요즘 같은 시대에 우리가 많이 하게 되는 말입니다. 할 수 있는 일은 자꾸만 줄어가고, 사회적 부조리는 점점 늘어만 가는 것 같죠. 그래서 결국 내가 꿈꾸는 삶은 포기해야만 할 듯한 씁쓸함, 무력함. 오늘날의 젊은이라면 누구나 한 번씩 느끼는 감정 아닐까요. 그러나 이런 느낌은 그 사람의 위기를 극복할 수 있는 능력이 줄어들고 있음을 말하고 있기도 합니다.

인간에게 '희망'이란 단순히 상징적인 의미뿐만 아니라 정서적으로도 매우 중요한 에너지의 핵심입니다. 그러나 이런 말을 하는 사람은 자신이 외부 환경을 이겨낼 희망이 없다고 느끼고 있을지도 모릅니다. 이렇게 되면 스트레스 환경에서 오래 견딜 수 있는 저항력도 약해지요. 전원이 들어오지 않은 냉동 창고에서 얼어 죽었던 사람처럼, 자신을 절망에 방치하면 결국 절망이 우리를 삼키게 됩니다. 이런 생각이 든다면 사랑하는 사람들을 만나 따뜻한 시간을 가지고, 아름다운 자연을 보며 세상이 아직 살만하다는 것을 경험하세요. '희망'을 잃지 않는 관점이 위기를 극복하는 기적도 만든다는 것을 기억해야 합니다.

"아는 사람은 많은데 고민을 얘기할 사람이 없어", "외로워"

당신의 휴대전화에는 저장된 이름이 몇 개인가요? 적게는 수십 개에서 많게는 천 개가 넘을 것입니다. 모두가 휴대전화를 들고 다니고, 원하면 언제든지 아는 사람들에게 전화를 하거나 문자를 보냅니다. 컴퓨터를 켜면 하루도 기다리지 않고 메일을 주고받는 것이 가능하고, 메신저로 접속하면 온종일 실시간 채팅을 할 수 있습니다. 우리 시대에는 옛날보다 훨씬 서로 소통할 매체가 많습니다. 이런 기술들이 놀랍도록 발전한 것을 보면, 우리는 인간이 얼마나 소통을 갈망하는 존재인지 느끼게 됩니다. 그러나 외로움은 누구나 한번씩 경험하는, 너무나 보편적인 감정이 되었습니다. 왜 이런 일이 생길까요?

원래 인간은 태어나면서부터 '참만남'을 갈망하는 존재입니다. 참만남이란, 상대방과 진실한 자신으로 만나 서로를 수용하고 수용받는 경험입니다. 즉 진정한 내가 또 다른 진정한 인격을 만나 공감대를 형성하는 일이죠. 그러나 앞서 얘기했듯이, 현대 사회는 진정한 나를 그대로 드러내기보다는 세련되고 잘 포장된 자신으로 살아가야 한다는 압력이 강한 시대입니다. 하지만 인간은 진정한 자신으로서 교류하지 못하면 어떤 관계에서든 결국 고독을 느낍니다. 핸드폰 가득 들어 있는 이름과 번호 …… 그중에 당신이 정말 힘들고 고민스러울 때 전화를 걸 수 있는 번호는 몇 개쯤 되나요? 이 문제는 결국 정도의 차이만 있을 뿐, 모두가 느끼는 문제이자 이 책이 깊이 다뤄야 할 숙제라고 생각합니다. 단 한두 사람만이라도 속 깊은 이야기를 공유할 대상을 만들어 보세요. 당신의 영혼엔 반드시 그 사람들이 필요하다는 사실을 기억하시기 바랍니다.

"입맛이 없어", "음식이 계속 땅겨"

다이어트 때문에 일부러 음식을 먹지 않고 참는 사람들이 정말 많죠? 저도 다이어트 때문에 고민을 하고, 저녁 7시 이후엔 '아무것도 안 먹기!' '하루에 두 끼만 먹기!' 같은 계획을 세운 적도 있습니다. 지금도 그러냐고요? 지금은 세끼 반드시 챙겨 먹기, 간식은 과일 등 신선한 음식으로 먹기를 실천 중입니다. 운동과 함께요. 그러나 때론 정말 음식을 먹고 싶지 않거나, 반대로 계속 달고 기름진 것을 먹고 싶은 때가 있습니다. 이런 경험을 해본 사람은 저 뿐만이 아니겠죠. 이런 반응이 사실은 우리가 받는 스트레스와 깊은 연관이 있다는 것은 이제 널리 알려진 사실입니다.

인간의 정신과 몸은 사실 매우 긴밀하게 연결되어 있습니다. 우리가 고통스러운 경험, 즉 스트레스 상황에 놓이게 되면 뇌는 부담을 느끼고, 전체적으로 기능이 저하되어 생체리듬이 나빠지거나 — 입맛

이야기를 들어주는 심리학

이 없는 상태 —, 반대로 고통을 상쇄시키기 위해 계속 다른 쾌락을 주는 자극 — 음식을 먹는 만족감 — 을 추구하게 됩니다. 결국, 음식을 배고파서 먹는 게 아니라 스트레스를 피하기 위해 먹게 되죠. 그리고 이런 현상은 주기적으로 나타나기도 합니다. 잠깐 동안 지속되는 것은 자연스러운 현상이지만, 혹시 자주 이런 기분이 든다면 음식을 먹거나 굶는 문제 이전에 해결해야 하는 문제가 내면에 있다는 점을 명심해야 합니다. 지금 사실은 당신의 마음이 배고픈 것이니까요.

"사람은 점잖아야 해", "남 앞에서 감정을 드러내는 건 교양 없는 짓이야"

싸움을 할 때 절대 지지 않는 사람은 계속 논리적으로 상대방을 비판하는 사람이 아닐까요? 물론 목소리가 큰 사람이 이길 때도 있겠지만 ……. 상황을 논리적으로 판단하는 사람은 일견 성숙하고 합리적으로 보입니다. 상황에 따라 적절한 자제력을 발휘하는 사람이라면 정말 훌륭한 성품을 갖췄다 할 수 있습니다. 그러나 어떤 사람들은 논리적인 태도가 모든 상황에서 옳다고 믿고 있습니다. 화를 내거나 다른 사람 앞에서 감정을 표현하는 것을 교양 없다고 느끼는 거죠.

한번 상상해 보세요. 당신이 연인에게 "자기야, 나 요즘 힘들어."라고 말했는데 "네가 힘들다는 건 말이지 ……"라고 설을 푸는 상대를! 혹은 같이 로맨틱한 영화를 보고 나왔는데 "그 감독은 키스신 연출을 너무 상투적으로 해서 ……"라고 연출에 대한 비판을 늘어놓는 겁니다. 그런 사람이 있을 리 없다고요? 안타깝게도 현실은 그렇지 않습니다. 이런 사람들이 겪는 가장 큰 손해는, 참 만남의 기회를 잃어버리고 자신을 있는 그대로 수용하지 못한다는 것입니다. 이들은 감정의 중요성을 무시하고, 다른 사람의 정서적인 반응에도 논리로 대응합니다. 바로 '초이성형'이라고 부르는 의사소통 방식이죠.

결국 공감이 없는 관계는 상대방이 떠나가는 결과를 낳고, 정작 자신은 무엇이 잘못인지 알지 못한 채 막연한 고독을 느낍니다. 그리고 자칫하면 자신이 슬픈지, 기쁜지도 잘 알지 못한 채 자신을 몰아붙여 '이렇게 사는 게 맞는데 왜 이렇게 힘들지?'란 생각을 하게 됩니다. 사실 인간의 에너지원은 감정에 있습니다. 감정은 결코 무시될 수 없는 핵심적인 영역입니다. 자신에게 존중받아야 할 소중한 부분이죠. 제가 예를 든 만큼은 아니지만 혹시 당신에게도 이런 모습이 있다면, 내가 안아 주지 못한 나의 감정이 무엇인지 한번 곰곰이 생각해 보세요.

"깜박깜박해", "일을 하다가도 자꾸 딴 생각이 나"

흔히 건망증이라고 부르는 증상을 경험해 본 적이 있나요? 분명히 기억하고 있다가도 막상 말하려면 잘 생각이 나지 않거나, 할 일을 빼먹고 처리하지 못해 나중에 당황한 일들이 있을 겁니다. 우스갯소리로 전화기를 냉장고 속에서 찾았다는 아주머니 이야기, 들어본 적이 있지요. 그런데 혹시 이런 현상을 유독 많이 경험하진 않나요? 특히 기억 중 일부가 잘 떠오르지 않거나, 기분이 가라앉고 힘이 없는 상태에서 이런 증상을 겪는가요? 그렇다면 뇌의 활성도가 떨어져서 나타나는 현상일지도 모릅니다.

우리의 뇌는 신경전달물질과 정보를 섬세하게 관리합니다. 우리의 신체도 뇌에서 보내는 자극과 신호들로 관리되죠. 우리가 섭취하는 열량의 30%를 소비할 만큼, 뇌는 바쁘게 많은 일을 하는 기관입니다. 이런 뇌의 활성도가 떨어지거나 신경전달 물질의 균형이 깨지면 건망증 같은 현상도 함께 나타날 수 있습니다. 지나친 스트레스나 영양 결핍 같은 이유로 뇌가 부담을 받고 있다는 것이죠. 혹시 지금 뇌가 당신의 건강을 위해 보내는 신호를 놓치고 있진 않나요?

"내 얼굴이 평범해서 싫어하는 거야", "분명히 실망했을 거야"

한 때 모 드라마에서 '관심법'이라는 독심술이 등장해 항간에 유행한 적이 있습니다. 기억이 나시나요? 드라마를 통해서 사람들은 근거도 확실치 않은 편협한 느낌만으로 중대한 결정을 내려 버리는 사람을 보았습니다. 뜻밖에도 이 관심법을 쓰는 사람들은 우리 주위에도 많습니다. 소개팅을 했는데 거절을 당하면 '내 외모가 맘에 안 들었을 거야'라고 자기 마음대로 생각하거나, 상사에게 결재를 받으러 갔는데 표정이 안 좋으면 당장에 '뭔가 나한테 불만이 있구나'라 직감하는 경우를 자주 볼 수 있죠. 사소한 단서로 결정적인 판단을 하는 일, 바로 독심술mind-reading의 오류입니다.

이런 생각 때문에 우린 상대방의 마음을 확인해 보지도 않고 부정적인 쪽으로 단정하고 믿게 됩니다. 그리고 그 믿음에 따른 행동 때문에 결국 상대방도 나의 부정적 확신을 굳혀 주는 악순환에 빠지곤 하죠. 상대방이 날 싫어한다고 단정하면 나의 행동도 냉정해지기 마련이니까요. 이런 경우 정말 자신의 느낌이 맞는지 확인하는 과정이 정말 중요합니다. 용기 있게 한번 물어보세요. 생각보다 많은 경우 상대방은 당신 생각만큼 부정적이거나 당신에 대해 깊이 판단하고 있지 않을 것입니다.

"아침에 일어나기가 어려워", "자꾸 피곤해"

'늦잠'은 열심히 일하는 사람에게 참 달콤한 말입니다. 그러나 내가 원하지 않는데도 자꾸 몸이 처지고 아침에 일어나기 힘들 때가 있습니다. 우리는 기분이 우울하거나 감기가 걸렸을 때 이런 증상을 경험하게 됩니다. 즉 몸과 뇌의 기능이 저하된 상태에서 나타나는 증상이지요.

앞에서 말했듯이 인간의 정신과 신체는 매우 깊은 관계에 있습니다. 사실 우리가 마음, 정신이라고 생각하는 영역은 뇌의 신경전달물질의 지배를 받는 생물학적인 영역이기도 합니다. 그래서 몸이 피곤한 데는 신체적 원인도 있겠지만, 한편으론 정신적인 원인이 있을지도 모른다는 거죠.

이유를 알 수 없는데 자꾸 아침에 일어나기가 힘들고, 하루 종일 피곤하거나 기분이 가라앉는다면 몸속의 '도파민Dopamine'이나 '세로토닌Serotonin'이라는 신경전달물질의 양이 줄어들었을 가능성이 있습니다. 이 물질들은 운동 조절이나 감정, 동기 부여, 욕망, 의욕, 수면, 인식, 학습, 정서적 안정감, 기억, 식욕 등에 영향을 미칩니다. 그래서 이런 현상이 이유 없이 심해지고 지속될 때는 꼭 분명한 원인을 알고 적절한 치료를 받아야 합니다.

"그냥 듣기 좋으라고 하는 말이야", "역시 이럴 줄 알았어"

칭찬을 들으면 어떤 느낌이 드시나요? 괜히 낯 뜨겁고 듣고 있으

이야기를 들어주는 심리학

려니 몸이 뒤틀리는 느낌. 혹시 당신의 이야기인가요? '빈 말이야', '잘 보이려고 하는 말이야' 란 생각이 들진 않나요? 아니면 '내가 그런 면도 있군' 이란 생각이 드시나요? 한국은 겸손을 강조하는 사회이기에 칭찬을 들어도 너무 당연한 듯 받아들이면 꼴불견이란 소릴 듣습니다. 그러나 칭찬이 불편하고, 그냥 하는 말처럼 들리는 반면, 나를 비난하는 듯한 말은 아무리 작은 것이라도 놓치지 않고 '역시 날 그렇게 생각하고 있었구나!' 라는 생각이 든다면, 당신은 의미확대와 의미축소minimization and maximization의 오류에 빠진 걸지도 모릅니다. 칭찬은 지나치게 가볍게 생각하고 비난은 너무 무겁게 생각하는 이중 기준double standard을 가진 거죠.

교만하지 않고 자신의 단점을 고치려 노력하는 태도는 참 훌륭한 모습입니다. 그러나 지나치면 진심으로 날 칭찬해 준 상대방의 마음을 무시하는 실수를 하게 된다는 점을 기억하세요. 누군가를 칭찬해 주었는데 상대방이 '아니야' 라고 강하게 부정하면 왠지 속상하죠. 네, 제가 자주 겪는 일입니다. 바로 상담실에서요.

대부분의 경우 상대방은 정말 당신이 가진 장점들을 보고 칭찬합니다. 당신이 굉장한 권력을 가졌거나 상대방의 이상형이 아닌 이상, 당신에게 없는 면을 일부러 칭찬할 이유는 없기 때문이죠. 상대방의 칭찬을 내가 가진 좋은 면을 발견하는 기회로 삼으세요. 칭찬을 인정하는 일은 건강한 자아를 가꿔 가는데 있어 아주 중요한 과제입니다.

"잠을 잘 못 자겠어", "잠이 계속 와"

어릴 때 소풍 전날 잠을 설쳐 본 적이 있나요? 아니면 수능 전날은 어땠나요? 잠은 우리 인간에게 대단히 중요한 부분입니다. 잠자는 시간이 없다면 아마 열흘도 못 가서 우리의 몸은 망가지고 말 것입니다. 그러나 인간은 지나치게 긴장되거나 흥분될 때, 고민이 깊을 때 잠을 이루지 못합니다. 바로 스트레스로 인한 교감신경의 지나친 활성화와 관련이 있는 현상입니다. 우리 몸은 언제나 일정한 항상성Homeostasis 을 유지하려고 합니다. 그래서 위기상황을 대처하기 위해 교감신경이 우릴 예민하고 흥분된 상태로 만들면, 부교감신경이 다시 작용하여 가라앉고 이완된 상태로 몸을 진정시킵니다. 그러나 지속적인 스트레스를 받고 있다면 이 교감신경이 계속 자극받게 되고 결과적으로 과각성 상태에 빠집니다. 이럴 경우 자꾸 가슴이 뛰고 잠이 잘 오지 않거나 깊이 자지 못하는 불면증이 생길 가능성이 높습니다.

반대로 너무 잠이 오는 경우도 자꾸 자극되는 교감신경을 진정시키기 위해 부교감신경이 지나치게 작용하는 데 그 원인이 있습니다. 어려운 이야기를 했지만, 결과적으로 큰 스트레스가 수면리듬을 망가뜨려 생기는 현상입니다. 약물의 부작용이나 시차 적응으로 인한 문제가 아니라면 말입니다. 이런 경우 그냥 방치하면 건강도 해치고 신경질적인 정서 상태가 만성화될 가능성이 있습니다. 마음에 있는 오랜 고민을 해결하기 위해 용기를 내세요. 그리고 술을 먹고 자려고 하는 것은 절대 금물입니다!

"난 바보야", "난 완벽주의자야"

자신을 "난 천재야!", "난 멋있어!"라고 생각하시나요? 네, 이런 사람이 많지 않다는 것을 잘 압니다. 기왕이면 이런 식으로 자신에게 이름을 붙이면 좋을 텐데, 우리는 그 반대를 더 많이 선택하죠. 가끔 사람들은 자기 자신이 바보같이 느껴지는 비참한 기분을 맛보곤 합니다. 실패와 좌절이 그 주범들이죠. 그러나 이런 기분이 찾아올 때, 그 기분에 이름을 붙여 자신을 그런 존재로 단정 짓는 일은 아주 위험합니다. 잘못된 명명mislabelling의 오류에 빠질지도 모르니까요. 말에는 힘이 있습니다. 우리가 누군가를 '바보'로 부른다면 정말 그 사람이 바보 같아 보이고, 자신을 '바보'로 부른다면 스스로 바보 같은 행동을 자꾸 반복하게 됩니다. 자기암시의 효과가 있기 때문이지요.

인간은 무한한 잠재력과 변화의 가능성을 지닌 존재입니다. 그러나 이것을 제한하는 것 역시 인간입니다. 자신에게 붙여진 이름표가 없는지 살펴보세요. 전 '완벽주의자'란 이름표를 떼기 위해 오랫동안 노력했습니다. 그 이름표가 절 정말 피곤하게 했거든요. 당신의 이름표는 무엇이 있나요? 이제 떼어내는 작업을 해봅시다. 다른 무엇이기 이전에, 당신은 당신 자신이니까요.

"머리가 아파", "속이 불편해"

제가 수 년 전 위염으로 병원에서 진료를 받은 적이 있습니다. 그때 의사 선생님이 "위는 우리의 얼굴과 같다. 내가 찡그리면 위도 찡그린다."라고 하시더군요. 신경성 위염을 오래 앓았던 제겐 참 인상적인 말이었습니다. 실제로 우리 몸은 스트레스를 받을 때 함께 피해를 입습니다. 때로는 사람들이 마음의 아픔을 잘 알아차리지 못해서 몸이 대신 아프기도 합니다. 그래서 많은 사람들이 적절한 원인을 찾지 못해 '신경성'이라 진단되는 두통이나 속앓이를 앓곤 하죠. 어떤 사람들은 너무 아파 병원에 갔는데 정상이라고 나와 억울해하기도 하더군요. 바로 신체화 증후군somatizing syndrome이라 불리는 증상입니다.

신체화의 가장 큰 특징은 심리적 고통을 신체적인 고통으로 전이시키는 것입니다. 마음이 아픈데 몸이 아프다고 느끼는 현상이지요. 저 역시도 이런 증상을 많이 겪었습니다. 이런 경우 약만으로는 큰 도움이 되지 않습니다. 흔히 말하는 '머리 아파'란 말 속에 사실은 '마음이 아파'라는 메시지가 숨어 있는 건 아닐까요? 몸이 아프면 약을 먹 듯 우리 생각과 마음에도 치료가 필요합니다.

"왜 난 이 모양일까", "내 아이가 뒤쳐질까 봐 걱정돼"

속칭 '잘 나가는' 엄친아 같은 사람들을 보며 우린 열등감을 가집니다. 상대적으로 내가 작아지는 느낌, 유쾌하지 않은 감정이죠. 그러나 열등감은 사실 자신이 내면에 높은 기준을 가지고 있음을 나타냅니다. 그리고 자신을 평가할 때도 늘 '비교해서 더 나은' 모습이 기준이 된다는 것을 말하지요. 누군가보다 뛰어날 땐 콧대가 높아지지만, 나보다 더 뛰어난 누군가가 나타나면 순식간에 자신감이 없어지고 자신에게 화가 나는 사람들.

열등감은 인간을 매우 경쟁적이고 피곤하게 만듭니다. 있는 그대로의 자신에게 만족하기보다 늘 나보다 못한 사람과 잘난 사람을 찾아내어 비교해야 하니까요. 설상가상으로 열등감이 심한 사람이 부모가 되면, 그들의 아이는 어릴 때부터 '남보다 뛰어나야' 사랑받을 수 있는 아이, 하다못해 '남만큼은 해야' 인정받는 아이로 살게 됩니다. 그 아이만의 독특한 개성과 재능이 있는데도 말입니다. 바로 열등감이 대물림되는 모습입니다.

그러나 여기서 벗어났기 때문에 더 우수한 사람들이 있습니다. 일본 최고의 게임회사인 닌텐도의 대표는 '경합하지 않는다'는 신조를 가졌다고 합니다. 전 이 말이 참 맘에 듭니다. 다른 사람을 이기는 것이 행복의 궁극적인 이유는 될 수 없습니다. 결국은 자신이 만족하는 삶을 살아가는 것이 중요합니다. '남보다 더 나은' 삶보다 '남과 다른' 삶을 살아야 하지 않을까요? 이 세상엔 사람 수 만큼의 다양한 성공이 존재하는지도 모릅니다. 다만 우리가 그 삶을 찾지 못할 뿐이죠.

"죽는 게 더 편하지 않을까"

마지막으로 쉽게 말하지는 않지만 누구나 한 번씩은 해보는 생각을 이야기하고자 합니다. 인생에는 크고 작은 고비들이 있습니다. 때로는 그 길이 너무 험해 보여서 우리는 이런 생각을 하게 되죠. 안타깝게도 청소년층부터 노인층에 이르기까지 이 생각에서 자유로운 연령대는 거의 없어 보입니다. 미래에 대한 비관, 현실을 견디기 힘들다는 표현의 절정이 바로 이 말일 것입니다.

그러나 기억할 것이 있습니다. 이런 생각을 하는 근거가 절대 100% 옳지는 않다는 사실입니다. 인간은 정서적 상태에 따라 고통에 대한 체감이나 미래에 대한 전망이 달라집니다. 다시 말해 죽으면 해결된다는 생각을 하는 것은, 사실 지금 매우 우울하고 미래에 대해 필요 이상으로 비관적으로 느끼고 있다는 뜻이기도 합니다. 이런 생각이 들 때는 혼자서 괴로워하지 말고 꼭 가까운 사람들에게 본인의 생각을 이야기해 보세요. 그리고 즐거운 시간을 가지기 위해 노력하면서, 이런 생각이 빨리 지나가게 해야 합니다.

혹시라도 이런 생각이 단순히 한번 지나가는 차원이 아니라 실행으로 옮기고 싶은 마음, 충동으로 이어진다면 절대로 혼자 가만히 있어서는 안 됩니다. 반드시 주변 사람들에게 알리고, 상담실이나 병원을 찾아가 마음의 고통을 치료하기 위해 노력해야 합니다.

사실 죽음 뒤에 무엇이 있는지 우리는 알지 못합니다. 내가 피하고 싶은 고통보다 더 큰 값을 치르는 일이 될지도 모릅니다. 그리고 모든 시간과 상황은 결국 지나가기 마련입니다. 변하지 않는 것은 없습니다. 환경이 변하지 않더라도 자신이 변해가기 때문에, 결국 그 환경도 과거와는 다른 관점에서 보게 됩니다.

죽음은 그 어떤 것도 바꾸지 못합니다. 무엇보다 정작 당신을 힘들게 한 사람들은 별로 괴로워하지 않습니다. 그 사람들에겐 '남의 일'일 뿐입니다. 그러나 당신을 가장 사랑했던 사람들의 가슴에는 깊은 상처가 남고, 그들 역시 자살 충동에 시달릴지도 모릅니다. 안타까운 사실이지만, 실제로 자살자가 있는 가정에서 유족들이 자살을 시도할 확률은 일반인들보다 훨씬 높습니다. 죽은 사람과 정서적 유대가 깊을수록 고통도 깊어지기 때문입니다.

분명히 말할 수 있습니다. 살아 있는 한은 언제나 행복해질 가능성이 있습니다. 당신의 정서가 바뀌고 환경이 조금씩 달라지면, 미래에 대한 생각도 분명히 달라집니다. 그 가능성을 꼭 붙잡아야 합니다. 변하는 것들에 지지 마세요. 당신은 소중한 사람입니다.

이야기를 들어주는 심리학

보통사람의 사는 법은 참는 법이다?!

지금까지 평범한 사람들 속에 숨어 있는 여러 생각과 말들을 살펴 보았습니다. 사실 누구나 이 중 한두 가지 정도는 가지고 있을 것입니다. 혹시 자신이 이 말들 중 아무것도 생각해 본 적이 없다면, 그 사람은 도리어 어떤 의미에서 '보통사람' 이 아닐지도 모릅니다. 상담을 하다 보면 아무리 남이 보기에 안정된 삶을 살고 있는 사람이라도, 자신에게 불편한 문제가 반드시 있다는 사실을 많이 느낍니다. 더구나 평생을 고민 없이 살아가는 사람의 모습은 상상하기도 힘듭니다. 그만큼 우리 주변의 평범하고 행복해 보이는 많은 사람들도 말 못할 고민 한둘은 있는 것이 당연합니다.

그렇다면 누구나 가지고 있는 다양한 고민들을 어떻게 하는 것이 행복하게 사는 삶일까요? 2장에서 말했듯이, 그동안 많은 사람들은 이들 중 상당 부분을 감춰 두고 없는 척 살아가야 평범한 범주에 속한다고 생각해 왔습니다. 그렇기 때문에, 사람들을 불편하게 하고 슬프게 했던 이런 생각과 감정들은 '남들도 그러니까', '이해해 줄 사람이 없으니까' 와 같은 이유로 조용히 참아야만 하는 비밀이었지요. '특별하지 아니하고 흔히 볼 수 있어 평범함', '일반적으로' 또는 '흔히'라는 뜻을 가진 말이 이 '보통' 이라는 단어입니다. 이 의미를 지키기 위해 자신의 고통을 참고, 괜찮은 척 살아가야 한다는 것은 아이러니가 아닐까요?

인내란 매우 힘든 과정입니다. 우리는 참음으로써 무언가 결실을 얻고, 자신이 참은 것 이상의 가치를 만들어 낼 것이라 생각할 때 인내를 선택합니다. 그러나 '특별하지 아니하고 흔히 볼 수 있어 평범'한 사람, '일반적으로' 또는 '흔히' 보는 사람이 되는 일이 끝없는 인내를 계속해 가면서까지 얻어야 할 가치가 있을까요. 그리고 그렇게까지 해서 얻어낸 '보통사람'이라는 이름이 사람들을 정말로 행복하게 해 줄까요?

'평범함'의 가치를 무시하는 것은 아닙니다. 화려하고 늘 남과 다른 길을 걸어가는 삶이 일상 속의 경이로움으로 가득한 소박한 삶보다 더 가치 있다고 생각하지 않습니다. 그러나 저는 있는 그대로의 자신으로 살아가지 못하는 삶, 억지로 만들어 낸 자신의 모습을 힘겹게 유지하는 '평범'한 삶이 행복한 삶은 아니라고 말하고 싶습니다.

'보통의', '평범한'이라는 단어는 사실 '있는 그대로의', '자연스러운'이라는 표현과 밀접한 관계에 있다고 생각합니다. 평범이라는 기준을 만들어서 그 기준에 적합하면 평범한 사람, 벗어나면 튀는 사람이라고 마치 시험 합격선을 긋듯이 평가하는 것이 아니라, 보편적인 인간으로서 있는 그대로의 삶을 살아가는 모습들이 공감대를 이룰 때, 그것이 누구나 공감하는 '평범'한 삶이지 않을까요? 아마 처음에는 이런 모습들을 '보통'이라고 불렀을 것입니다. 그러나 어느 순간부터, 이런 모습들은 일종의 규칙이 되어 버린 것만 같습니다. '평범하게 행동하려면 이렇게 해야 한다', '튀지 않으려면 이런 건 자제해야 한다'와 같은 암묵적인 규칙이죠.

그 때문에 자연스러운 자신의 모습보다는 사람들이 공감해 줄 경직된 모습으로 살아가야만 한다고 강요받는 삶이 된 것입니다. 그러나 우리 마음속에 있는 이 기준은 실재하는 것이 아니란 사실을 아시나요? 사실은 각자의 마음에서 만들어진 허상일 뿐입니다. 사람들은 모두 다른 가치관과 삶의 그림을 가지고 있습니다. 그 속에서 태어난 그 사람만의 '보통사람'이라는 기준은 결코 다른 사람을 완벽하게 만족시키지 못합니다. 결국 정말 누구에게나 인정받는 '평범한 삶'이란 없다고 봐야 할 것입니다.

그런데도 사람들은 이 '보통사람'이라는 환상에 묶여서 스스로 자신을 억압합니다. '다른 사람들이 날 이상하게 볼 거야', '남들이 날 싫어하게 될지도 몰라'라는 두려움 때문에 어떤 불편함과 고통을 느끼면서도 그것을 무시하고 억지로 참고 있는 거죠. 이런 모습은 신중하게 행동하려는 태도나 분위기를 읽고 거기 맞춰 대화 주제를 선택하는 관계의 기술과는 다릅니다. 진정한 자신을 드러내지 않고 남에게 맞춰 인정을 받으려 하는 헛된 노력일 뿐이죠.

우리 인간은 언제나 '진정한 수용'을 갈망합니다. 있는 그대로의 자신을 수용받고, 또 남을 수용해 주고 싶은 '참만남(상담이론, 특히 실존주의 흐름의 영향을 받은 이론에서 널리 쓰이는 상담용어이기도 합니다.)'을 갈망하는 존재이지요. 자신을 억압한다면, 지금 현재 자신의 진실한 모습을 수용받지 못합니다. 자신이 억압하고 있는 부분을 타인이 알지 못하기 때문에 수용해 주고 싶어도 그럴 수가 없는 거죠. 그리고 상대방 역시 그 사람에게 있는 그대로의 자신을 노출하기가 어려워집니다. 상대방이 자신에게 보여주는 것 이상의 자신을 드러내는 일은 상당한 용기를 필요로 하기 때문입니다. 결국 관계는 피상적이 되고, 그 속에서 사람들은 실존적 고독을 느낍니다. 물론 무차별적으로 모든 사람에게 자신을 속속들이 보여줄 필요는 없습니다. 그러나 자신의 존재 깊은 곳까지 교류의 빛이 닿아 있다는 느낌이 들 때, 우리는 비로소 행복해진다는 사실을 기억하시길 바랍니다.

결론적으로, '보통사람'이 되기 위해 참기만 하는 것은 이제 그만 멈추어야 합니다. 세계적으로 통용되고 있는 정신병리 기준인 DSM-IV에는 우리나라의 고유질병으로 '화병Hwabyung'이 실려 있습니다. 우리가 잘 알고 있는 바로 그 '화병'입니다. 이 병은 간단히 설명하자면 우울증과 신체화 증상이 혼합되어 나타나는 형태입니다. 우리나라의 고유 증상으로서 '세계에서 인정받은' 질병이 된 거죠. 이 병의 가장 주된 원인이 바로 강한 스트레스를 적절하게 해소하지 못하고 계속 참는 것입니다. 우리나라의 고유 질병으로 '참아서 탈나는 병'이 있을 정도니, 우리에게 이 문제는 더 이상 작은 문제가 아닙니다.

보통사람으로 살아가면 행복할 것이라는 환상에서 이제 벗어납시다. 다른 사람들에게 거부당하지 않는 것도 소극적인 의미에서 행복의 조건일지도 모릅니다. 그러나 우리 인간은 자신을 인정해 주는 사람이 그렇게 많지 않아도 행복한 삶을 살아갑니다. 그리고 모든 사람에게 인정을 받는 것은 불가능한 일입니다. 결국 자신에 대한 다른 사람의 평가 이전에, 자기 자신의 평가가 더 중요하죠. 당신이 자신의 모습을 수용하고 인정해 줄 때 비로소 다른 사람들도 당신을 수용하고 인정합니다.

우리는 무엇 때문에 '보통사람'으로 보이고 싶어 했던 걸까요? 사실은 누구나 '특별한 사람'이 되길 원하면서도 말입니다. 과연 그 이면에는 무엇이 숨어 있을까요? 그리고 정말 '보통사람'을 벗어나기로 했다면, 우리는 어떤 모습이 되어야 할까요? 이어질 내용에서 함께 생각해 보기로 합시다.

보통사람이기보다 행복한 사람 되기

어릴 때 사람들은 누구나 세상은 자기를 중심으로 돈다고 생각합니다. 저도 밤에 차를 타고 가면 달이 저를 따라온다고 생각하곤 했죠. 어른이 되면서 사람들은 달이 너무 높이 떠 있어서 그렇게 보일 뿐이란 사실을 알게 됩니다. 그리고 조금씩 세상의 중심은 내가 아니라는 것을 배워 가지요. 그러면서 우리는 현실을 인식하는 능력과 논리적 사고력을 얻지만, 대신에 세상이 나를 중심으로 돌고 있다고 생각하던 시절 느꼈던 특별한 행복감을 잃게 됩니다. 이 행복감은 바로 '난 특별한 사람이야'라고 느끼는 큰 효능감이지요.

우리는 어른이 되고서도 마음 한 구석에서 이 행복을 그리워합니다. 그래서 어른으로서 인정받는 방식으로 명예와 성공을 추구합니다. 그러나 이 인정받고 싶은 마음 밑에는 성공에 대한 인정이 아니라, '나'라는 존재에 대한 인정을 원하는 마음이 깔려 있습니다. 세상에 내가 반드시 필요하다고 느끼던 시절의 행복함, 나라는 존재 자체에 대한 존중이지요.

참만남은 바로 상대방 안에서 자신에 대한 이 '존중'을 발견하는 일입니다. 있는 그대로의 나를 수용하고 이해한다는 느낌, 내가 정말 가치 있는 사람이라는 느낌을 관계 속에서 발견할 때 우리는 행복을 느낍니다. 그리고 성공과 명예의 조건들이 없어도 자신이 사랑받는 존재라는 확인을 하게 됩니다. 그 순간을 만날 때, 사람들은 다시 어린 시절처럼 자신은 무엇이든 해낼 수 있다고 느낄 만큼 큰 힘을 얻습니다.

이런 경험을 해 보신 적이 있나요? 항상 이런 순간을 만나는 삶을 살기는 아마도 불가능하겠지요. 그러나 우리 인생에서 이런 만남의 시간들이 더 가까이 다가올 때 우리는 더 행복하다고 느낄 것입니다. 이 행복은 누구에게나 열려 있습니다. 우리가 마음을 닫지만 않는다면 말입니다.

참만남을 기대하고 다가갔는데 상대방에게 거절을 당한다면 매우 큰 상처가 됩니다. 안타깝게도 사람들은 어릴 때부터 이런 거절을 경험하게 됩니다. 많고 적음의 차이는 있겠지만, 결국 우리는 누구나 거절당하는 아픔을 알고 있습니다. 그래서 사람들은 그 아픔을 반복할까 봐 거절당하지 않는 모습, 즉 보통사람의 모습으로 살아가려고 합니다.

이제 우리는 선택의 기로에 서 있습니다. 계속 고독과 아픔을 감내하며 보통사람으로 살기 위해 애쓸 것인가, 거절당할지도 모른다는 두려움을 내려놓고 참만남을 시도할 것인가. 선택은 당신의 몫입니다. 그러나 저는 이 책의 첫 부분에서부터 당신이 후자를 선택하도록 요청해 왔습니다. 그 길 위에 행복한 삶이 있다고 분명히 믿고 있기 때문입니다.

상처 받고 싶지 않나요? 네, 저도 그렇습니다. 그러나 진정한 자신과 스스로 마주 보지 못하고, 다른 사람과도 마주 보지 못하는 삶을 살았을 때 저는 결국 그 끝에서 절망을 만났습니다. 내가 마음을 열고 자신을 안아 주지 못하는 동안은 상처가 계속 덧나기만 했습니다. 그리고 제가 사랑했던 사람들도 제대로 안아 줄 수가 없었습니다.

이제 2장 끝에서 했던 용기 있는 사람들의 이야기를 다시 하려 합니다. 모든 사람과 참만남을 가지는 것은 불가능할지도 모릅니다. 그러나 그 거절의 두려움을 겪고서라도 참만남을 이루어 갈 때, 그 만남의 가치와 수반되는 삶의 변화는 무엇과도 바꾸지 못합니다. 누구보다 먼저 우리는 자신과 참만남을 이루어야 하고, 그때에야 비로소 진짜 자신의 모습을 알게 될 것입니다.

예뻐야만, 유능해야만, 늘 다른 사람의 부탁을 들어줘야만 사랑받을 것이라는 믿음은 사실 슬프지 않나요? 그런 것들이 없어도 당신 안에는 이미 사랑받을 이유가 충분히 있습니다. 당신은 소중한 사람입니다. 그리고 유일합니다. 누구보다 먼저 자신을 사랑해 주세요. 그러고 나서 다른 사람을 사랑하기로 합시다. 당신은 '보통사람'이 아닙니다. 세상에서 하나뿐인 '당신'입니다. 이제 진실한 나로 살아가기로 합시다. 진실한 나를 만나기 위해서 용기 있게 마음을 엽시다. 저는 당신과 참만남을 갖고 싶습니다. 그리고 행복한 당신을 보고 싶습니다.

다시 만나는 시대 속 인물
사도세자

한참 후에 세자가 갓과 도포 차림으로 들어와 뜰에 엎드렸는데 임금이 문을 닫고 한참 동안 보지 않으므로, 승지가 문 밖에서 아뢰었다. 임금이 창문을 밀어젖히고 큰 소리로 책망하기를,

"네가 왕손의 어미를 때려죽이고, 여승을 궁궐에 들였으며, 몰래 궁궐을 나가 서쪽에서 놀고, 북쪽에서 유람했다는데, 이것이 어찌 세자로서 할 일이냐? …… 왕손의 어미를 네가 처음에 매우 사랑하여 우물에 빠진 듯한 지경이더니만, 어찌하여 죽였느냐? 그 사람됨이 아주 정직하였으니, 반드시 네 행실을 간(諫)하다가 죽었을 것이다! 이제 앞으로는 여승의 아들이 왕손이라며 들어와 문안할 판이로구나. 이렇게 하고도 나라가 망하지 않겠느냐?"

…… 세자가 눈물을 흘리며, 가슴을 치면서 대답하기를,

"저는 본래부터 심한 화증(火症)이 있어, 제 자신을 가누지 못합니다."

하니, 임금이 말하기를,

"차라리 발광(發狂)을 하는 것이 낫지 않겠느냐?"

〈영조실록〉 99권, 영조 38년(1762년) 5월 22일자 기사의 이 내용은 사도세자라는 이름으로 역사에 남게 되는 이선(李愃)의 비극이 빚어진 까닭을 집약적으로 보여주고 있다. 한동안 사도세자는 부인이던 혜경궁 홍씨가 남긴 〈한중록〉의 영향으로 "정말로 정신이상을 일으켜 아버지에게 죽임을 당할 수밖에 없었던, 가엾은 세자"로 여겨져 왔다. 그러다가 최근 들어서는 그 뒤에 숨겨진 정치적인 맥락을 읽어보려는 시각이 많아지면서 "사도세자는 당쟁의 희생양이다", "사도세자는 소론을 규합하여 노론 집권세력에 대항했고, 노론 편이던 영조는 아들을 하나의 정적으로 보아 처단했다" 등의 해석이 유행하는 편이다. 하지만 〈실록〉을 비롯한 여러 기록을 꼼꼼히 읽다 보면, 사도세자가 어떤 올가미에 빠져들었는지 대략적인 참모습이 드러난다.

사도세자는 부왕 영조로부터 조선왕조의 어느 세자보다도 큰 기대를 받으며 태어나고, 자랐다. 그가 태어나던 당시 영조의 나이가 42세. 십 대에 결혼을 해서 이십 대 초에 자식을 갖는 게 보통이던 당시 사정으로 볼 때 어렵게 본 늦둥이였다(사실 영조에게는 26세 때 본 아들이 있었으나, 일찍 죽고 말았다. 그가 나중에 사도세자의 아들인 정조의 '양아버지'로 정리되는 효장세자다.). 늦게 본 자식일수록 더 귀엽고 정이 가는 법이다. 그러나 영조가 사도세자에게 유독 기대가 컸던 이유는 영조 자신이 숙종의 서자로서 온갖 우여곡절 끝에 보위를 이었으며, 그 과정에서 노론과 소론의 싸움에 휘말리며 어지간히 고생을 했기 때문이었다. 그래서 자신의 후계자는 반드시 번듯한 적장자여야 하며, 어릴 때부터 철저한 교육을 시켜서 세종이나 성종처럼 신하들의 우러름을 받는 당당한 군왕으로 키워 내고 싶었던 것이다.

그래서 영조는 세자가 아직 젖먹이일 때부터 어려운 경전을 들이대며

'조기학습'을 시키려 들었고, 영특한 편이었던 세자는 또 아버지의 마음을 알기라도 한 듯 가끔 어려운 한자말을 발음하거나, 고사리손으로 한자를 써 보이거나 해서 영조에게 한없는 기쁨을 주었다. 사람이란, 특히 어린아이란 잘한다 잘한다 하면 신이 나서 더 잘하는 법이라, 어린 사도세자는 '신동' 소리를 들으며 영광스러운 내일을 예약하는 듯했다.

　그러나 사실 조선왕조의 세자는 그리 즐거운 자리가 아니었다. 군주의 자리는 무한정 중요하며, 군주가 어떤 기량을 갖춘 어떤 성격의 사람이냐에 따라 나라가 흥할 수도 있고 망할 수도 있다. 그렇다면 이미 성인이 된 지금의 군주를 더 나은 사람으로 만드는 일은 어차피 한계가 있다고 볼 때, 아직 백지 상태인 미래의 군주, 세자를 철저히 훈련시켜서 성군의 재목으로 키워내야 한다, 이런 원칙에 따라 대부분의 세자는 코흘리개 시절부터 어려운 경전 공부를 강요당했고, 또래 아이들처럼 뛰어놀거나 장난을 치는 일이 엄격히 금지되었다.

　게다가 조선 후기로 갈수록 문(文)을 무(武)에 앞세우는 경향이 심해져서, 남자아이들에게 자연스러운 장난감 칼도 구경하지 못하고 어른이 되어야 했다. 선비가 익혀야 할 기본 교양인 '육례' 중에는 사(射, 활쏘기)와 어(御, 말타기)도 있었기 때문에 잠깐 교습을 시키기는 했지만, 반드시 무관이 아닌 문관이 가르쳤으며 '그 기본만 익히게 하고, 재미를 붙이기 전에 중단해야 한다'는 지침이 엄격했다. 여기에 매일처럼 부왕과 모후, 그리고 대비나 대왕대비 등 궁궐 내에 있는 어른에게는 빠짐없이 아침저녁 문안인사를 올려야 했고, 좀 자라고 나면 부왕을 대신하여 대리청정을 하는 경우도 있었다. 수도승 같은 기질의 소유자가 아니면 답답함과 고단함으로 병이라도 나는 게 당연할 정도였다.

　사도세자는 그런 세자 수업을 남보다 일찍 시작했을 뿐 아니라, 무려 27

년 동안이나 세자 생활을 해야만 했다. 그뿐이 아니었다. 세자는 항상 노론과 소론이라는 적대적 집단으로 갈라진 조정 신하들 사이에서 숨 막히는 긴장감을 느껴야 했는데, 이들을 통합하려는 부왕 영조의 '양위 쇼' 때문에 또 고달픈 경험을 해야 했다. 임금이 "나는 덕이 없으니 세자에게 양위하겠다"고 말하면 조정의 모든 신하들이 임금 앞에 엎드려 "뜻을 거두어 주옵소서"라고 간곡히 외쳐야 한다. 그때만큼은 노론도 소론도 없어지기 때문에, 영조는 당쟁의 불길이 다시 이는 듯만 싶으면 이 양위 소동을 벌이곤 했다.

그런데 부왕이 양위를 선언하면 세자는 싫든 좋든 자신을 '죄인'으로 선언하고, 양위를 취소한다는 말이 나올 때까지 자지도 먹지도 않으며 거적을 깔고 엎드려 석고대죄를 해야 한다. 사도세자는 다섯 살에 이런 석고대죄를 처음 시작해서 열다섯 살까지 잊을 만하면 또 허겁지겁 달려가 엎드리는 일을 벌여야 했다. 어린 소년에게는 건강도 해치고 마음도 뒤숭숭해지는 경험의 연속이었다. 여기에 영조는 열다섯이 된 세자에게 덜컥 대리청정의 임무를 맡겨, 어려운 정치 문제에 매일 부딪치면서 부왕, 노론, 소론 사이에서 숱한 고민과 걱정에 빠지게끔 만들었다.

안으로 고개를 돌려도 별로 위안거리가 없었다. 사도세자는 동갑인 혜경궁 홍씨와 열 살 때 혼인하는데, 그녀는 악처는 아니었지만 노국공주가 공민왕을 대하듯 사랑과 정성으로 지아비를 어루만져 주지도 않았던 것 같다. 궁궐의 여인 중에는 친누나인 화평옹주가 유일하게 말이 통하는 상대였는데 세자가 열네 살 때 죽었고, 여동생인 화완옹주는 묘하게도 친오빠를 미워하고 괴롭혔다. 그리고 영조가 한때 사랑한 문숙의는 자신의 자식을 세자로 삼고 싶어서 사도세자를 적대시했으며, 영조가 65세 때 새로 맞이한 계비 정순왕후는 세자보다 열 살이나 어리다 보니 역시 서먹할 뿐 아니라 사이가 좋지 않았다.

답답한 생활환경, 과중한 부담, 천지사방 어디를 둘러 봐도 진심으로 대할 사람이 하나도 없는 처지. 이런 삶에 지친 세자는 18세 무렵부터 우울증과 공황증을 앓기 시작했다. 〈한중록〉 등의 기록에 따르면 세자가 자주 놀라서 가슴이 미친 듯이 뛰는가 하면, 천둥을 못 견디게 두려워해 심지어 책을 읽다가 천둥을 가리키는 한자만 나와도 펄쩍 뛰었다고 한다. 또한 이맘 때 장인인 홍봉한에게 보낸 세자의 편지에는 "저는 원래 남에게 말 못할 울화(鬱火)의 증세가 있는데, 지금 또 더위를 먹은 가운데 임금을 모시고 있으니, 열은 높아지고 울증은 극도에 달해 답답하기가 미칠 듯합니다……."라고 적혀 있다.

세자는 점점 심해지는 우울증을 달래고자 활쏘기와 말타기를 하며 기분전환을 했는데, 군주나 왕자의 무예 연습을 무슨 죄악처럼 여기는 당시 신하들의 눈총 때문에 비밀리에 해야만 했다. 왕년의 모범생이 마침내 일탈을 시작한 것이다. 한번 '못된 짓'을 해서 기분이 좀 나아지는 경험을 하니 점점 강도와 빈도가 높아지는 게 당연한 일. 세자는 궁궐 담을 넘어 민가에 가서 놀다 오거나, 심지어 여승을 건드려서 임신을 시키는 일까지 자행했다.

그러나 부왕과 신하들 앞에서는 어디까지나 착하고 예의바른 모범생 세자의 모습을 유지해야 했는데, 이것이 또 스트레스였다. 그래서 부왕께 문안을 드리는 일을 중지해 버렸다. 아무렇지도 않은 듯 천연스레 무서운 아버지의 얼굴을 대하기가 힘겨웠기 때문이다. 몸이 안 좋다는 핑계를 댔지만 그것이 언제까지나 통할 수는 없었다. 영조가 왜 요즘은 통 문안을 오지 않느냐고 꾸중을 하는 일이 잦아지고, 세자의 비행에 관한 소문도 차차 퍼지기 시작하면서 궁궐의 분위기는 점점 흉흉해져 갔다. 그리고 운명의 날인 영조 38년 5월 22일, 나경언이라는 관원이 '여승과 통간하여 임신을 시켰다', '귀인 박씨를 때려 죽였다', '몰래 궁을 빠져나가 평양에 가서 놀다가 돌아왔다' 등

　　　　　　　　　이야기를 들어주는 심리학

등 영조가 아직 모르고 있던 세자의 비행을 낱낱이 고해바친다. 하늘이 무너질 듯 놀란 영조는 세자를 불러 호통을 쳤다. 그러자 세자는 눈물을 흘리며 자신의 우울증을 고백했지만, 영조는 "차라리 미쳐 버린 것이라면 나으련만!"하고 외쳤던 것이다.

그것은 오늘날 우리도 대부분 그렇듯이, 영조가 우울증이라는 병을 이해하지 못하고 있었기 때문이었다. 영조가 생각하는 광증이란 심신박약이나 정신분열 상태, 즉 공연히 헤헤 웃거나, 침을 질질 흘리거나, 옷을 벗고 뛰어다니거나 하는 '미친 행동'을 벌이는 것이었다. 세자가 그렇게 미쳐서 사람을 죽이고, 간통을 벌이고 한 것이라면 안타까운 일이다. 하지만 겉보기에 멀쩡하지 않은가? 영조 생각에 세자가 말하는 화증 어쩌고는 되도 않은 변명일 뿐이고, 세자는 천하의 악당, 불량 인간일 뿐이었다. 그렇다면 영조의 심정이 어땠을까? 그토록 예뻐했고, 그토록 기대를 걸었던 아들이 알고 보니 짐승 같은 놈이었다니! 이런 나쁜 놈, 너 같은 놈은 차라리 죽어 버려라! 이런 심정에서 영조는 세자를 뒤주에 가두었으며, 그런 절망의 극한에서 세자는 숨이 끊어졌던 것이다.

오늘을 사는 우리는 사도세자의 비극에서 무엇을 배울 수 있을까? 우선 우울증이라는 마음속 병의 무서움. 그것은 이 책을 통해 익히 알 수 있을 것이고, 사도세자를 우울증으로 내몰았던 숨 막힐 듯한 환경은 어떨까? 오늘날에는 물론 왕도 없고 세자도 없다. 그러나 수많은 부모들이 자신의 자식을 '앞서가는 사람'으로 키우기 위해, 자식들을 메마르고 답답하며 감당하기 힘든 부담이 짓누르는 환경으로 몰아가고 있지 않을까?

4 장

행복한 나를 찾아가는 이야기

비오는 날 빗방울이 부딪혀 떨어지는 창문 밖 풍경을 보세요. 똑같은 거리인데도 그날은 물의 세계에 온 것처럼 여러 각도로 굴절되는 세상을 만납니다. 비가 그치면, 맺힌 물방울 하나에 둥글게 담긴 풍경을 볼 수도 있죠. 비오는 날은 우울하게 느껴지지만, 한편으로는 세상을 새롭게 만나는 시간이기도 합니다. 이러한 삶 속의 경외감을 만나보신 적이 있나요?

행복은 우리 생각보다 훨씬 자주 찾아옵니다. "고민이 태산인데 빗방울이나 보고 있으라고?" 말할지도 모르겠습니다. 고통에 휩싸여 있을 때 세상이 온통 잿빛으로 보이는 것은 당연합니다. 그러나 그런 상황 속에서도 아직 우리에게는 분명히 좋은 것들이 남아 있습니다. 우리에게 깊은 감흥을 주었던 그 증인들도 있습니다. 화상의 아픔을 딛고 인생을 꽃피운 이지선 씨, 네 손가락 피아니스트 희야, 영화 말아톤의 실제 주인공 배영진 군 같은 사람들 말이죠. 그들은 우리 인생에 여전히 남아 있는 자원들이 얼마나 큰 힘을 발휘하는지를 보여줍니다.

익숙한 잿빛 세상에서 계속 살아갈 수도 있습니다. 아무도 그 선택을 막을 자격은 없습니다. 그렇기 때문에, 그 인생을 계속 살아가면서 겪어야 하는 삶의 불행도 자신의 책임이 되어 버리고 맙니다.

고민이 태산이지만 한번 속는 셈 치고 빗방울을 보지 않겠어요? 지금의 삶 그대로 살아간다면 앞으로도 인생은 이제까지 살아왔던 모습 그대로일 것입니다. 힘든 이 순간에도 내가 누릴 권리가 있는 행복들은 여전히 우리 가까이 있습니다. 제 경험을 이야기할까요? 눈물이 너무 흘러 가슴이 무너지는 것만 같은데도, 하늘을 올려다보니 구름은 너무 예쁘더군요.

이제 우리는 한번도 만나보지 못했던 새로운 변화를 만나는 문 앞에 서 있습니다. 바로 우리의 익숙한 일상 속에서 말이죠. 행복해지기 위해 보통사람을 벗어버리는 용기를 냈다면, 이제 참행복을 만나가는 사람의 이야기를 이 장에서 찾을 것입니다. 나와 조금은 비슷한, 때론 매우 닮은 사람들의 이야기입니다. 이 이야기들 속에는 용기와 모험, 도전이 있습니다. 그리고 삶의 가치에 대한 깨달음, 자신에 대한 사랑이 있지요. 이 이야기의 주인공들은 지금도 우리와 같은 하늘 아래서 숨 쉬며 살고 있습니다. 네, 그렇습니다. 상담을 통해 만난 사람들의 이야기입니다.

누구보다도 우리에게 가까운 사람들의 이야기만을 선택하려 했기에, 특수한 환경이나 심각한 증상을 가지고 상담을 받았던 이들의 이야기는 싣지 않았습니다. 제가 만난 이야기 속에서, 부디 당신의 문제를 해결하는 열쇠를 발견하게 되길 기대합니다.

행복해진 사람들, 그리고 나

"선생님, 너무 오랜만이에요. 잘 지내셨죠?"

환한 얼굴로 반갑게 인사하는 모습을 보니 가슴이 뭉클합니다.

"어떻게 지내셨어요. 그동안 꼭 한번 다시 찾아가서 맛있는 거 사 드려야겠다고 생각했는데 이제야 왔네요."

"그렇게 생각해 줘서 고마워요. 저는 잘 지내죠. 민희 씨는 어떠세요?"

"저는 정말 좋아진 것 같아요. 요즘에는 결혼 준비하느라 정신이 없어요. 직장도 좋은 곳을 만나서 일하기도 편하고."

"민희 씨가 그만큼 잘 지낼 수 있는 힘이 생겼군요. 대단해요. 건강해진 모습이 너무 기쁘네요."

싱긋이 웃는 얼굴이 참 예쁩니다. 하늘색의 귀여운 옷은 요즘의 삶을 나타내는 것처럼 애교스럽고 사랑스러워 보입니다.

"선생님과 만나는 동안 선생님으로부터 받은 사랑이 얼마나 소중한 것인지 시간이 지날수록 더 실감하게 돼요. 그 사랑 덕분에 제가 힘든 시간을 지나갈 수 있었던 것 같아요. 정말 감사해요."

"그렇게 말해 줘서 정말 고마워요. 하지만 그건 민희 씨 힘이에요. 전 같이 고민해 준 것뿐이죠. 힘든 시간을 이겨낸 민희 씨가 정말 자랑스러워요.”

　서로 이야기를 주고받다가 어째서인지 같이 목이 멥니다. 처음 만난 날부터 보았던 그녀의 힘겨운 모습들이 주마등처럼 스쳐 갑니다. 실제로 내가 해 줄 수 있었던 일들보다 훨씬 많은 것을 해낸 그녀가 자랑스럽고, 그 삶이 왠지 모르게 감격스럽습니다.

　지금은 다른 도시에 살고 있는데도, 그날 힘들게 시간을 내어 만나러 와준 그녀가 정말 고마웠습니다. 저는 다만 그 삶에 스쳐 가는 많은 인연 가운데 하나일 뿐인데도, 이렇게 저와의 만남을 소중하게 생각해주는 내담자 _{상담을 받는 입장에 있는 사람을 칭하는 말입니다. 상담을 하는 사람은 상담자라고 하죠}들을 만날 때면 제 삶에 대한 감사와 행복을 느낍니다. 저 같은 사람이 이제 누군가가 행복해지는 데 도움이 되는 삶을 산다는 것은 작은 기적이니까요.

　사실 저도 내담자 중 한 명이었습니다. 그것도 많이 아픈 내담자였죠. 저는 어린 시절 늘 먼 바다로 배를 타고 나가는 선원 아버지와, 종교적 열성이 많은 어머니 사이에서 첫째 딸로 자랐습니다. 집을 비우시는 일이 많았던 부모님 때문에, 어릴 때부터 많이 아팠던 동생과 늘 둘이 있어야 했죠. 그리고 또래들과 잘 어울리는 법을 배우지 못해 유치원에서부터 따돌림을 당했습니다. 초등학교 가서는 자연스레 왕따가 되었고요. 그때의 기억이 많이 아팠는지, 지금도 저를 많이 괴롭히던 친구의 이름과 모습이 생생히 기억납니다. 그리고 제게 2차 성징이 오고 사춘기가 한창 시작되던 초등학교 6학년 때, 부모님은 이혼을 하셨습니다. 그 후부터 이혼가정에서 보내야 했던 청소년기는 너무 많은 아픔과 상처를 남겼지요. 이렇게 어린 시절부터 쌓인 병든 마음 때문에 저는 늘 애정에 배가 고팠습니다. 아무리 간절히 원해도 따뜻하고 평안한 삶은 만날 수 없었죠. 그래서 우울증과 오랜 수면장애, 각종 신경성 질환들은 제 삶의 일부 같았습니다.

몸이 아픈 사람은 피부도 광택을 잃고 초라한 모습이 되듯, 마음이 아픈 사람 역시 건강한 관계를 갖기 어려운 매력 없고 왜곡된 성품의 소유자가 되기 쉽습니다. 저 역시 그랬죠. 저를 사랑해주는 사람들을 행복하게 해 줄 능력이 없는 사람. 그 사랑을 있는 그대로 믿지도 못하는 사람이었습니다.

지금의 제 모습을 보면 그랬을 거라곤 상상을 못하는 사람들이 많습니다. 가끔 40, 50대의 내담자를 상담하다 보면, "곱게 자라서 고생이라곤 모를 것 같은데, 이런 이야기를 해서 괜찮나 몰라"란 이야기를 듣곤 합니다. 그럴 때마다 가장 놀라는 것은 사실 저 자신입니다. 바로 제 얼굴이 이제 고생을 모르는 것처럼 보인다는 사실에 말이죠. 누가 보아도 마음이 무거워지는, 근심과 걱정의 냄새를 풀풀 풍기던 얼굴이었는데 말입니다. 살아오면서 거의 듣지 못했던 말을 들으니 얼마나 놀라운지요.

오랜 시간 동안 세상은 고통스러운 곳이라고 느끼며 살아왔습니다. 그러나 지금 생각해 보면, 그 시간들 속에도 제가 감사할 수 있는 행복은 있었습니다. 그때의 나를 사랑해 줬던 친구들과 따뜻한 도움의 손길, 한 끼의 맛있는 식사, 몸을 누일 수 있는 집, 학생이라는 작은 특권 …… 이 모든 일들이 나를 위한 선물이었음을 왜 좀 더 빨리 깨닫지 못했는지 …… 그랬다면 더 많은 사람들에게 감사를 표현하고, 힘들어하고 아파하는 대신 소중한 기억을 선물할 수 있었을 것입니다. 똑같이 한 사람 몫의 인생을 살아가고 있던 그 사람들의 사랑으로—지금 돌이켜 보면 기간은 그다지 중요하지 않았습니다—제가 그 순간들을 지나올 수 있었음을 시간이 흐르고서야 알게 되었습니다. 이렇게 행복은 매일 저를 찾아왔고, 제 주위에 있었습니다. 비록 고통이 훨씬 크게 느껴졌지만 말입니다.

진정한 행복을 처음 발견했을 때, '아, 이런 세상도 있었구나' 하고 그저 감사함에 눈물만 나왔었죠. 로또라도 당첨되었냐고요? 아닙니다. 여러 사람들처럼 저 역시 돈이 없어 전전긍긍하며 공부했습니다. 복잡한 가정상황에 지치기도 하고, 해결되지 않는 현실에 화내고 서글퍼 하기도 합니다. 인내해야 하는 묵은 문제 역시 지금도 남아 있습니다. 하지만 전 오늘도 하루를 행복하게 살아갑니다.

제 인생 이야기가 밝은 이야기는 아니겠죠. 그 칙칙함에 저를 도와줬던 동료 상담사들도 가끔은 진저리쳤을 정도이니까요. 집단 상담 그룹을 이루어 함께 상담을 진행하는 과정입니다. 인도자의 감독 아래 자연스럽게 서로 이야기를 나누는 집단과, 프로그램에 따라 활동하는 집단이 있습니다. 제가 한 것은 전자였죠 을 하며 드러난 상처와 고통이 너무 생생해서 울다 쓰러지는 바람에 저를 한쪽으로 눕혀 놓아야 하는 상황도 있었습니다. 그때 함께 집단 상담을 하고 있었던 사람들은 또 얼마나 당황스러웠을까요?

이렇게 조금은 부끄러운 이야기를 솔직히 하는 이유가 있습니다. 저 같은 사람도 이제 다른 사람을 돕는 상담사가 되었습니다. 그리고 행복하다고 말합니다. 제가 특별해서가 아닙니다. 더 나은 환경에 있어서도 아닙니다. 그만큼 우리 삶 속에 있는 은총에는 강력한 힘이 있기 때문입니다.

이야기를 들어주는 심리학

상담은 저의 있는 그대로의 모습을 보게 해주었고, 오래되고 익숙한 우울에서 빠져나오는 데 큰 도움을 주었습니다. 대단한 선물이었죠. 그러나 제게도 신앙, 저를 사랑하고 믿어 준 사람들, 공부를 포기하지 않으려는 의지와 변화에 대한 강한 소망 같은 자원이 있었습니다. 상담은 단지 이 긍정적 자원을 발견하고 희망을 품고 걸을 수 있도록 도와준 것이지요.

이제부터 펼쳐질 여러 사람들의 이야기도 "상담이 만병통치약이다"라 말하기 위해 쓰지 않았습니다. 다만 상담을 통해 삶 속의 보물을 발견하는 사람들의 이야기를 보면서, 당신에게도 있는 그 보물을 찾아내길 소망합니다.

보통 상담은 내담자가 더 많은 말을 합니다. 통찰도 스스로 얻도록 상담자는 돕는 방향으로 진행하죠. 그 기다림과 오고가는 많은 대화를 다 싣지 못해, 부득이 이 책에는 상담자가 말하는 형식을 취했습니다. 상담자의 따뜻한 눈빛, 몸으로 표현하는 수용과 침묵의 시간, 부드러운 어조 등을 문자로 다 담아내지 못하는 아쉬움이 있습니다. 부디 검은 글자 사이의 흰 여백이 주는 상상력으로, 조금이라도 그런 언어가 아닌 메시지들도 전달되길 바라 봅니다.

한두 번의 만남에 여기 실린 내용 전부를 다루지는 못합니다. 그렇기에 기본적으로 오랜 기간 만난 사람들의 이야기를 실었음을 밝혀 둡니다. 그러나 '아, 내가 아는 사람이구나!' 라는 생각이 든다면 분명 그 사람의 이야기는 아닙니다. 개인적인 내용들은 대부분 바꾸거나 생략을 했고, 두 사람 이상의 사례를 섞기도 했습니다. 그리고 대체로 상담을 받은 지역과 지금 살고 있는 지역이 다른 사람들이기도 합니다. 누굴까에 초점을 맞추기보다, 나와 비슷하다는 공감대를 느끼며 읽는다면 큰 힘이 되리라 생각합니다.

우리의 고민, 취업

이야기 하나 — **나는 다시 일할 수 있을까?**

"요즘 왜 그렇게 힘이 없어요?"

수간호사가 뾰족한 말투로 한마디 던진다.

"조금 피곤했나 봐요. 괜찮습니다."

억지웃음을 지으며 대답하곤 돌아섰지만, 속에는 표현하지 못한 답답함이 부글거린다.

분만실로 옮기는 발걸음이 무겁다. 언제부턴가 검은 새가 날아와 날개로 나를 덮은 것 같다. 그 답답한 적막과 한없이 가라앉는 기분 …… 날개 안에 갇혀서 나는 소리친다. '힘들다', '외롭다', '사람 만나는 것이 무섭다' 라고. 그러나 그 소리는 한번도 음성이 되어 내 입 밖으로 나가본 적이 없다.

이 날개는 아마도 강철로 만들어졌나 보다. 한없이 무거워서 이대로 다시는 떠오르지 못한 채 심연에 가라앉을까 봐 두렵다.

'벗어나고 싶어. 누가 날 좀 구해 줬으면!'

이야기를 들어주는 심리학

내가 즐겁게 누렸던 삶들이 점점 멀어져 간다. 친구들과 재밌게 수다를 떨던 나의 모습도 이젠 희미하다. 내 안에서 시계태엽처럼 계속 돌아가는 소리.

'혼자 있고 싶다, 혼자 있고 싶다, 혼자 있고 싶다 ……'

저 앞에 빨리 오라며 나를 부르는 분만실 스텝이 보인다.

'빨리 가야 하는데 …….'

재촉하는 발걸음이 마치 모래 위를 걷는 듯 푹푹 꺼진다. 아지랑이가 피어오르는 것처럼 눈앞의 장면이 일렁일렁 흔들리고 있다…….

"…… 지익."

마지막 가방의 지퍼를 닫았다. 고개를 들고 보니 어제 이미 대부분의 짐들을 택배로 붙이고 난 방은 휑하니 넓다.

"휴 ……"

잠시 털썩 주저앉아 있는데 불현듯 오한에 몸이 떨린다. 4월이 되도록 아직 채 떠나지 못한 겨울의 기운이 내 방에 숨어 있다가 이제야 도망가는 것일까. 아니면 스산한 내 마음이 몸서리치는 것일까.

"3년 넘게 잘 근무하던 사람이 갑자기 왜 그래?"

사표를 내밀던 날 기막힌 표정으로 쳐다보던 수간호사의 말이 떠오른다.

"갑자기 이렇게 나가면 분만실 스텝들이 얼마나 고생하는지 몰라? 알만하면서 왜 이렇게 뒤통수를 치나?"

"죄송합니다. 인수인계는 확실히 해 놓고 갈게요."

"인수인계를 한다고 해도, 새로 들어오면 손 맞추느라 한동안 고

생이잖아. 도대체 뭐 때문에 그러는데? 직장에 불만 있어?"

"…… 그런 건 아니고 좀 쉬고 싶어서요. 고향에도 내려가 봐야 해서……"

"……"

한숨을 쉬면서 한참 나를 쳐다보던 수간호사가 사표를 받아 들고 손을 내 저었다.

"알았어. 대신에 시간표대로 나이트 다 뛰고 가. 그 다음에 인수인계를 하던지. 나가봐."

꾸벅 고개를 숙이고 돌아서는 등 뒤로 마지막까지 느껴지던 차가운 시선 …….

머리에 검은 새를 이고서 멍하니 천장을 본다. 병원에서 바쁘게 움직이는 분홍색 유니폼들이 흐리게 떠오르다 사라진다. 그 속에서 열정적으로 일했던 나날이 꿈만 같다. 어떻게 그때는 그렇게 살았을까. 아니, 지금 난 다시 그때로 돌아갈 수 있을까.

머리를 탈탈 털며 가방을 들고 일어났다. 지금은 다만 모든 것으로부터 달아날 수만 있다면 좋겠다. 이 방도, 서울의 공기도, 친구들도, 힘든 기억도 모두.

쇼핑백 몇 개와 가방을 어깨에 걸치고 밖으로 나서니 시끄러운 차들의 소음이 내 귀를 잡아끈다. 바쁘게 버스를 타고 역으로 가서 기차를 올라탔다. 이윽고 귓전으로 흘러가는 안내방송과 함께 규칙적인 진동으로 기차가 움직이기 시작했다.

창문에 멍하니 머리를 기댄다. 이대로 계속 이 기차를 타고 달릴 수 있다면 좋을까? 나 자신조차 이해할 수 없는 지금의 내 모습을, 그냥 아무에게도 보여주지 않고 사라져 버릴 수 있다면 좋은 걸까?

얼마 전 마지막으로 통화한 전 남자 친구의 말이 떠오른다.

"그래, 네가 힘들어하는 모습 다 받아 주지 못해서 미안하다. 고향 가서 건강해지고 꼭 좋은 사람 만나라. 그래서 내가 못해 준만큼 더 행복해지고."

"오빠, 미안해요. 내가 이제 와서 도망치는 것처럼 돼 버려서. 나 너무 힘들어서 …… 오빠가 잘못한 게 아니니까 …… ."

"그래 …… 건강하게 지내."

결혼에 대한 이야기가 나오고, 서로 상견례 날짜까지 의논하던 단계였다. 그러나 내가 더 이상 갈 수가 없었다. 너무 불안하고, 마음이 힘들어서. 나쁜 사람이 아니었고 그토록 원했던 결혼이었는데도. 어느 날부터 찾아온 어두운 그늘이 날 가둬 버려서, 그 고통을 우리는 함께 해결해 갈 수 없었다.

검은 새가 날개를 푸드덕거린다. 난 도대체 왜 이렇게 된 걸까. 언젠가부터 삶이 너무 무겁게 느껴지기 시작했다. 모든 일에 조금씩 두려움이 생겼고, 예전 같았으면 거뜬히 넘어갔을 일에도 소심증에 걸리기라도 한 듯 예민하게 반응했다. 사람들과의 만남이 점점 두려워졌다. 친구들과 만나 노는 것을 좋아했던 명랑한 나는 이제 연기처럼 사라져 버린 듯하다.

결국 그렇게 보람을 느꼈던 간호사 일로부터, 결혼과 친구들과 모든 것으로부터 나는 도망치고 있다.

'아무에게도 보여주고 싶지 않아.'

지금의 자신을 지우려는 듯, 나는 꼭 눈을 감았다.

"엄마, 나 왔어요."

약간 어둑한 현관에 들어서면서 엄마를 부르자, 거실 한 쪽에서 목소리가 들렸다.

"그래, 왔나."

천천히 걸어 나오는 엄마에게서 확 술 냄새가 풍겼다. 붉게 충혈된 눈에는 슬픔과 오래된 울분의 그늘이 져 있었다.

"……"

"빨리 들어가 쉬라."

아무 말 없이 방으로 들어가 나는 무너지듯 주저앉았다.

"흑…… 윽……"

밖에 들려선 안 된다. 엄마가 다시 울분을 터뜨릴 테니까. 자신의 인생을 한탄하고 이렇게 된 나를 원망할 테니까.

나는 입술을 깨물고 소리를 삼킨다. 눈물이 바닥에 번져 간다.

삶이 무겁다. 아무에게도 다 보여줄 수 없는 마음의 짐이 나를 짓눌러 이젠 숨을 쉴 수가 없다. 불현듯 언젠가 자살해서 죽었다던 친척의 이야기가 떠오른다. 이 가계에는 피할 수 없는 불행의 강이 흐르고 있는 걸까. 나도 그 속에서 벗어날 수 없는 걸까.

이 집안이 무겁다.

결국 내가 있을 곳은 아무데도 없다.

얼굴을 파묻고 울고 있는 내 위로 무거운 강철 날개의 퍼덕이는 소리가 들린다…….

마주보기

"제가 다시 일할 수 있을까요? 전 지금의 제 모습이 너무 무력하게 느껴져요. 매일매일 마음이 힘들고 …… 이대로 평생 살게 될까 봐 겁이 나요. 이 상황을 벗어나고 싶어요."

나의 성공

"다시는 직장에서 활기차게 일하지 못할 것만 같아요."

"당신에게 직장에서 보람 있게 일하는 삶은 너무나 소중했네요. 그래서 지금의 힘든 상황이 나아지지 않아 다시 일하지 못할까 봐 두렵군요. 분만실 간호사 일을 하면서 느낀 행복감을 잃고 싶지 않았는데, 직장을 그만둬야 했을 때는 정말 가슴 아프고 슬펐겠어요. 그래서 일을 하지 못하게 된 자신이 더욱 나쁘게 느껴지는 거군요. 자신의 인생이 저주받은 것만 같고, 친척들 얘기 속의 불행한 일들처럼 자신의 삶에도 그런 운명이 기다리고 있을까 봐 더욱 두려운 가 봅니다. 이전에 열정적으로 일을 하던 자신도 바로 '나'이고 지금 힘들어 아무것도 못하고 있는 자신도 '나'이죠. 그래서 당신은 지금의 모습 속에도 다시 활기차게 일할 수 있는 '나'가 여전히 살아 있음을 간절히 느끼고 싶은가 봐요. 그 모습을 다시 찾고 싶은 열망이 있는 거죠."

나의 가족

"난 가족들에게 편하게 기댈 수 없어요. 다들 힘들어하거든요."

"그렇군요. 어머니도 힘이 드셔서 자주 술을 드시는군요. 그런 어머니의 모습을 바라볼 때 당신의 마음이 얼마나 무거웠을까요? 게다가 식구가 직장생활을 할 수 없을 만큼 지친 상태가 되어 고향으로 내려오는데도, 마중 나오거나 짐을 챙겨 주는 사람이 없군요. 자신의 일은 스스로 감당해야 한다, 각자가 다 힘들다고 생각하는 분위기인가 봅니다. 당신 역시 그런 것을 요구해 볼 생각도 하지 않았으니까요.

어릴 때부터 무언가 힘들다고 말하면 '안 그래도 힘든데 너까지 왜 그러냐'는 말을 듣곤 했을 것만 같아 참 안타깝습니다. 그래서 언제나 힘든 마음을 털어놓지 못하고, 늘 혼자서 참거나 그걸 잊을 수 있는 다른 일을 하려고 애썼겠어요. 당신은 가족들이 힘들다는 걸 이해하고 있으니까요. 하지만 사실은 다들 힘들지 않았으면 좋겠다고 참 많이 바라 왔겠군요. 정말은 기대고, 편안하게 의지하고 싶었지요? 하지만 그 사람들을 차마 내가 더 힘들게 만들 수는 없다는 생각 때문에 속상하다는 말도, 술 마시는 엄마가 싫다는 말도 마음껏 하지 못했군요. 의지할 데가 없어서 많이 외로웠겠어요. 사실은 누구보다 돌봄이 필요했고 관심이 필요한 아이였는데도, 항상 가족의 분위기를 살피고 자신을 맞춰야 했군요. 다른 지역으로 취직을 한 이유도 조금은 알 것 같아요."

나의 생각

"지금의 제 모습을 이해할 수가 없어요. 이해가 안 돼요."

"지금의 모습이 정말 싫고, 왜 이렇게 되었는지 혼란스러운가 보군요. 내가 좀 더 나은 모습이었으면 좋겠다고 바라고 있나 봐요. 이렇게 사는 것은 잘못됐다고 스스로를 질책하고 있네요. 혹시 건강한 모습이 아니면 다른 사람들이 날 부담스러워하고 받아 주지 않을 거라 생각하진 않나요? 그래서 다른 사람들에게 지금의 모습을 절대로 보여주고 싶지 않은 거구요. 아픈 나를 소중히 대해 주고 위로하기보다, 빨리 벗어나고 싶어 자신을 채찍질하는 모습이 안타까워요. 자라면서 힘들고 아픈 자신을 다른 사람에게 충분히 수용받아 본 경험이 없나 봐요. 그래서 자신을 무정하게 대하는 것 같아 맘이 아프네요. 자신에게조차 제대로 이해받지 못한 마음이 무척 외롭고 지쳐 있을 것 같아요."

나의 감정

"이대로 계속 살게 될까 봐 두려워요."

"그렇군요. 지금의 고통스럽고 무력한 상태가 끝나지 않을까 봐 두려우신가 봐요. 내가 전혀 우울하고 싶지 않은데도 계속되니까요. 이 감정에서 벗어나고 싶은데 그것조차 잘되지 않아 많이 힘드시겠어요. 해결할 수 있는 방법도 안 보이니까요. 사실은 활력 있고, 즐겁게 살고 싶은데 말이죠. 당신의 이야길 가만 들어 보면 사실은 분노, 답답함, 슬픔 같은 감정이 많이 보여요. 너무 힘들고 지칠 때 수간호사의 가시 돋친 말들이 화가 났을 거예요. 직장을 그만둬야 할 때 느꼈던 깊은 좌절감과 남자 친구와 헤어져야 했던 외로움, 어머니의 모습을 보고 복받친 설움들이 얼마나 많았나요. 그런데도 서러워서 울 때조차 소리를 죽이고 울 수밖에 없군요. 이렇게 많은 감정들을 한번도 제대로 표현하지 못해 너무 답답했겠어요."

나의 행동

"난 모든 것으로부터 도망가고 싶어요."

"그래요. 힘겨워서 떠났던 가정으로 다시 돌아올 만큼, 모든 것들로부터 벗어나고 싶었나 봐요. 자신을 위로해 주는 친구들을 찾기보다 혼자서 짐을 다 정리하고 내려오는 길을 선택했군요. 사실은 사람 만나는 것도 좋아하고 친구도 많았을 텐데, 정말 힘들 때는 아무에게도 연락하지 못하고 혼자서 숨는 모습이 안타까워요. 더 외로워질 것 같아서요. 사실은 누군가가 도와주길 간절히 바라고 있으면서도 도움을 청하기보다는 피해야만 했네요. 그 정도로 사람들을 대하는 일이 무섭고 지쳐 있군요. 발랄하고 사교적인 사람인데 지금은 그런 장점이 없어진 것만 같아 자신을 보면서도 슬플 것 같아요."

나의 몸

"몸이 너무 무겁고 의욕이 없어요."

"어딘가 아픈 것처럼 계속 힘이 빠지고 몸이 무겁군요. 노력해도 마음만큼 행동이 따라 주질 않고 계속 무기력하신가요? 병원에서 분주한 일정을 소화하기 위해 그동안 지치도록 많은 일을 하셨군요. 지금은 그저 쉬고 싶은 기분일 것 같아요. 하지만 빡빡한 일도 잘해 왔는데 어느 날부터 생각처럼 몸이 움직여 주지 않아서 얼마나 당황했을까요? 자신이 이해가 안 되고 속상했겠어요. 게다가 계속 제 역할

이야기를 들어주는 심리학

을 감당하라고 요구받는 직장에서 그런 상태가 찾아왔을 때 얼마나 압박감과 부담이 느껴졌겠어요. 자신이 무능해진 것만 같은 느낌에 의기소침하고 슬펐을 것 같아요. 결국 직장생활을 더 할 수 없다고 생각하게 되셨군요."

나의 대인관계

"진짜 힘들 때 얘기를 털어놓을 수 있는 사람이 없어요."

"그렇군요. 누군가에게 정말 솔직한 마음을 털어놓고 위로받고 싶은데, 아무도 그런 이야기를 받아 줄 수 없다고 생각돼 힘이 드나 보군요. 당신의 대인관계를 보면 안타깝습니다. 사람들은 내가 힘든 이야기를 하면 받아 주지 못하고 싫어할 거라고 생각하고 있는 것 같아서요.

어릴 때부터 날 받아 주지 않는 엄마와 아빠, 형제들을 보면서 자라 왔는데, 이젠 당신의 주변 친구들이 모두 부모님과 형제들처럼 느껴지나 봐요. 그래서 이렇게 힘들게 고향으로 내려오기까지 당신은 제대로 도움을 요청하거나 하소연해 보지도 못했지요. 당신을 좋아하고 가깝게 지내는 연인과 친구들이 있었는데도 말이죠. 직장 안에서도 한번쯤 '힘들다'고 말해 볼 수 있었을 텐데 아무에게도 당신이 힘든 진짜 이유를 말하지 못하고, 힘들게 하는 상관에게도 싫은 내색 한 번 하지 못하고……

인간관계는 항상 좋은 모습을 보이고 부담스럽지 않게 행동할 때 유지된다고 은연중에 생각하고 있지는 않나요? 그런 세상 속에서 살아간다면 얼마나 외롭고, 긴장이 될까요. 사실 누구보다 힘든 자신을 알아주고 안아 주는 사람을 만나고 싶으면서도, 그런 사람은 없을 거라고 믿고 있었군요. '좋은' 모습이 아니었기 때문에 친구들조차 만나지 못할 만큼 사람들에게 거절당하기 싫었나 봐요."

나의 사랑

"오빠가 힘든 나를 감당 못할 것 같았어요."

"자신의 힘든 모습 때문에 상대방이 지쳐 싫어하게 될까 봐 두려우셨군요. 갈등을 겪고 관계를 힘들게 하는 원인이 자신에게 있다는 생각을 참고 있기가 쉽지 않았나 봐. 더구나 결혼 이야기가 나오고 있던 상황이니 그런 부담감은 더 컸을 것 같아요. 안 그래도 혼자서 힘들어하고 있는데 그런 어려움을 기대지도 못하고, 또 상대방을 편안하게 해 줄 만큼 힘을 내지도 못하는 상황이 얼마나 곤혹스러웠겠어요. 좋은 모습을 보여 줘야 날 싫어하지 않을 거라 생각했으니까요. 언제 터질지 모르는 폭탄을 안은 것처럼 불안하죠. 상대방이 사랑을 표현해 줘도 믿음이 가기보단 '언제 저 태도가 바뀔지 몰라' 라고 생각하게 되지는 않았나요. 당신이 힘들어질수록 의지하기보단 부담 주지 말아야 한다는 생각이 점점 커져서, 결국 떠나오는 것밖에는 다른 어떤 일도 할 수 없었나 봐요."

이야기를 들어주는 심리학

안아주기

가족에 관하여

"어릴 때부터 가족들에게 표현하지 못했던 화남, 슬픔, 서운함, 관심 받고 싶은 마음, 사랑받고 싶은 마음들을 저와 함께 하나씩 꺼내 다시 만나 보면 좋겠어요. 사람은 참 신기한 존재라, 자신은 잊었다고 생각하는 과거의 상처들이 사라지지 않고 그대로 가슴에 남거든요. 그래서 그때 하지 못했던 말들을 지금 해볼 수도 있는 거죠. 그러면서 나 자신을 표현할 수 있는 힘을 길러 줍시다. 당신에게 익숙해진 대인 관계 방식은 사실 이 가정으로부터 출발했습니다. 그래서 이 가정 안에서 당신의 모습이 바뀌면 삶에 큰 변화가 찾아올 거예요.

어릴 때 당신은 관심과 애정을 받아야 했어요. 아이가 자라는 데 꼭 필요한 거니까요. 아이가 요구하면 부모가 관심을 가지고 부탁을 들어주는 과정 속에서, 아이는 다른 사람에게 자신이 원하는 것을 말할 수 있는 능력이 생깁니다. 하지만 당신은 '사랑받고 싶으면 얌전히 있어, 난 네 부탁을 들어줄 여유가 없어.' 라는 메시지를 받고 자랐어요. 지금은 어른이 되었는데도 당신의 마음에는 여전히 그 메시지가 있습니다. 그래서 다른 사람에게 폐가 되지 않으려고 하고, 남을 부담스럽게 할 것 같은 말은 할 수가 없지요. 하지만 표현하지 못한 감정들은 당신의 마음속에서 계속 에너지를 빼앗아 갑니다. 묵은 마른 데 물을 마시지 못하는 상황처럼 말이죠.

　이미 어른인 당신에겐 원하는 것을 표현하고 가질 수 있는 능력이 있습니다. 더 이상 약하기만 한 아이가 아니니까요. '엄마가 술 마시는 것이 싫어.' 라고 말할 수 있는 힘을 우리 함께 길러 봅시다. 어머니가 당장 변하지 않더라도, 자신이 솔직한 말을 할 권리가 있는 사람임을 자각하는 것이 가장 중요합니다."

생각에 관하여

　"전 당신이 현재 상태를 그럴 만하다고 생각했으면 좋겠습니다. 무엇 때문에 이렇게 되었는지 깨닫진 못해도 힘든 요소들은 분명히 있었어요. 결혼이야기가 오가면서 생기는 불안, 빡빡한 병원 일, 상사와의 관계에서 겪는 스트레스, 어릴 때부터 쌓여 온 털어놓지 못한 감정들 같은 것이죠. 하나만 있어도 힘겨운 문제들입니다. 한꺼번에 감당하려니 버거울 수밖에요. 나 자신을 사랑해 주고 보호하는 일은 정말 중요해요. '자존감'은 결국 자신에 대해 스스로 생각하는 이미지라고 할 수 있습니다. 그런데 이것이 나쁘면 그 사람은 자신을 가치가 없는 사람이라고 생각해 스스로를 괴롭히게 됩니다. 혹시 당신도 "난 다른 사람이 좋아해 주는 모습으로 있어야만 해요. 남이 좋아하는 사람만 가치가 있거든요."라고 생각하진 않나요?

　이 생각을 바꿔 봅시다. 당신은 지금 자신의 모습이 사랑받을 수 없다고 생각할지 모르겠지만, 제가 보기엔 당신은 여전히 많은 장점을 가진 아름다운 사람이에요. 부모나 직장 상사를 비난하지 않는 부드러운 마음, 자기 생각을 조리 있게 말하는 능력, 친구를 잘 사귀는 사교성, 남성에게 사랑받을 만한 귀여운 모습, 직장을 그만두고 집까지 정리해 내는 행동력과 이렇게 상담을 통해서 회복하고 싶어 찾아온 의지가 있는 사람이지요. 지금 지치고 슬퍼 보이기는 하지만, 당신 안에서 이런 장점들이 고스란히 느껴집니다. 그렇기 때문에 열정적으로 다시 일할 수 있는 능력과 자신을 새롭게 변화시킬 수 있는 능력 역시 당신 안에 있다는 믿음이 생기네요.

어떤 모습으로 자신을 볼지는 스스로 선택할 수 있습니다. 어릴 때부터 '넌 소중하다'는 메시지를 받지 못했기 때문에 지금까지 자신을 그렇게 생각하는 것은 당연한 일이에요. 하지만 앞으로 이것을 바꾸는 것은 당신의 선택입니다. 자신에 대한 새로운 말을 찾아봅시다. '난 장점이 많습니다. 남과 상관없이 난 괜찮은 사람이에요.'라고 말해 보면 어떤 기분이 드나요? 처음엔 잘 바뀌지 않는 게 당연해요. 그러나 이전에 부모님이 말해 주지 못한 만큼, 이제 스스로 자신에게 많이 말해 주기 시작하면 분명 조금씩 삶이 편안해질 겁니다. 힘들 때마다 저도 같이 말해 줄게요. 당신은 일할 수 있는 능력이 없는 사람이 아닙니다. 지금은 잠깐 자신을 돌보고 발전시키는 시간일 뿐이죠."

감정에 관하여

"그동안 속상하고 화가 날 때 어떻게 표현하셨나요? 당신의 이야기 속에는 억누르고 참는 모습이 많이 보여요. 화도 내고 슬퍼하기도 하고 누군가에게 하소연하기도 하는 모습은 사람이기에 지극히 자연스러운 모습이죠. 그런데 당신은 그런 자연스러운 감정을 가둬 두려고 하는 것 같아 안타깝네요. 물론 안하무인격으로 상대방에게 상처를 주라는 이야기가 아닙니다. 내가 지금 이런 감정을 느끼고 있다고 표현하는 것이죠. 그런 표현은 '난 살아 있는 사람입니다. 나도 존중받고 싶어요.' 라고 자신의 존재를 드러내는 행동이에요.

가정에서 당신은 늘 조용한 아이여야 했어요. 그래야 살아남을 수 있었으니까요. 그것이 당신에게 최선이었죠. 그런데 어른이 된 지금도 그렇게 감정을 억누르고 있는 모습이 어떻게 보이는지 아시나요? 뭔가 자연스럽게 표현되어야 할 것이 나오지 않아 답답하고 초조한 느낌이 들어요. 함께 있는 상대방도 편안하지 않은 거죠. 지금 당신과 함께 있는 사람은 저이지요. 저는 더 이상 당신이 아무 문제도 표현하지 않는 착한 아이이기를 원하지 않아요. 도리어 지금 무엇을 느끼고 있는지 말해 주고, 뭘 원하는지를 제게 알려 주면 좋겠어요.

표현되지 못한 감정을 억누르기 위해서 당신이 쓰고 있는 에너지는 생각보다 훨씬 많아요. 이제 그 에너지를 조금씩 자신을 표현하는 데 쓰면 어떨까요? 분명 이 끝나지 않을 것만 같은 무력함이 조금씩 내가 느끼고 있는 생생한 감정들로 바뀔 거예요. 약속할 수 있어요.

우리 막연한 먼 미래까지 불안해하지 않기로 해요. 지금 당장에 할 수 있는 작은 일부터 주의를 기울여 보면 좋겠어요. 지금 당신이 느끼고 있는 기분은 어떤 건가요? 우울함인가요? 무거움인가요? 그럼 이 기분이 어떻게 달라지길 원하나요? 행복함이나 평안함인가요? 그럼 이전에 무엇을 할 때 그 기분을 느꼈었나요? 책 읽는 걸 좋아하나요? 영화는 어때요? 하루에 한 가지씩만이라도 내가 즐겁게 느끼는 일을 시도해 봐요. 물론 지금은 예전만큼 재밌게 느껴지지 않을 거예요. 힘이 없으니까요. 하지만 그 일을 하면서 아주 조금씩이라도 긍정적인 기분에 머물러 보세요. '어차피 다시 우울해질 텐데'라는 생각은 금물이에요! '지금 여기서' 당신이 누릴 수 있는 행복을 발견하는 것이 중요해요. 그 감정들이 삶의 비중을 차지할 수 있도록 한 걸음씩만 나가 봐요. 처음엔 아무 힘이 없는 것처럼 느껴질 테지만, 끝나지 않을 듯한 삶이 조금씩 변해 가는 것을 발견할 거예요. 그리고 노력하는 당신이 전 무척 자랑스러울 거예요."

행동에 관하여

"당신이 평소 친구들을 잘 사귀던 사교적인 사람이라는 점이 제겐 큰 자원으로 보여요. 그 말은 당신이 기본적으로 의사소통을 할 수 있는 능력, 다른 사람과 공감대를 형성할 수 있는 능력을 가진 사람이라는 뜻이니까요. 그리고 무력하고 너무나 힘들 때도 정확하게 인수인계를 하고 직장을 그만두는 모습, 집을 다 정리하고 처분하는 일, 남자 친구와의 관계까지 마무리 짓는 모습을 보면서 숨은 힘이 느껴지네요. 결단력 있는 사람이군요. 자신이 선택한 일을 끝까지 잘 감당하려는 책임감과 굉장한 인내심도 느껴져요. 바로 당신이 가장 힘들어 어쩔 줄 몰라 할 때 해낸 일이잖아요. 힘들지 않았을 때는 이런 능력들로 간호사 일을 추진력 있게 잘했을 것 같아요.

당신 안에는 힘이 많군요. 이 힘의 방향만 바꿀 수 있다면 당신은 훨씬 행복해지지 않을까요? 지금까지 그 모든 자원을 활용해서 자신을 감추고 도망가는 일을 했다면, 이제는 자신을 마주 보고 보호하는 일에 써 보자는 것이죠. 사람들에게 힘들다고 말하는 게 불편하죠?

그래서 친구들에게서 멀어지는 것을 선택했었어요. 하지만 지금 여기서 힘들다고 말해 보면서 무엇을 느끼나요? 사실은 제게 와서 이야기할 수 있을 만큼, 당신에겐 자신을 표현할 수 있는 능력이 있었어요. 자신을 살리고 도움을 받고 싶어 하는 열망도 강하군요.

당신의 장점인 결단력으로, 지금 여기서 자신을 회복하기 위한 일을 하겠다고 결단을 내렸으면 좋겠어요. 실패해도 좋고, 몇 번을 실수해도 괜찮아요. 다만 포기하지 않고 그 방향을 계속 바라보고 가겠다고 결심해 보겠어요? 변화를 위해 노력하지 않는다면 분명히 이 상황이 변하기는 어려울 거예요. 그러나 당신은 이미 그 변화의 노력을 시작했잖아요. 상담을 받으러 온 것으로 말이죠. 이제 우리가 같이 걸어갈 방향에 대해서 동의하시나요? 한번 같이 노력해 보시겠어요? 그렇게 결심한다면, 저는 기꺼이 당신을 도울 거예요.

첫 번째 노력은 이겁니다. 모든 사람이 당신을 이해하진 않겠지만, 저와의 관계처럼 당신을 격려하고 대화해 주는 친구를 찾아볼 수 있지 않을까요? 한 사람이라도 좋아요. 누구에게 말해 볼 수 있을지 떠올려 봐요. 한번 그 사람에게도 말해 보시겠어요? 실패해도 괜찮아요. 제가 지지해 줄게요. 자신을 위해서 용기를 내어 행동했다는 것 자체가 매우 가치 있는 일이고, 이전과 다른 변화잖아요. 두 번째로, 당신의 그 책임감과 인내심으로 저와 한 지금의 약속을 지켜 줬으면 좋겠어요. 힘든 상황이 있더라도 포기하지 않기로 해요. 그리고 정리를 잘하는 당신의 능력으로 우리가 할 일을 정리해 볼까요? 자신을 회복시키기로 결정했다면, 이제 자신을 위해서 규칙적으로 잘 먹고 자도록 노력해 주세요. 그리고 편안하게 할 수 있는 일을 찾아보도록

이야기를 들어주는 심리학

해요. 어떨 때 조금이라도 맘이 편안해지나요? 그걸 규칙적으로 해볼 수 있을까요? 그리고 가족에게 '이것만은 배려해 주세요.'라고 요청하고 싶은 것은 어떤 게 있나요? 자신을 위해 그 요구를 해 보기로 해요. 무엇보다 자신을 위해서 뭔가를 하고 있다는 것이 중요합니다. 그렇게 힘든 순간에도 모든 일을 잘 감당한 당신이라면, 분명히 할 수 있어요."

몸에 관하여

"지금 무기력하고 무거운 몸 상태가 싫고, 속상하시죠? 이전엔 그렇지 않았는데 지금의 모습이 참 인정하기 어려울 것 같아요. 하지만 이 상태는 분명 좋아질 거예요. 그러니 우리 지금 몸을 그만 싫어하고, 좀 인정하고 돌봐 주면 어떨까요? 그래야 빨리 건강해질 테니까요. 먼저, 지금 상태가 단순히 신체적인 문제만은 아니란 점을 인정해 줬으면 해요. 무기력함과 무거운 느낌은 감정과도 많은 연관이 있죠. 이 두 가지 영역은 뇌와 깊은 관련이 있거든요. 기분이 가라앉을 때는 몸도 더 불편하게 느껴지고, 반대로 기분이 나아지면 몸도 가벼워지는 느낌이 들 수 있어요. 이건 꾀병을 부리는 게 아니에요. 맘이 약해서 그런 것도 아니고요. 뇌 분비물질의 영향입니다. 그러니 반대로 말하면, 몸이 편안해지면 기분도 나아진다는 말이 되죠.

먼저, 먹는 것과 자는 것이 가장 중요해요. 10시간 정도까지는 자신이 너무 많이 잔다고 책망하지 마세요. 건강해지면 수면시간도 다시 줄어들 거예요. 스트레스는 오히려 더 안 좋다는 것 이해하셨죠? 그리고 식사를 반드시 하셔야 해요. 기본적인 거지만 기분이 저조하면 지키기가 쉽지 않죠. 또 하루에 15분 정도 매일 걸어 볼까요? 운동은 우울함과 상극이거든요. 둘은 함께 갈 수 없죠. 이렇게 하면서 무엇보다 '내가 내 몸을 위해 노력하고 있어'라는 의식을 가지면 좋겠어요. '내 몸을 위해 오늘도 좋은 생활을 선물해 줬어!'라고 자신을 칭찬해 주세요. 저 역시 당신이 자신을 보호할 줄 아는 모습이 참 기쁠 거예요."

대인관계에 관하여

"지금 당신의 관계에 영향을 미치는 핵심 감정은 '거절당할 것 같은 두려움'인걸 느끼시나요? 그래서 평소에는 관계를 잘 맺지만 자신 없는 모습, 힘들고 부정적인 모습은 상대방에게 보여 주지 못하는 거죠. 사실은 나도 모르게 나의 부모와 다른 사람들이 똑같다고 생각하기 때문 아닐까요? 그런데도 제게 속 깊은 이야기들을 해 준 데는 큰 용기가 필요했겠어요.

저와 이야기를 하면서 어떤 느낌이 드셨나요? 다른 사람들에게 하지 못하는 말들을 하나씩 힘들지만 꺼내 놓으셨잖아요. 제 반응이 부모님과 똑같았나요? 두려워했던 만큼 거절당하는 느낌을 받으셨나요? 계속 이야기할 수 있었던 가장 큰 이유는 당신이 용기 있는 사람이기 때문이라고 생각해요. 그리고 제 반응이 부모님과 똑같지 않았기 때문이기도 할 것 같군요. 자, 어떠세요. 정말 '모든' 사람이 당신의 힘든 모습을 싫어했나요? 적어도 저와의 관계는 조금 예외이지 않은가요?

솔직히 전 모든 사람이 부모님과 같이 반응하지는 않는다는 사실을 당신이 느꼈으면 해요. 생각보다 당신을 잘 받아 줄 사람들은 많아요. 하지만 충분한 경험이 없기 때문에 믿기가 어렵죠. 늘 언제 거절당할까 두려웠기에 조금이라도 그런 느낌이 들면 바로 마음을 닫아 왔을 테니까요. 괜찮아요. 저와의 관계부터 시작해요. 저는 당신이 힘든 모습이 싫지 않아요. 하지만 적어도 이런 말을 믿기 위해 노력해 준다면 더 기쁠 것 같아요. 우리 지금까지 당신을 외롭게 만들었던 그 두려움에서 한번 벗어나 봐요. 그렇게 되고 싶은가요?

당신 주변에 친구들이 많이 있었잖아요. 그 사람들도 사실은 당신이 마음을 열어 주길 원하지 않았을까요? 저처럼 말이죠. 한번 확인해 보시겠어요? 당신의 솔직한 마음 중에 그래도 좀 말하기 편한 내용은 어떤 건가요? 당장 모든 것을 다 말하라는 이야기가 아니에요. 작은 부분이라도 한번 친구에게 표현해 볼래요? 그리고 어떤 반응을 보이는지 지켜봐요. 당신이 두려워했던 것과 아마 조금은 다를 거예요. 물론 그렇게 반응하지 않는 사람도 있겠지만, 생각보다 많은 사람이 당신을 공감해 줄 거예요. 혹시 거절당한다고 해도 제가 위로하고 격려해 줄게요. 그렇게 조금씩 이전과 다른 세상을 만나보지 않겠어요? 당신은 할 수 있어요."

사랑에 관하여

"실제로 오빠와의 관계 속에서 당신이 원한 것은 무엇이었나요? 자신이 힘든 시간을 지나는 동안 지치지 않고 곁에서 지켜봐 주길 원했었나요? 아니면 있는 그대로의 자신을 안아 주고 이해해 주길 바랐나요? 불가능하다고 생각하고 포기해 버린, 그때 정말로 원했던 것은 무엇인가요?

물론 상대도 사람이기 때문에 무조건적으로 모든 것을 다 감당해 줄 수는 없어요. 하지만 당신이 원하는 것이 무엇인지 투명하게 표현한다면 상대방은 적어도 고민해 볼 수 있겠죠. 당신이 원하는 것을 정말 감당할 수 있을까, 관계를 위해서 어떤 선택을 해야 할까? 그리고 상대방도 어떤 결정을 해야 할지, 서로 할 수 있는 일들은 무엇인지 다시 대화를 해 보지 않았을까요? 그렇게 해서 내려진 결정은, 관계를 어떤 방향으로 이끌어 가든 각자가 주체적으로 선택한 결과죠.

　　하지만 상대방에게 생각해 볼 기회를 주지 않고 관계를 끝냈을 때, 그 속엔 '당신은 반드시 나에게 상처를 줄 사람이에요.' 라는 생각이 깔려 있어요. 실제로 상대는 생각해 볼 겨를도 없이 '그런 사람'이 되어 버린 거죠. 자신도 모르게 상대방의 인격을 존중하지 않은 거예요. 나의 두려움 때문에요. 여전히 좋은 모습만을 보여 줘야 한다는 생각으로 새로운 남성을 만날 건가요? 그렇다면 그 사람 역시 당신을 상처 줄 수 있는 위험한 사람이라고 사실은 믿고 있는 것입니다.

　　그런데 정말 상대가 당신 생각처럼 힘든 모습을 감당할 능력이 없을까요? 당신은 상대방에게 항상 좋은 모습을 보여 줘야 한다고 생각했지만, 상대가 원한 것이 정말 그것일까요? 혹시 당신이 힘들더라도, 걱정해 주는 상대에게 당신이 고마움을 표현하는 것만으로도 그 사람은 기꺼이 긴 시간을 기다릴 수도 있지 않을까요? 사실 당신은 상대방이 그만큼의 기다림을 감수할 만큼 멋진 여성이라고 저는 생각해요. 그러나 스스로 자신을 그렇게 생각해 본 적이 없어서, 그런 걸 요구해 볼 엄두가 나지 않았나 봐요. 자신을 존중하지 못한 만큼, 상대방도 존중하지 못한 거죠.

이야기를 들어주는 심리학

연애는 어떤 관계보다 용기가 필요하고 모험이 필요해요. 새로운 만남을 시작한다면, 작은 것부터 한번 확인해 보시겠어요? 순간순간 일어나는 사건들에 대한 자신의 느낌을 표현해 보세요. 그리고 상대방의 생각을 물어보세요. 솔직하게 불안할 때는 불안하다고 말해 봐요. 상대방에게 당신을 위한 배려를 할 수 있는 기회를 꼭 주길 바라요.

성공에 관하여

"우리 마지막으로 가장 큰 고민이었던 부분, '다시 성공적으로 일할 수 있을까?' 란 의문을 같이 생각해 봐요. 당신에게는 힘든 부분이 많이 있었어요. 그래서 다른 영역들이 힘든 만큼, 보람 있게 일할 수 있는 직장이 더 소중했던 거지요. 하지만 해결되지 못했던 다른 문제들이 당신을 계속 소모시켰기 때문에, 결국 좋아하는 일조차 할 수 없을 만큼 지치게 된 거죠. 당신도 계속 자신을 누르는 해결되지 못한 문제들의 무게를 막연히 느끼고 있었던 것 같아요. 그래서 자신의 삶도 가족들처럼 불행해질 수밖에 없을 것 같은 불안이 있었어요. 그것이 마치 '운명의 무게' 처럼 느껴진 거죠.

직장 안에서는 여러 일들이 생기잖아요. 관계 속 갈등도 많고, 일의 양이 불규칙하게 많아지거나, 최선을 다했는데도 부정적인 평가를 받아 억울한 때도 있지요. 이럴 때 어떻게 잘 해결할 수 있을까가 참 중요한 문제이죠. 그렇지만 당신은 불만을 표현하거나, 친구들에게 속상함을 털어놓기도 쉽지 않았고, 또 상대방을 비난하고 이기적으로 행동하는 것도 성품에 맞지 않았어요. 그러니 그런 스트레스들이 갈

곳 없이 당신 안에 남아 있을 수밖에 없었겠지요.

이런 문제들이 어깨를 짓눌러서 결국 주저앉게 되었을 때, 당신은 자신을 좋아할 수 있는 소중한 영역도 잃어버렸어요. 바로 직장이었죠. 결국 삶에서 좋은 것은 다 사라지고 무거운 문제들만 남은 거죠. 지독한 무력감이 닥쳐서, 다시는 일하지 못할 것만 같은 두려움을 느끼게 했나 봐요.

하지만 결론적으로 말하자면 분명히 당신은 다시 일할 수 있어요. 지금 자신 안에 있는 문제들을 해결한다면 이전보다 더 잘할지도 모르죠. 일에 대한 애정과 책임감, 끈기 등 잘할 수 있는 조건을 많이 가지고 있으니까요.

그래서 저는 당신이 당장 일을 다시 시작하게 해 주는 것보다, 같은 상황이 반복되지 않도록 변화를 돕는 것이 더 중요하다고 생각해요. 이제까지 그런 문제들에 대해 많이 이야기했죠. 그렇다면 이제 다시 일하기 위해서 우리가 구체적으로 노력해야 할 것은 무엇일까요? 저는 먼저 다시 일할 수 없을지도 모른다는 두려움을 버리는 것이 중요하다고 생각해요. 당신은 이대로 점점 상태가 좋아지면 누가 떠밀지 않아도 다시 직장생활을 할 사람이에요. 그 일을 사랑하니까요. 그리고 그것이 당신을 행복하게 만드는 중요한 영역이니까 더욱 그렇겠죠. 그러니 그 소망을 절대로 놓치지 말아요. 더구나 이제 당신에겐 그 분야의 경력과 노하우도 있잖아요? 더 일을 잘할 수 있는 조건은 충분해요. 하지만 그 전에 자신을 보호하고 표현할 수 있는 연습을 충분히 해야 한다는 것을 기억하세요.

그 다음 자신이 원하는 직장의 구체적인 조건을 한번 떠올려 봐요.

이야기를 들어주는 심리학

그리고 직장을 알아보면서 내가 더욱 우선시하는 조건이 무엇인지, 내가 이곳에서 즐겁게 일할 수 있을지를 구체적으로 자문해 보기로 해요. 조건이 좋은 직장만을 찾으라는 이야기가 아니죠. 내가 소중히 여기는 부분이 존중받을 수 있을지 고민해 보라는 것이죠. 예를 들어, 몸은 좀 피곤하지만 이곳 일은 보람 있다든지, 돈은 좀 적지만 나를 관리할 수 있게 시간적 여유가 있는 곳이 좋다든지 하는 생각이에요.

마지막으로 일을 해야 내가 가치 있기 때문에 일하는 것이 아니라, 내가 일을 하고 싶기 때문에 하는 것이 중요해요. 지금 당신이 깊은 무력감을 느끼는 이유는 일하지 못하는 자신이 가치가 없는 것처럼 느껴지기 때문이기도 하죠. 하지만 당신의 가치는 일과 상관없이 늘 동일해요. 일은 그런 당신의 표현일 뿐이죠. 그런 마음이 있어야 직장 안에서 어려움이 생길 때도 당신을 보호할 수 있을 거예요. 예를 들어, 자신의 상황을 객관적으로 설명하고 조정을 부탁하거나 갈등이 있을 때 마음을 솔직히 표현할 수 있는 힘은 자신을 소중히 여기는 데서 나온다고 생각해요.

솔직히 일을 더 이상 하지 않는다고 해도 당신은 여전히 소중합니다. 일은 당신이 인생을 더 보람 있게 살아가기 위한 하나의 통로일 뿐이죠. 이전에는 일하는 모습을 통해서만 자신의 가치를 발견했나요? 하지만 이제 진실하게 친구들과 소통하고, 자신을 위해서 즐거움과 편안함을 누리는 방법들을 알게 되었다면 더 이상 직장만이 나의 유일한 삶의 의미가 되지 않을 거예요. 그리고 그 여유를 가진 당신은 훨씬 더 잘 일할 거라 확신해요."

그 후의 이야기

"이번 정차할 역은 ……"

책에 얼굴을 파묻고 있다 보니 어느새 기차가 목적지에 다다르고 있었다. 오랜만에 탄 기차는 나를 안고 둥실둥실 달려와 추억의 역 앞에 사뿐히 내려놓고 사라졌다.

"좋아 ……"

빠뜨린 것이 없는지 다시 한번 확인하고는 몸을 쭉 펴 기지개를 켠다. 포근한 햇살에 잘 마른 공기가 반짝반짝 춤을 추고 있다. 깊이 들이마시자, 예전에 내가 토해 냈던 슬픔과 눈물의 냄새도 어딘가 희미하게 섞여 있는 것 같다.

"지잉, 지잉."

핸드폰이 부산스럽게 운다. 손이 없어 가방 하나를 다리 사이에 놓고 급히 전화기를 꺼냈다.

"네, 선생님. 도착했어요."

얼굴에 웃음이 번진다. 저편에서 오랜만에 들어보는 목소리가 흘러나온다.

"네, 제가 지금 앞으로 나갈게요."

전화를 집어넣고는 다시 바닥에 놓았던 가방을 들었다. 가방 속에는 향기를 머금은 채로 노랗게 잘 마른 국화꽃송이들이 다소곳이 병에 들어 있다. 고창에서 국화축제를 하던 날, 꽃송이를 한 아름 안고 주머니며 치마 위에 가득 따 담았었다.

역 앞으로 나가자 저 앞에 익숙하고 그리운 모습이 보인다. 나를

이야기를 들어주는 심리학

발견했는지 뽀얗게 웃으며 이쪽으로 걸어온다.

"너무 오랜만이에요. 보고 싶었어요."

서로 호들갑스럽게 반가워하며 얼싸 안는다. 이 사람을 만나고 싶어 날짜를 맞춰 월차까지 쓴 터였다.

"잘 지냈어요? 정말 예뻐졌네요."

나를 보고 그렇게 말하는 선생님의 미소는 여전히 따뜻하다. 이 웃는 얼굴이 어떤 날은 날 안아 주고 어떤 날은 날 일으켜 세웠었지…….

"선생님, 배고프죠. 우리 밥 먹으러 가요."

그렇게 말하며 손을 꼭 잡았다. 오늘은 내가 보답해 줄 차례니까.

"아저씨 같이 생겼죠."

좋은 가게를 찾아 음식을 기다리는 동안 남자 친구의 사진을 보여 주었다.

"아뇨, 성품이 좋아 보여요. 믿음직하고. 많이 예뻐해 줘요?"

"네, 다른 지방에서 일하는데도 매 주 꼭 만나겠다고 오지 말래도 운전해서 와요."

"와~ 많이 사랑해 주는구나. 참 잘됐다. 사람 보는 눈이 있는 남자네요."

"처음 소개받았을 때는 너무 수수하고 무뚝뚝해 보여서 별로였어요."

스스로 얼굴이 빨개지는 걸 느끼면서도 믿음직스러운 남자 친구 이야길 하니, 선생님은 마치 자기 일인 양 기뻐하며 웃고 있다.

"…… 그래서 서로 나이도 있으니까 빨리 결혼하고 싶어 해서 봄에 하기로 했어요."

"정말요! 너무 잘됐다. 청첩장 꼭 보내 줘야 해요."

이 사람은 남의 일인데도 뭐가 그리 좋은 걸까.

"그런데 오늘 이렇게 와도 괜찮아요? 병원 일은 어떻게 했어요?"

"괜찮아요. 월차 썼거든요."

자기 때문에 휴가를 썼다고 미안해하는 선생님에게 직장생활 이야기를 해 주었다. 시간적으로 여유가 있는 일을 구하고 싶어 몇 군데 면접을 봤던 일. 그러다 지금 일하는 곳의 수간호사가 나를 좋게 봐서 망설이는데도 조건을 맞춰 주겠다고 제안한 일, 결혼 준비를 해야 하는데 일은 계속 하고 싶어서 나이트 근무만 하도록 시간표를 조정한 일 등 예전의 직장생활과는 사뭇 달라진 생활이었다.

"지금 일하는 곳에서는 제 경력이 인정도 받고 하고 싶은 말도 하고, 재밌어요."

"정말 많이 달라졌네요. 아주 건강해진 모습을 보니까 왠지 감동적이에요."

내가 행복해졌다는 말에 맞은편에 앉아 눈물이 고이는 선생님을 보니 왠지 나도 눈물이 핑 돈다. 단 하루를 살아가는 일이 힘겨웠던 지난날들이 주마등처럼 스친다. 그때는 지금처럼 다시 행복할 수 있을 거라고 믿기가 참 어려웠다. 다만 끊임없이 나를 격려하던 따뜻한 사랑만 시간이 지날수록 선명하게 가슴에 남았다.

'어쩐지 내가 왜 꼭 다시 오고 싶었는지 알 것 같아.'

서로 목이 메 말없이 마주 보면서 나는 그런 생각이 들었다.

이야기를 들어주는 심리학

앞으로는 나처럼 힘들었던 사람들을 도와주며 살 거다, 결혼하면 남자 친구의 고향에 펜션을 지을 거다 같은 야심 찬 계획들을 이야깃거리 삼아 식사를 하고서 가게를 나서는 길에 나는 가방을 선생님께 내밀었다.

"이게 뭔가요?"

"국화차예요. 마시면 향이 정말 좋아요."

"이런 거 안 줘도 되는데 굳이 준비를 했어요? 고마워요. 정말 기뻐요."

가방을 받아 들고서 선생님의 얼굴이 뽀얗게 웃는다. 그 얼굴에서 국화 향기가 나는 것만 같다.

'…… 이 얼굴이 다시 보고 싶었던 거야.'

내 얼굴에도 노랗게 미소가 핀다.

선생님으로부터 풍겨 나는 국화 향기가 나에게서도 은근히 퍼지는 것만 같다.

'이제부턴 내 웃는 얼굴에서도 이 향기가 날까?'

눈앞의 저녁 하늘이 황금빛 향기로 은은하게 물들고 있었다.

"째깍, 째깍, 째깍, 째깍 ······ "

시계 초침소리가 초조하게 가슴을 친다.

월요일.

울릴 줄로만 알았던 전화벨은 아직 침묵 중이다.

오후로 들어선 햇살이 창문 안으로 비어져 들어오기 시작한다. 씁쓸한 생각들이 뚜벅뚜벅 걸어오고 있다.

아니다, 분명 뭔가 일이 있을 거야. 워낙 바쁜 곳이잖아. 아직 포기하긴 일러.

책상을 두드리며 소리를 내고 있는 손가락을 애써 감아쥔다. 천천히 희미해져 가는 지난주 받았던 좋은 느낌을 붙잡듯이 떠올려 본다.

"한 식구 되면 일 년 내내 이렇게 정신없이 일해야 하는데, 감당되겠어?"

정신없고 긴장되었던 일주일간의 인턴근무를 마치는 날, 허허 웃으며 그렇게 말하던 사무장의 모습에 '이젠 됐다!' 고 분명 느꼈었다.

"아닙니다. 모두 잘해 주셔서 시간가는 줄 모르고 즐겁게 했습니다. 일도 재밌었고요."

내 대답에 문제가 있었던 걸까? 아니다. 전날부터 고민해서 생각해낸 말이잖아. 모두들 친해졌고 분위기도 좋았어.

마지막까지 정리도 성심껏 했다. 깍듯이 감사도 했고, "다음 주에 뵙겠습니다!"라는 야심찬 인사도 했다.

"그래, 수고했어. 결정되면 월요일 아침에 전화가 갈 거야. 함께 일하게 되면 좋겠네."

마지막까지 사무장도 희망적인 의중을 내비치지 않았던가.

어느새 햇살은 완연히 방안에 쏟아지고 있었다. 하루 종일 쿵쾅거리며 귓전을 치고 지나가는 시계 초침소리에 이젠 머리가 어지럽다. 아침이라고 했는데 왜 지금까지 전화는 없단 말인가. 일하면서 나름 나의 비전을 펼칠 수 있는 분야라는 생각도 들지 않았던가. 친한 후배에겐 지난 주말에 거의 취직이 된 것처럼 말해 놓기까지 했다.

'이번엔 그만큼 느낌이 좋았는데 왜 ⋯⋯!'

입안이 씁쓸하다. 몇 번을 겪었던 싫은 감정들이 다시 찾아올 것만 같아 짜증이 난다.

'내가 한번 전화를 해 볼까 ⋯⋯'

혹시 너무 바쁜 곳이라 내게 전화하는 것을 잊었을 가능성도 있지 않을까? 그렇다면 내가 전화를 하면 '그래, 자네. 맞아, 미안하네. 진작 연락을 했어야 했는데 깜박했네. 난 전화도 안 하고선 왜 안 나오나 했네.' 이럴지도 모른다.

말투를 상상하고선 실없는 미소를 짓다 고개를 푹 숙인다. 만일 반대라면, 나는 어떻게 되는 거야?

더 이상 견딜 수 없어 겉옷을 집어 들고 일어섰다. 천 원짜리 지폐 두어 장이 다인 주머니에 핸드폰을 찔러 넣고는 방을 나왔다. 기분 전환할 겸 산책을 하다 보면 들어올 때는 엄마에게 기분 좋은 전화를 할 수 있을지도 모른다.

겨울로 치닫고 있는 바람이 제법 차다. 추위에 약한 몸이 오한을 일으킨다. 따뜻한 커피 생각에 도로변 도넛 가게 앞에 멈춰 섰지만 주머니에 찔러 넣은 손은 문을 쉽게 열지 못한다.

멍하니 바라보는 가게 안 벽시계는 오후 두 시를 넘어서고 있었다. 이제 합격 전화가 오든 아니든 사무장은 거짓말쟁이 나쁜 놈이다.

고개를 숙이고는 다시 발걸음을 옮기려는데 익숙한 멜로디가 흘러나온다. 내 핸드폰에서였다. 너무나 생소한 그 소리에 나는 화들짝 놀라 전화를 받았다.

"안녕하세요 ……"

전화 저편에서 들려오는 목소리는 한 주간 익숙해진 여직원의 목소리였다. 의례적인 인사와 함께 "많이 기다리셨죠." 하는 상투적인 위로. "아닙니다."라고 역시 상투적으로 대답하자 그 여직원은 "회의 결과가 나왔는데 …… " 하며 사무적인 말투로 막힘없이 이야기하기 시작했다. 회의 결과 다른 인턴을 또 뽑아 보기로 했다는 말. 성실하게 잘 일해 주었지만 다른 사람도 한번 써 보자는 결정이 나와 아쉽지만 다음 기회를 가져야겠다는 내용이었다. "결과가 이렇게 돼서 죄송하네요." 의례적인 사과의 말까지 일사천리로 토해 낸 그녀는 "어쩔수 없죠, 괜찮습니다."라는 내 의례적인 인사를 듣고 전화를 끊기 위해 잠시 기다리고 있었다. '저기 ……' 그녀가 원하는 의례적인 인사를 해 주고서 대화를 끝내려는 그녀에게 떨어지게 된 이유를 물었다. "아무래도 저희 사무실의 성격과 조금 안 맞는 듯해서 …….." 너무나 막연한 그 대답에 "아, 네." 하고 대답하는 사이에 곧 좋은 결과 있길 바란다는 상투적인 격려를 끝으로 전화는 끊어졌다.

한동안 모든 소리가 멀어지는 듯했다.

손에 간신히 매달려 있는 핸드폰이 바닥으로 추락하지 않으려고

이야기를 들어주는 심리학

애처롭게 안간힘을 쓰고 있었다.

'…… 1년 반이구나.'

다시 초라한 취업 준비생으로 돌아가 버린 나는 멍하니 그동안 넣었던 수많은 지원서와 면접장면들을 떠올리고 있었다.

처음엔 곧 되리라 생각했다. 적잖은 나이에 휴학을 하고 미국도 일 년간 갔다 왔고, 많이 고민했던 만큼 더 성숙한 모습을 보여 줄 자신도 있었다. 어렵다곤 하지만 누군가는 분명히 취업이 되고 있는 이 세계, 나도 분명 그 사람들 중 하나가 될 거라고, 막연한 불안감도 있었지만 의지와 포부로 지우며 나갈 수 있었다.

'안 되는 걸까…….'

알고 있다. 이런 생각하면 안 된다는 걸. 안간힘을 써서 위를 보지 않으면 발밑에 시꺼멓게 입을 벌리고 있는 구덩이에 떨어져 버릴지도 모른다. 뒤죽박죽되어 버릴 것 같은 머릿속을 '나는 할 수 있어', '언젠가 분명히 기회는 온다', 이런 공공연한 생각들로 어떻게든 채워야 한다는 걸 안다.

'하지만……!'

세상의 벽이 한없이 높아져 간다. 내가 너무 만만하게 본 걸까. 다른 사람들은 도대체 내가 애써 준비하는 것 이상의 얼마를 더 한단 말인가. 그게 가능하긴 한가. 아니면, 내게 기업 면접관들이 결정적으로 싫어하는 결점이라도 있는 걸까.

울컥울컥 자학의 말들이 솟아오른다. 입술을 깨물고 그 말들을 토해내지 않으려 안간힘을 쓴다. 이 이상 비참해지긴 싫다. 영원히 오지 않을 듯한 기차를 기다리는 역전에서 하나씩 불이 꺼지는 걸 보는 불

안함 두려움. 거기에 삼켜지고 있음을 인정해 버리면 나는 무너질 것
이다.

어느새 꽁꽁 얼어 버린 손안에서 다시 휴대전화가 울었다. 액정에
뜬 이름은 '엄마'였다. 가슴이 무거워진다. 한동안 액정을 바라보다
힘겹게 전화를 받았다.

"막내아들, 어디고? 오늘 출근했드나."

"…… 으응, 엄마. 나 떨어졌어."

"그래 ……"

엄마의 침묵 속에 들리는 말 못할 실망감, 근심, 그리고 나를 향한
걱정.

"…… 밥은 잘 묵나. 집에 쌀은 안 떨어졌고?"

"어, 괜찮아. 잘 먹고 있어. 걱정 마."

이렇게라도 걱정을 덜어 드리고 싶다. 서른이 다 되도록 자기 앞
가림 못하고 있는 못난 막내아들. 아직 엄마에게 손 내밀어야 하는 내
처지의 한없는 초라함과 무능함을 조금의 허세로라도 감추고 싶었다.

"빨리 자리 잡아가 니 식구들 잘 먹여 살려야 될 낀데 ……."

엄마의 지나가는 듯한 한마디에 불현듯 술 취한 아버지의 모습이
스쳐 간다. 집에 돈 하나 벌어다 주지 않는 아버지, 술에 취해 난동이
나 부리던 그 모습이 떠올라 입술을 꼭 깨문다.

"엄마, 아직 여자 친구도 없잖아. 그런 걱정하지 마. 아직 멀었다."

"그래도 니 나이가 …….'"

"엄마!"

절대 아버지처럼은 안 살 거야. 난 절대 그렇겐 안 돼. 일종의 분

노와 가까운 감정을 느끼며 엄마의 말을 막아선다.

"그래, 우리 막내아들. 엄마는 니 믿고 있다. 니는 잘 될 끼라. 그제?"

괜한 말을 했다 싶었는지 엄마는 불안한 기대를 내게 확인했다.

"집에 한번 내려온나. 차비는 있나?"

"어, 있어. 좀 바빠서 다음에 내려갈게."

주머니 속의 지폐를 꼭 쥐며 그렇게 대답한다. 아직 혼자만 자리 잡지 못했다는 말없는 압박감에 어느새 집에 내려가는 횟수도 줄어들고 있었다. 갈 때마다 쌀이며 용돈이며 받으러 온 듯한 그 말없는 분위기를 견딜 수가 없다.

"그래, 바쁜갑네 ……. 몸 상하지 말고. 열심히 하거래이. 엄마가 니를 위해서 빌고 있으니까 잘 될 끼다."

"응, 잘 될 거야. 걱정하지 마세요."

서운한 듯한 엄마의 목소리를 짐짓 못들은 척 막연히 긍정인 대답으로 전화를 끊었다. 미안함과 자책에 시달려 피곤한 얼굴을 들고 하늘을 쳐다본다. 어느새 저녁이 되어 가는 하늘은 무정하게 시리다.

'연애?', '결혼?'

나는 지금 그런 걸 생각할 여유도 없다. 지독히 외로워도 내겐 아직 자격이 없으니까.

신은 정말 있긴 한 걸까. 내게 끝나지 않는 이 고통의 시간을 주는 이유가 도대체 무엇일까. 그가 정말 내 삶을 계획하고 있다면, 언젠가 '엄마, 나 취직됐어!'라고 전화할 수 있는 날을 만들어 두긴 한 걸까. 이제 시간이 별로 없는데, 그날은 대체 언제 온단 말인가.

겨울을 예고하는 차가운 바람이 초조하게 날 스친다.

스물아홉 반.

신입사원이라는 명찰을 달 수 있는 마지막 몇 개월이 흩어진 종이
처럼 날리고 있었다.

마주보기

"난 이대로 취업을 못하는 걸까요? 영원히 안 될 것 같은 불안감 때문에
이제 집중도 잘 되질 않아요. 도대체 이 상황을 어떻게 견뎌야 할지 모르겠
어요."

나의 성공

"직장생활이라는 걸 영원히 못해 볼까 봐 두려워요."

"일 년 반이라는 시간이 참 길었죠. 힘든 과정임을 어느 정도 각오
하고 시작했고, 스스로 마음관리도 잘하기 위해 많은 노력을 해 왔네
요. 그런데도 오랜 시간 동안 계속 좌절을 겪어야 했으니 많은 상처와
실망감에 얼마나 힘들었을까요. 지치기도 하고요. 사람은 자신의 경
험을 통해 미래를 예상하죠. 부정적인 경험만 계속 쌓이고 있으니 점
점 미래가 어두워 보이는 것도 당연한 일이에요. 더구나 남들보다 조
금 늦은 나이에 취업 준비를 시작했기 때문에 나이 제한의 부담도 점

이야기를 들어주는 심리학

점 커지고 …… 이대로 안 되면 어쩌나. 내가 꿈꾸던 진취적인 삶은 영원히 살 수 없는 걸까. 그런 두려움들이 당신을 괴롭히고 있군요. 그러나 두려움은 단순히 절망적인 상황에서 느끼는 감정이 아니에요. 무언가 잃을 것이 있기 때문에 두려운 거죠. 당신이 잃지 않으려 애쓰고 있는 건 무엇인가요? 난 반드시 취업하게 될 거라 믿는 희망, 당신은 자신의 희망을 빼앗길까 봐 두려워하고 있군요. 일 년 반이라는 이 긴 시간 동안 좌절을 겪으면서도 당신은 여전히 희망을 지켜 왔네요. 지금도 그 희망을 놓치지 않으려고 최선을 다하고 있어요. 다 된 줄 알았던 취업을 또다시 놓쳐 버린 상황에서도 변함없이 절망하지 않으려 싸우고 있는 당신의 모습이 정말 대견하군요. 사실은 끝까지 희망을 잃지 않고 이 과정을 이겨내기를 그 누구보다도 강하게 바라고 있네요."

나의 가족

"아버지처럼 되는 건 정말 참을 수 없어요. 엄마에게 너무 미안하고 엄마가 불쌍해요."

"아버지를 떠올리면 화가 나는군요. 아버지 같은 남자가 되지 않는 일이 당신에게 중요한 과제인 것처럼 느껴져요. 어릴 때부터 자라오면서 바라본 아버지의 모습은 어땠나요? 무능력한 아버지, 의지할 수 없고 도리어 가족들을 힘들게 하는 아버지였나요? 그 모습이 당신과 엄마를 정말 힘들게 했군요. 특히 경제적인 책임을 엄마가 져야 하는 모습이 싫었나 봐요. 그때 사실은 아버지가 어떻게 해 주시길 바랐었나요? 의지할 만한 든든하고 자상한 아버지이길 바랐나요? 다른 아버지들처럼 가족을 부양하기 위해 열심히 일하는 아버지이길 바랐겠군요. 그런데 그런 당신의 바람을 한번도 이뤄 주지 못한 아버지에게 많이 실망했겠어요. 그래서 당신이 돈을 벌지 못한다는 건 곧 아버지처럼 실망스러운 인간이 된다는 걸 의미하는군요. 그러니 열심히 노력하고 있는데도 아직 취직하지 못한 채로 가족에게 간다는 건 정말 부담스럽고 힘이 드는 일이죠. 그리고 엄마에게 자신도 마치 아버지처럼 짐이 되는 것만 같아 죄책감이 들겠어요.

특히 엄마를 힘들게 한다는 건 무엇보다 나쁜 일로 느껴지나요? 그래서 당장 차비며 식비도 없고, 방금 불합격 소식을 들은 속상한 감정 상태로도 당신은 엄마에게 '괜찮다'고 말하는군요. 그리고 당신이 사용하는 호칭에도 당신의 마음이 느껴지네요. 어머니는 '엄마'인데 아버지는 그냥 '아버지'군요. 그건 당신과 엄마가 정서적으로 매우 가깝다는 걸 말해 주기도 하네요."

나의 생각

"내가 무능력한 것 같아요."

"자신이 지금까지 취업하지 못한 것은 자신이 무능력하기 때문이라고 생각하고 있군요. 그래요, 계속 실패를 겪었으니 자신의 능력에 대한 의문이 생겼겠어요. 하지만 '나는 무능하구나'라고 느꼈을 때 얼마나 괴로웠을까요. 인간은 누구나 자신이 능력 있다는 느낌, 자기 효능감을 필요로 하니까요. 사실은 그 누구보다 능력 있는 사람임을 확인하고 싶은데 뜻대로 돼 주질 않으니 좌절감에 많이 힘들었죠. 지금까지의 정체성도 흔들리는 것 같아 혼란스럽겠어요. 그런데 혹시

이야기를 들어주는 심리학

좋은 결과를 내야만 유능한 사람이라고 생각하고 있는 것은 아닌가요? 물론 유능한 사람에겐 대체로 자연스럽게 좋은 결과가 따라오기 마련이지만 그걸 이루는 데 걸리는 시간은 매우 다양하죠. 지금 당신은 자신이 생각하는 방법으로 좋은 결과를 빨리 얻어야만 유능한 사람이라고 생각하고 있는 것 같아 마음이 아프네요. 사실 당신이 가지고 있는 능력은 그 한 가지 방법만으로 증명될 수 없을뿐더러 증명하지 못하는 동안도 사라진 것이 아니니까요."

나의 감정

"지금 현실이 답답하고 불안해요. 제 자신에게 화가 나기도 하고요."

"그렇군요. 아무리 노력해도 변하지 않을 것만 같은 현실이 갑갑하게 느껴지시는군요. 돈도 없고 생활이 불안한 지금 상황에 오래 머물고 싶지 않은데 자꾸 연장이 되니까요. 끝이 보이질 않아 많이 불안하시죠. 더구나 나이도 자꾸 많아지니 더 초조하겠어요. 이런 현실은 너무 큰데 그것을 이겨야 하는 자신은 자꾸만 작아 보여서 힘이 빠지겠군요. 그런데 힘 빠져 하는 자신을 보면 또 화가 나나 봐요. 자신에게 '이것밖에 못 해?' 하며 화내고 있는 것 같네요. 안 그래도 힘들 텐데 누군가에게 위로받으려 하지도 않고, 도리어 잘 하지 못하는 자신에게 화를 내는 모습이 무척 안타까워요. 자신이 느끼는 부정적 감정을 눌러야 할, '원래 있으면 안 되는 것'으로 취급하는 듯해서요. 그 감정도 바로 당신 자신인데 말이죠."

나의 행동

"내가 어떻게 하면 이 상황이 나아질지 모르겠어요."

"어떻게 행동해야 할지 해결방법을 찾지 못해 당황스럽군요. 지금은 그저 기다리고 견디는 모습만 보이네요. 스스로 어떻게든 해보려는, 의존하고 싶지 않은 당신의 마음이 느껴져요. 그 힘이 참 대단하군요. 자포자기하고 싶을 때도 많았을 텐데 그 길을 선택하지 않았네요. 그런데 그렇게 견디며 혼자 고민하는 것만으로는 상황이 해결되지 않아 힘겨우시군요. 적극적으로 다른 사람에게 도움을 요청하거나 협력을 받기보다 혼자서 해결해야 한다는 생각으로 노력해 왔죠. 하지만 더 이상 어떻게 해야 할지 몰라 무력한가 봐요."

나의 몸

"입맛도 없고 자꾸 피곤해요."

"결과를 통보하는 전화가 오길 기다리는 동안 혹시 식사는 했었나요? 너무 긴장한 나머지 식사를 거른 것은 아닌가요. 당장 중요한 일이 해결되질 않는데 밥 먹을 정신이 없을 만도 해요. 얼마나 긴장되고 불안했을까요. 그래도 이런 상황이 여러 번 반복되고 있다면 몸이 많이 약해질까 봐 걱정이네요. 그리고 잠을 자도 개운치가 않고 쉬었는데도 쉬지 못한 것처럼 계속 피곤한가 봐요.

늘 쫓기는 기분이라 밤에도 푹 자기 어려운건 아닌가요. 안 그래도 더 힘을 내서 열심히 노력해야 하는데 자꾸 몸이 피곤하고 밥 챙겨 먹기도 귀찮아지니 속상했죠. 시간이 얼마 없다고 느끼고 있으니 자꾸 안 따라 주는 몸 때문에 더 초초했겠어요. 마치 당신의 몸이 지금

이야기를 들어주는 심리학

취업이 되지 않아 살맛도 안 나고 의욕도 없다고 말하는 것 같아 안타까워요."

나의 대인관계

"다른 사람들에겐 편안하고 괜찮은 모습을 보여 줘야 해요."

"그렇군요. 아무리 힘든 상황이라도 약한 모습을 보이는 건 좋지 않다고 생각하나 보군요. 특히 남자니까 마음 약한 소리나 투정을 부리는 일은 하기가 더 어려웠겠어요. 사실은 나 자신이 무능력해 보여 괴로운데도 다른 사람들 앞에선 괜찮은 것처럼, 자신감 있게 보여야 했으니 얼마나 외롭고 지칠까요. 엄마에게조차 걱정을 끼칠까 봐 말을 못하니 점점 세상이 더 무거워지는 느낌이었죠.

당신에겐 힘겨울 때라도 남에게 의존하지 않고 혼자서 버텨야 한다는 강한 신념이 느껴집니다. 심지어 집에 내려가는 일조차 편안하지 못할 만큼 말이죠. 내 집에서는 안 그래도 힘든데 부담주지 말라고 투정을 할 법도 한데, 그러긴커녕 도리어 부담을 끼치기 싫어 당장 차비가 없어도 가지 않을 정도니 말입니다.

사랑하는 엄마가 날 보고 싶어 하는 마음을 무시해야 했을 때 얼마나 죄책감이 들었을까요. 그래도 차라리 힘든 모습을 안 보이는 게 더 낫다고 생각했군요. 그만큼 인정받는 아들, 괜찮은 사람이 되고 싶었나 봐요. 혹시 지금 당신이 얼마나 힘든지 아무도 모르지는 않나요? 당신 주변의 친구 얘기라곤 후배에게 취업한다는 좋은 소식을 전한 일 말고는 거의 들을 수 없군요. 지독한 외로움을 느낄 텐데 혼자서 이겨내는 강함이 정말 큰 힘으로 보이면서도 한편으론 너무 외로울 것 같아 슬퍼지네요."

나의 사랑

"전 아직 연애를 할 여유도 자격도 없어요."

"자격이 없기 때문에 외로워도 참아야만 한다는 말이 안타까워요. 연애를 하기 위해선 당신이 반드시 갖춰야 할 모습이 직장과 안정된 수입이라고 생각하는군요. 그래서 '아직 자격이 없다'는 말 속에 자신을 향한 차가운 비난이 섞여 있는 것만 같아요. 외로워하는 자신을 비난하고 있군요. 물론 지금 당신은 중요한 준비를 하고 있으니 연애에 많은 시간을 할애하기 어려울 거예요. 하지만 '넌 누군가를 사랑할 자격도 없어'라고 비난당하고 있으니 비참한 기분이 들었겠어요.

자기 자신에게 아버지와 같은 사람이 되지 않으려면 지금의 능력 없는 자신은 외로워해선 안 된다고 채찍질하고 있네요. 책임감을 가지고 교제를 하려는 마음 자세는 훌륭해요.

당신은 상대방을 행복하게 해 주고 싶다는 순수한 열망을 가지고 있군요. 그러나 지금 당신은 아버지와 입장도 상황도 달라요. 그리고 당신이 단지 직장이 없다고 해서 반드시 아버지와 같은 사람이 되지도 않죠. 그런데도 당신은 아버지 같은 남편이 될까 봐 두려워하고 있군요. 애써 외로움, 누군가 친밀한 대상을 만나고 싶은 마음을 억눌러야 하는 당신이 힘들었겠어요."

이야기를 들어주는 심리학

안아주기

가족에 관하여

"아버지가 많은 실망과 상처를 주었군요. 그래서 당신은 자신의 모습에서 조금만 아버지와 닮은 점이 보여도 견딜 수가 없어요. 그 아버지에게 받은 아픔은 어떤 것이었나요? 당신은 어떤 사람이 될까 봐 두렵나요? 내 가슴에 얼어붙어 있던 시간들을 하나씩 우리 다시 만나봐요. 그때 어떤 모습이 실망스러웠는지, 사실 아버지가 어떻게 해 주시길 바랐는지, 그리고 난 어떤 남편과 아버지가 되고 싶은지. 하나씩하나씩 객관적으로 우리 그 시간들을 다시 관찰해 보기로 해요.

많이 힘들었죠. 가장 슬픈 날은 언제였나요?

그런 마음을 받아 줄 사람은 거기 있었나요?

내가 그 자리에 있다면 어린 나에게 뭐라고 말해 주고 싶은가요?

전 이렇게 말하고 싶군요. '울어도 괜찮아. 넌 잘 견디고 있어, 대견해. 넌 아빠보다 훨씬 나은 사람이구나.'

이런 말을 들으면 그때 난 어떤 기분이 들까요. 어린 나에게 그 말을 한번 해 주시겠어요? 바로 이곳에 어린 내가 있다고 상상해 봐요.

그 말을 듣는 어린 나의 기분은 지금 어떤가요?

한번 자세히 보세요. 이 아이는 아버지와 같은 모습을 하고 있나요?

어떤 점이 더 나은가요?

이 아이는 과연 커서 어떤 남편과 아버지가 될 것 같나요?

당신어 두려워하던 아버지의 단점보다 훨씬 많은 강점이 있는 아이죠. 바로 당신이 이런 사람임을 깊이 느껴 봐요. 당신과 아버지는 전혀 다른 별개의 인격입니다. 그건 객관적인 사실이에요. 아버지와 닮은 듯한 주관적인 두려움이 올라올 때마다 지금 발견한 사실들을 기억해 봐요. 그리고 지금 다르게 살고 있는 모습들을 살펴보세요. 당신은 지금 열심히 노력하고 있어요. 알코올 중독에 빠지지도 않았죠. 무엇보다 당신은 포기하지 않잖아요. 그 사실이 바로 가장 근본적인 당신과 아버지의 차이점이라고 전 생각해요. 당신은 잘 하고 있어요.

그런데 엄마가 힘들어하시는 모습을 보면서 어떤 감정을 느꼈나요? 엄마가 주저앉아 버릴까 봐 어떻게든 엄마의 짐을 덜어 드리고 싶었나요? 나만은 엄마를 실망시켜선 안 된다는 강한 책임감을 느꼈나요? 네, 그래요. 지금 제가 말한 내용은 당신에게서 전해지는 메시지입니다. 아버지 같은 사람이 되어선 안 된다는 말도 혹시 엄마에게 처음 들은 것은 아니었나요? 힘든 삶을 살아온 엄마에게 당신은 지지자였고 위로가 되려는 착한 아들이었군요. 하지만 그 어렸던 아이가 엄마의 위로를 받기보다 위로를 해야 한다고 생각하고 살았다니 전 조금 안쓰러워요. 원래 엄마의 마음을 나눌 사람은 아빠였죠. 하지만 아빠가 그 자리에 없어서 당신은 자신이 그 일을 해야 한다고 생각한 건 아닌가요?

유일하게 나의 유치하고 어린 모습을 노출할 수 있는 대상, 내가 잘 표현 못해도 내 속을 헤아리고 믿어 주는 대상이 우리가 원하는 부모죠. 당신 역시 부모님께 그런 포용을 받고 싶을 거예요. 더구나 지

이야기를 들어주는 심리학

금은 힘드니까요. 그런데 지금 당신은 사랑하는 아들에게 의지가 되어 줄 기회를 엄마에게서 빼앗고 있음을 아나요? 물론 어릴 때부터 그렇게 살지 않았기에 그런 표현을 하는 건 쉽지 않겠죠. 하지만 뻔히 힘들 아들을 집에 불러 따뜻한 밥 한 끼 해 주고 맛있는 반찬이라도 챙겨 주며 힘내라고 말해 줄 수 있는 기회는 엄마에게도 지금밖에 없지 않을까요?

정말 엄마가 당신에게 원한 것은 무엇이었나요? 서로 나눈 대화를 기억해 봐요. 아들이 밥 못 먹고 있어도 혼자 꿋꿋이 노력해서 성공한 모습으로 나타나길 바라셨나요? 당신이 그립고 보고 싶으셨던 건 아닌가요? 엄마는 당신이 기댄다고 쓰러지지 않아요. 지금까지 당신을 키워 내 강한 분이잖아요. 엄마에게 엄마의 자리를 내어 주세요. 그리고 한번 그냥 귀여운 막내아들이 되어 보기로 해요. 지금 힘들고 지친 당신에게 가장 큰 힘이 되어 주실 거예요."

생각에 관하여

"일 년 반은 짧지 않은 시간이죠. 그 기간 동안 성공하지 못하는 자신이 무능력하다고 생각하고 있군요. 그런데 혹시 주변 친구들이나 선배의 이야기를 들어본 적은 있나요? 그 사람들은 얼마 동안 노력해 취업이 되었다고 하던가요? 제 주변에는 2년 이상 준비를 하다 입사해서 열심히 직장생활을 하는 사람들이 많아요. 요즘은 워낙 어려운 시대니까요. 물론 6개월 만에 취직한 사람도 있죠. 당신 주변은 어떤가요? 1년 반 동안 취업하지 못하면 무능한 사람인가요? 그렇다면 2년 만에 취업한 사람들은 어떤가요?

물론 당신이 하고자 하는 말의 의미는 알아요. 다만 제가 하고 싶은 말은 우리가 미래를 미리 알 수 없다는 거죠. 오늘 이렇게 고민하는 동안 어느 회사에서는 당신을 심사해서 내일 합격전화를 할지도 모릅니다. 그럼 당신은 무능한 사람인가요?

우리의 능력은 증명되지 않는다고 해서 없어지는 건 아니죠. 당신은 무능한 사람이 아니에요. 사실 자신도 알고 있죠. 하지만 그걸 증명해 줄 거라 믿었던 취업이 뜻대로 되질 않아 좌절감을 느끼고 있을 뿐이에요. 미국 연수, 열심히 준비한 자격증들, 지금도 끊임없이 공부하고 있는 새로운 지식들, 이 모든 것은 당신이 얼마나 열정적이고 성실한 사람인지 말해 줘요. 이렇게 많은 일을 해낼 수 있는 무능한 사람이 있나요?

그렇다면 우리가 해야 할 일은 이제 생각의 기준을 바꾸는 일이겠죠. 말했듯이 우리는 미래를 알 수 없어요. 그렇다면 우리가 평가의 기준으로 삼을 수 있는 건 오직 지금 이 순간뿐이죠. 지금 당신은 노력하고 있나요? 어제보다 조금 더 발전했나요? 그렇다면 당신은 매우 잘하고 있는 거예요. 아무나 당신처럼 하진 못해요.

이 시대의 어려움을 피해갈 수 있는 사람은 없습니다. 어떤 사람들은 좀 더 빨리 기회를 만났을 뿐이죠. 지금 당신이 원하는 걸 얻기 위해서 노력할 최선은 무엇인가요? 좀 더 열심히 원서를 넣고, 토익 점수를 더 올리고 더 다양한 분야에 도전해 보는 것인가요? 그렇다면 우리 매일 그 일에 최선을 다해요. 그리고 최선을 다하고 있는 나의 현재를 칭찬해 주기로 해요. 그렇게 지금 이 순간을 쌓아서 미래를 만든다는 것을 우리 꼭 기억해요. 당신이 포기하지 않는 동안엔 결코 당

이야기를 들어주는 심리학

신은 절망하지 못하니까요."

감정에 관하여

　"누군가 당신에게 '남들 다 겪는 일인데 뭐가 힘들다고 그래!' 라
고 말한다면 기분이 어떨까요? 아마도 당신은 그 상대가 괘씸하고 화
가 나겠지요. 그런데 그런 말을 하는 사람이 바로 당신 자신이라는 사
실을 알고 있나요? 그동안 당신이 겪었던 좌절만으로도 충분히 우울
하고도 남을 일이지요. 더구나 이번엔 반드시 될 줄 알다 놓치기까지
했으니 얼마나 속상하고 억울할까요. 그런데 당신은 우울해하고 속상
해하는 자신을 보며 화를 내고 있네요. 우울하다는 감정의 힘듦, 거기
에 비난받는 고통, 화가 나는 감정까지 겹쳐 있으니 당신의 마음이 안
정되긴 참 어렵겠어요.

　당신이 겪는 부정적인 감정들은 당연해요. 지금 그만큼 힘든 상황
을 헤쳐 가고 있으니까요. 얼마나 불안하고, 두려울까요. 자, 우리 몸
으로 느껴 볼까요? 당신의 가슴 위에 책을 한 권 올려 볼게요. 이 책은
'불안' 이라는 당신의 감정이에요. 당연한 거죠. '우울' 도 올려 볼게
요. 잘 안 될까 봐 걱정되는 '두려움' 도 있어요. 떨어진 것에 대한 '슬
픔' 도 있죠. 자, 느낌이 어떤가요? 무겁죠? 이런 것을 헤쳐 나가고 있
으니 당신은 대단한 사람이에요.

　그런데 이런 감정들을 표현하지 말라고 화내는 자신에 대한 '분
노' 가 있어요. 이건 아래 것들이 못나올 만큼 눌러야 하니 꽤 크죠. 거
기에 자신에게 비난받아 생긴 '죄책감' 이 있죠. 그리고 이 모든 감정
을 표현하지 못하고 견뎌야 하는 '피곤함' 도 있어요. 자, 엄청나게 많

은 책들이 당신 가슴 위에 있네요. 지금 느낌은 어떤가요? 괴롭죠. 너무 무거워 깔려 버릴 듯해 보여요. 게다가 무너져 버릴까 봐 제대로 움직이지도 못하죠. 지금 당신이 이 모든 걸 지고 있어요. 이대로 계속 있고 싶은가요?

그래요, 우리는 이걸 모두 내려놓고 싶어요. 우선 우리는 적어도 부정적인 감정을 느끼는 자신을 비난하면서 생기는 감정을 내려놓을 수 있어요. 나 자신에게 '힘들만 해' 라고 인정해 주는 거죠. 한번 스스로 말해 보세요. '힘들만 해' 라고 말하면 어떻게 느껴지나요? 조금은 가벼워지지 않나요? 힘들어하는 자신을 비난할 필요가 없어 죄책감과 분노가 내려오기 때문이죠. 자, 조금 가벼워졌나요.

그 다음 당신 위에 있는 감정들을 하나씩 한번 표현해 주기로 해요. '이번에 떨어져서 슬퍼요' 라고 말해 보시겠어요? 그래요, 많이 슬프겠군요. 기다렸는데 얼마나 속상했겠어요. 제 말을 들으니 기분이 좀 어떤가요? '슬픔' 의 크기가 줄었나요? 그리고 '취업이 안 될까 봐 두려워요' 라고 말해 봐요. 당연한 두려움이죠. 미래가 막막해 보이고 내가 아무리 노력해도 잡을 수가 없을 것 같은 걸요. 제가 공감해 줄게요. 조금씩 무게가 줄고 있나요? 이렇게 하나씩 표현해 보세요. 제가 수용해 줄수록 무게는 줄어가죠. 이젠 어느 정도의 무게로 느껴지나요? 아까보다 훨씬 지고 갈 만한가요?

사실 당신 안엔 부정적인 감정을 정화하고 다시 일어설 힘이 있습니다. 그 힘은 바로 인정하고 표현하는 힘이에요. 우리는 감정을 인정받을 때 존재를 인정받는다고 느낍니다. 그래서 나의 존재를 인정해 준 그 힘으로 다시 앞으로 걸어가는 것이죠. 솔직하고 단순하게 감정

이야기를 들어주는 심리학

을 한번 표현해 보세요. 제게 하셔도 좋고, 누군가 당연하다고 인정해 줄 좋은 친구를 찾아도 좋습니다. 하지만 가장 중요한 일은 먼저 내가 나의 감정을 인정해 주는 것입니다. 아까 불필요하게 져야만 했던 분노와 죄책감 같은 짐들을 지지는 말기로 해요.

언젠가 잘 되고 말거라는 희망을 강하게 붙잡길 원하나요? 그렇다면 더 이상 '힘들어하지 마!'라고 말하기보단 '힘들지, 그런데도 여전히 포기하지 않다니 대단해.'라고 말해 주세요. 사실 당신은 이 상황을 넉넉히 이겨 가고 싶은 열망 때문에 부정적인 감정을 느끼는 자신을 책망한 거니까요."

행동에 관하여

"지금까지 대처해 온 방식은 무엇인가요? 한번 자세히 살펴봐요. 먼저, 끈기 있게 기다리고 성실히 노력한 당신이지만, 전화를 먼저 하면 당할지도 모를 무안한 상황 때문에 시간이 지났는데도 계속 참고 있는 모습이 있네요. 그런데 혹시 이런 생각을 해 보진 않았나요? 결과 전화가 오지 않을 때 만일 내가 먼저 전화를 해서 붙었다면 당신이 상상한 기분 좋은 소식을 더 빨리 들었겠죠. 만일 떨어졌다면 다시 보지 않을 사람들이니 조금쯤 무안해도 큰일은 아니지 않았을까요. 그리고 결과를 알려 주는 아가씨에게도 풀리지 않은 의문을 힘겹게 묻는군요. 함께 일할 사람도 아니니 자신을 위해 조금쯤 캐물어도 좋을 텐데요.

떨어진 괴로운 상황에서도 누군가에게 전화를 해서 위로를 받거나 기분 전환할 방법을 찾기보다, 도리어 엄마에게도 괜찮다고 말하며 상황을 감추는 모습이 있네요. 그리고 행동하기보다 많은 부정적인 상황들을 상상하거나 생각에만 빠져 있는 모습이 보여요. 하다못해 돈을 빌리려 하지도 않네요. 뭔가 대안을 찾기 위해 당신에게 조언을 해 줄 사람도 주변에 없군요. 정말 남에게 피해를 주거나 약한 모습을 보이지 않고 '혼자' 해 오려 노력했네요. 그런데도 지금 제게 찾아와 함께 고민하려고 선택하다니, 큰 변화로군요. 이런 변화가 바로 당신의 자원이네요.

이것 외에도 당신의 자원은 참 많아요. 먼저 당신은 참 성실한 것 같아요. 뭐든 잘 해내려는 욕심도 있죠. 그리고 다른 사람에게 무례하지도 않고, 마음을 다스리는 일이 중요함을 알고 많은 노력을 기울이는 지혜와 힘도 있네요. 지나치지만 않다면, 남에게 의존하지 않고 일을 해결하려는 태도도 큰 힘이죠. 그리고 불합격 전화를 받은 불편한 상황에서도 용기를 내서 이유를 물어보았잖아요. 무엇보다 '발전'하길 원하는군요. 그걸 위해서 지금까지의 방식을 버리고 저를 찾아오는 변화를 시도했잖아요. 그런 유연함도 당신 안에 숨어 있군요.

지금까지 해 온 방법만으로 한계를 느꼈다면, 우리 새로운 방법을 찾아봐요. 제가 보기에 혼자서 소극적으로 할 수 있는 일은 거의 다 시도해 본 듯해요. 그럼 이제 다른 사람에게 도움을 구하는 방법을 써 보지 않겠어요? 지금 제게 하고 있듯이 말이죠. 알고 지낸 사람들 중에 당신이 원하는 분야에 먼저 취업한 사람들이 있나요? 그럼 한번 연락해 봐요. 어떤 부분을 잘 준비해야 하는지 조언을 구하는 거죠. 자존심이 상하나요? 그럼 우리의 행동 목적이 뭔지 분명히 해 보기로 해요. 성공적으로 취업을 하는 것이 목적인가요, 아니면 자존심을 굽

이야기를 들어주는 심리학

히지 않는 것이 목적인가요?

조금 낯설겠지만 대부분의 사람들은 그런 질문을 반드시 굴욕적인 일이라고 생각하지는 않아요. 대신에 밥 한 끼 정도 사 주면서 물어볼 여유가 있다면 당신도 상대도 좀 더 편하겠죠. 그렇지 않더라도 당신이 진심 어린 마음을 표현하며 부탁한다면 기꺼이 조언을 해 줄 사람들이 많을 거예요. 대부분의 사람들은 타인에게 친절하니까요. 그리고 차비나 제대로 된 식사를 할 상황이 안 된다면 엄마에게 과감히 도움을 요청했으면 해요.

자, 당신이 굶고 배고파 가면서 준비를 하는 상황과 필요한 끼니를 먹으며 준비하는 상황, 어느 쪽이 집중이 잘 될까요? 아까도 이야기했듯, 우리의 목표는 성공적인 취업이죠. 그것이 당신이 엄마에게 가장 주고 싶은 선물이기도 하잖아요? 그럼 그 목표를 위해서 지금 도움을 받는 일이 더 지혜로운 선택이죠. 그리고 우리가 함께 느꼈던 대로 당신의 감정을 털어놓을 대상을 만드는 일은 중요해요. 얼마만큼의 짐을 지고 걸어야 하는가를 결정짓기 때문이죠.

모든 사람에게 말할 필요는 없지만, 날 판단하지 않는 사람이 있다는 지속적인 확인은 당신에게 특히 중요한 일이겠어요. 처음엔 제가 그 사람이 되어 줄게요. 조금씩 저 외에 다른 친구도 만드는 일을 한번 시도해 봐요. 당신과 서로 상황을 공감해 줄 좋은 친구가 반드시 있어요. 왜냐하면 당신은 상당히 좋은 사람이거든요.

물론 처음엔 마음에 저항이 생기고 불편할 거예요. 하지만 저와 상담을 하며 이전엔 없었던 새 힘이 생기듯이, 조금씩 새로운 시도를 하면 이전엔 없었던 새로운 좋은 경험을 할 거라 약속해요. 이 말이 맞는지 한번 확인해 볼래요? 그 과정 동안 전 함께 있고 계속 같이 고민해 줄게요."

몸에 관하여

"식욕이 떨어진다는 건 스트레스 상황 때문에 장기 대사가 떨어진다는 걸 말하죠. 위기 상황에 우리가 뭘 먹기는 힘드니까요. 반대로 식욕이 높아지는 사람도 있어요. 긴장을 먹는 행위로 완화시키기 위해서죠. 그러나 두 가지 다 몸에는 매우 안 좋은 방법이에요.

지금 잠이 잘 안 오고 식욕이 없어지거나 집중이 잘 되지 않는 일은 전부 당신이 상당한 스트레스 상황에 있다는 걸 나타내요. 그래요, 사실 몸의 신호는 당신 마음의 상태를 나타내고 있었던 거죠. 우리의 몸은 감정 상태와 상호작용을 한답니다. 그래서 마음이 불편하면 몸에도 신호가 오는 거죠. 하지만 이건 반대로 돌릴 수도 있어요. 즉 몸을 건강하고 마음이 편할 때처럼 잘 보살피면 감정도 상대적으로 좋아지죠. 기분이 무척 울적하다가도 맛있는 음식을 먹고 나면 기분이 좋아지는 경험을 한 적 없나요? 그래서 지금 당신처럼 힘든 상황일수록 밥을 잘 먹고 몸을 편안하게 해 주는 일은 중요해요. 그러나 이미 감정이 부정적인 상태라 저절로 이렇게 되긴 힘들답니다. 그래서 우리가 의지적으로 노력을 해야 하죠.

지금 이 상황을 성공적으로 잘 이기기 위해서 끼니를 꼭꼭 챙겨서 먹고 잠을 푹 자는 일은 무엇보다 중요하다고 다짐합시다. 먼저 가치관을 바꿔야 해요. 의식적으로든 무의식적으로든 당신이 끼니를 소홀이 하는 이유는 식사가 별로 중요하지 않다고 인식하기 때문입니다.

이야기를 들어주는 심리학

그리고 잠을 깊이 자기 위한 방법을 적극적으로 찾아야 해요. 먼저 자기 30분 전쯤 따뜻한 물을 마시거나, 데운 우유, 케모마일 차를 마시는 일은 몸의 긴장을 풀어 잠을 자도록 하는데 도움이 됩니다. 낮에 적당한 운동을 해서 약간 피로를 느끼며 눕는 것도 좋은 방법이죠. 아침에 일어나면 반드시 10분 정도 햇볕을 쬐는 건 수면장애를 고치는 데 필수입니다. 누웠을 때 생각이 잘 멈추지 않으면 편안한 음악을 틀거나, 졸리고 집중해서 들어야 하는 강의를 틀어 놓는 방법을 써 보세요. 주의를 다른 곳에 집중하게 해서 괴로운 생각의 맴돎을 벗어나기 때문에 좀 더 편안해질 거예요. 좋은 베개로 바꾸거나, 침구를 예쁘고 맘에 드는 디자인으로 바꾸는 것처럼 자신의 잠자리를 위해서 선물을 하는 것도 좋아요. 잠자리를 기분 좋게 만들고, 잠자는 건 소중하다는 인식을 갖게 하니까요.

이렇게 아직 우리가 시도하지 않은 많은 방법들이 있습니다. 당신에게 잘 맞는 방법을 찾기까지 다양하게 시도해 보세요. 그렇게 적극적으로 나의 '몸'을 사랑하는 노력을 할 때 당신의 몸은 훨씬 좋은 컨디션으로 보답해 줄 거예요. 그리고 무거운 기분도 훨씬 잘 조절하게 될 거라 약속해요. 자, 제가 주간 확인표를 만들어 줄게요. 매일 세 끼를 챙겨 먹었는지, 잠을 위한 노력을 했는지 한번 점검하면서 연습해 봐요. 전 당신이 건강해지는 데 매우 관심이 많아요. 그래서 당신이 매주 제게 이 표를 보여 준다면 기쁘겠어요."

대인관계에 관하여

"당신 주변에는 당신에게 관심이 있는 사람들이 있어요. 대표적으로 엄마가 있고, 저도 있죠. 그리고 아마도 당신이 미처 깨닫지 못한 다른 사람들이 더 있을 거예요. 이렇게 성실하고 열정도 있는 멋진 사람인걸요. 그런데 이 모든 사람들에게 당신은 '제가 보여 주는 모습만 보세요!' 하고 말하고 있어요. 알고 있었나요? '나'라는 고유한 사람이 아니라 내가 보여 주길 원하는 '괜찮은 나'라는 이미지만을 보라고 말하는 거죠. 그래서 우리는 '진짜 당신'을 알고 싶은데도 그걸 당신에게 말하기가 어려워요. 당신이 상처 받거나 수치스러워할까 봐서요.

'성공해야 한다'는 생각과 '다른 사람에게 괜찮은 모습을 보여 줘야 한다'는 생각엔 비슷한 느낌이 있습니다. 단순히 잘 보이고 싶어서라기보단 '결코 남에게 무능력해 보여선 안 돼.'라는 메시지가 더 강하게 느껴진다고 할까요? 그래요, 사실 당신은 자신의 약한 모습을 수치스러워하는 거죠. 혹시 실패하고 수치스러운 모습을 보이던 사람, 당신에게 저렇게 살아선 안 되겠다고 생각하게 한 사람이 있었나요. 당신의 아버지가 바로 그 사람은 아니었나요. 당신 삶의 최대 목표는 바로 '아버지처럼 살지 않는 것'이니까요.

그런데 사실 지금 당신의 약함과 그 당시 아버지의 모습은 많은 차이가 있어요. 당신의 약함은 누구나 공감이 가능한 인간적인 모습이지만, 아버지는 자신의 책임과 역할을 다 던져 버린 분노가 가득한 모습이잖아요. 그래서 당신의 약함은 '나도 그런데' 하며 친밀감을 느끼게 하지만 아버지의 모습은 공포심을 느끼게 하죠. 이미 이야기했듯 객관적인 시각에 비춰서 자신을 관찰해 보아요.

제 말이 잘 믿기지 않나요? 그럼 한번 실험을 해 봐요. 당신의 약함을 드러냈을 때 다른 사람들의 반응이 어떤지 보는 거죠. 하지만 중요한 건 일부러 싫어하도록 말해서는 안 돼요. 우리는 상상 이상으로 그렇게 행동할 때가 많거든요. 내 무의식적인 신념을 확인하게 위해서죠. 당신은 제게 자신이 무능력한 사람이라고 말했어요. 그렇지만 결과는 어땠나요? 전 당신이 전혀 초라해 보이거나 싫지 않아요. 도리어 훨씬 친밀감이 느껴졌죠.

당신의 감정에 공감이 가고, 도움이 되고 싶어요. 제가 상담사라 그렇다고요? 그럼 한번 엄마에게 말해 보세요. 솔직히, 계속 떨어지니 내가 무능하게 느껴진다고. 그럼 엄마가 뭐라고 하실까요? 사실 당신도 금방 떠오르죠, 엄마가 해 줄 여러 격려의 말들이. 상담사는 단지 좀 더 효과적으로 표현하는 훈련을 받았을 뿐 지극히 평범한 사람이에요. 바로 당신 주위에 있는 사람들과 똑같은 사람이죠.

한번 생각해 봐요. 저와 지금 당신 주위의 사람들 중 누가 더 당신의 능력과 존재를 좋게 평가하는지. 단연 저라고 자신해요! 왜냐하면 당신은 제겐 약한 모습도 드러내는 용기를 보여 줬잖아요. 물론 모든 사람이 저 같진 않겠죠. 하지만 당신이 있는 그대로의 감정을 털어놓을 수 있는 단 몇 사람만 있어도 당신의 삶은 훨씬 풍성해질 거예요.

믿기지 않으면 또 실험해 볼까요? 친하다고 말했던 후배가 있었죠. 그 후배에게 '이번에 떨어져서 속상하다' 라고 말해 보지 않을래요? 그 사람이 당신을 비웃을까요? 아마 굉장히 높은 확률로 '형도 그렇군요. 저도 전에 그런 적이 있어요.' 라며 자기 이야기를 꺼내 놓거나 힘내라고 말할 거예요. 그만큼 당신의 이야기는 누구에게나 공감되는 이야기이기 때문이죠. 그리고 당신이 용기를 냈을 때 비웃는 사람이 있다면, 그 사람은 당신이 소중히 여기지 않아도 되는 사람이에요. 당신은 좋은 사람을 친구로 선택할 권리가 있으니까요.

자, 전 당신이 더 이상 지독한 외로움을 견디며 살지 않기를 바라요. 사실은 당신을 위로도 해 주고, 격려도 해 주고 싶었던 사람들에게 오늘부터 '보지 마세요!' 대신 '고마워요.' 라고 말해 주었으면 좋겠어요."

사랑에 관하여

"당신에게 연인은 어떤 존재인가요? 당신이 책임지고 잘 보살피며 먹여 살려야 하는 존재인가요? 마치 상품처럼, 취업이 되고나면 얻게 되는 선물로 생각하고 있진 않나요?

연애에 대한 당신의 가치관을 한번 찬찬히 살펴봤으면 해요. 연인은 '서로 사랑' 하는 존재죠. 한 쪽이 일방적으로 사랑받는 존재가 아니에요. 그리고 연인이 되기 위한 가장 중요한 조건은 이 사람과 함께하고 싶다는 열망이죠. 돈이나 안정적인 배경이 아니라요. 연애를 생각하면 당신의 머릿속엔 어떤 이미지가 떠오르나요? 당신이 그리는 이미지는 경제적인 능력이 있어서 연인에게 원하는 것을 척척 해 주는 모습이 아닐까 걱정돼요. 물론 그런 걸 좋아하는 여성도 있어요. 그리고 연애는 아무래도 돈이 들게 마련이죠. 하지만 반드시 당신이 생각하는 모습의 연애만 있는 건 아니에요.

혹시 사랑하는 사람과 서로 의지하며 이 준비 기간을 잘 넘겨 성공하는 상상을 해 본 적은 없나요. 실제로 이렇게 살고 있는 연인들도 많이 있어요. 그 사람들이 이렇게 할 수 있는 이유는 상대방과 함께 행복해지고 싶다는 열망 때문이에요. 그래요, 사실 당신도 능력이 있

이야기를 들어주는 심리학

어야 한다는 믿음 밑바닥에는 상대를 행복하게 해 주고 싶다는 열망이 있죠. 그 마음은 참 아름다워요.

만일 아직 돈도 없고 안정되지 못한 당신을 사랑하는 사람이 나타난다면 그 사람은 지금 당장 당신이 능력 있는 남자로 변하길 원하는 사람이 아니겠지요. 그보다는 당신에게 있는 능력을 믿어 주는 사람일 거예요.

그 사람에게 지금 당장 안정적인 환경을 주진 못하겠죠. 그렇지만 지금 당신의 그 소중한 열망, 이 사람을 행복하게 해 주고 싶다는 소원을 결코 잃지 않고 노력한다고 상상해 봐요. 그럼 언젠가 정말 당신이 바라는 것처럼, 사랑하는 사람에게 넉넉하고 행복한 삶을 선물해 줄 수 있지 않을까요. 중요한 것은 당신이 지금 가지고 있는 그 열망을 계속 놓치지 않는 일이죠. 자신이 아버지처럼 지금 직업이 없다고 자포자기해 버리지 않고 계속 노력해서 언젠가 상대를 행복하게 해 줄 사람이라고 믿나요? 저는 당신이 그럴 사람이라고 믿어요.

제가 얘기한 그런 여성이 지금 당장 나타날지는 알 수 없어요. 하지만 지금 취업이 되지 않았기 때문에 사랑할 '자격'이 없다는 생각을 이제 바꾸면 좋겠어요. 당신은 언제든 사랑할 자격이 있어요. 그 상대를 만날 때까지 좀 더 자신을 잘 가꿀 뿐이죠. 이제 외로워하는 자신을 억누르지 말아요. 외롭지만 아름다운 사랑이 찾아올 날을 즐겁게 기대하며 살도록 지금까지 자신을 비난했던 에너지를 써 보기로 해요. 그럴 때 사랑은 일방적인 책임이 아니라 상호적인 존중과 기쁨으로 찾아올 거예요."

　"아버지의 삶과 당신의 삶은 달라요. 두 사람의 환경과 외모와 나이와 지식이 다른 것 이상으로, 두 사람은 결코 같아질 수 없는 자신만의 인생과 삶을 타고났죠. 설사 당신이 아버지를 흉내 내어 비슷하게 산다 해도, 그 삶을 사는 동기부터가 다르잖아요. 아버지는 자신의 삶을 비관하고 산 것이지만, 당신은 아버지 때문에 그렇게 살아간다고 생각할 테니까요. 그러니 이제 아버지와 나의 삶이 똑같아질지도 모른다는 두려움과는 이별을 선언하기로 해요. 당신이 아무리 노력한다 해도 그 일은 불가능하니까요. 당신이 어떻게 살아가든, 그 삶은 아버지가 아닌 당신의 삶이에요. 아버지를 닮아 갈 것인가 아닌가는 바로 당신의 선택이죠. 그리고 우리는 당신이 무엇을 선택할지 잘 알고 있잖아요.

　당신 삶의 목표에서 이제 아버지를 빼고 생각해 보기로 해요. 사실 지금까지 당신의 삶의 목표는 '아버지처럼 살지 않는 것'이었죠. 아버지가 제대로 취업하지 못했기 때문에 난 반드시 해야만 했고, 아버지가 가족을 제대로 부양하고 책임지지 못했기 때문에 난 그럴 힘이 생기기 전까지는 연애나 결혼을 해서도 안 됐죠. 아버지가 무능력하고 수치스러운 모습을 보였기 때문에 난 결코 사람들에게 무능력한 모습을 보여서는 안 됐어요.

　제가 한 이 이야기들이, 지금까지 살펴 온 바로 당신의 모습이었음을 잘 알죠. 그런데 좋든 싫든, 이와 같은 생각들은 늘 당신이 아버지를 짊어지고 있는 모습으로 보여요. 정말 주체적인 당신이 '아버지처럼 살지 않는 것' 말고 무엇을 원하는지 알 수가 없으니까요. 정말 당신이 원하는 삶은 무엇인가요? 아버지가 살았어야 하는 삶이 아닌 바로 당신이 살고 싶은 삶은 무엇인가요?

사실, 당신은 성취욕구가 큰 사람이에요. 유능하고 싶죠. 그것을 위해 많은 노력을 하고 있어요. 외로운 것도 싫어하고, 다른 사람에게 피해를 주기보다는 배려를 하며 살길 원하죠. 신중하고 생각이 깊어요. 펼치고 싶은 비전을 그리고 있기도 해요.

'취업을 해야 한다' 는 중압감 이전에, 지금 이 시간만 내가 어떤 일을 하고 싶어 하는지, 당신이 어떤 영역에서 정말 유능할지 상상해 봐요. 무엇을 할 때 당신은 즐겁나요? 당신이 가지고 있는 성격 특성을 필요로 하는 일은 무엇인가요? 당신이 가장 자신감 있게 '전 이 일을 정말 잘할 테니 절 뽑지 않으시면 손해입니다!' 라고 말할 수 있는 분야는 무엇인가요?

떠오르는 그 영역에 당신의 성품이 잘 맞는지 함께 적성검사를 통해서 확인해 보았죠. 그렇다면 이제 자신 있게 그 영역의 전문가가 될 준비를 합시다. 한 기업을 정하라는 말이 아니에요. 난 이런 계통에서 일하고 싶다고 결정하고 직업 우선순위를 정해 봐요. 그리고 내가 정말 그 일을 한다고 생각하고 실무에 필요한 능력들을 쌓아 가는 거죠.

적극적으로 정보를 모으고 그 분야의 사람에게 질문하세요. 지금 당신이 쌓은 기본적인 취업준비 능력 위에 전문적인 분야의 지식을 쌓는 거죠. 영어를 공부하는 사람은 많지만, 그 분야의 전문 용어를 공부하거나 최신 외국 논문 같은 걸 본 사람은 많지 않아요. 그런 준비와 높은 관심을 면접관 앞에서 당신의 강점으로 내세우는 건 어떨까요? 좋은 업무 환경이나 더 나은 보수와도 이 일을 하고 싶다는 기대를 바꿀 수 없다면, 분명 시간이 걸리더라도 당신의 그 일에 대한 열정을 알아보는 기업이 나타날 거예요. 그리고 그곳에서 당신은 유능한 사원이 될 거라 확신해요.

미래는 아직 알지 못하죠. 하지만 지금 여기서 우리가 할 수 있는 선택은 있어요. 반드시 나의 가치를 알아보는 기업이 있다는 기대감을 갖고 전문가가 될 준비를 하는 선택과, '이렇게 해도 안 되면 어쩌지?'를 걱정하며 의욕 없이 있는 선택이죠. 당신은 어떤 선택을 원하나요?

전 점쟁이나 예언가는 아니에요. 하지만 당신이 지금까지 지켜 왔던 그 희망을 여전히 버리지 않고 기대감으로 노력한다면, 그 끝에 있는 결과가 지금 절망하고 불안해하는 것보다 훨씬 아름다울 거란 예상을 하는 일은 어렵지 않네요. 정말 잘 견디고 지켜 왔어요. 순간순간 아버지와 같은 사람이 되는 게 아닐까 두려움이 덮쳐 오는 걸 견디면서도 지금까지 당신은 포기하지 않았잖아요. 노력하길 포기했던 아버지의 모습보다 이미 당신은 더 큰 사람이에요.

이제는 아버지와 비교하며 두려움 속에 취업을 준비하기보다, 이런 일을 하고 싶다는 열망과 기대감, 즐거운 상상들로 준비하기로 해요. 당신은 더 이상 아버지처럼 살지 않기 위해서 애쓰는 사람이 아니라, 내가 살고 싶은 삶을 위해 노력하는 자유로운 사람이니까요."

그 후의 이야기

연수원에는 팀 프로젝트를 수행하기 위한 회의가 한창이다. 내가

이야기를 들어주는 심리학

속한 조에서도 아까부터 목소리를 높이는 키 작은 여사원과 조장이 열띤 토론을 벌이고 있다. 보다 못해 은근슬쩍 대안을 제시해 본다.

"그러니까 이 안에서는 홍보 효과를 높이는 목적이 우선순위잖아? 노출됐을 때 쉽게 주목받게 만드는 게 더 좋을 것 같지 않아?"

두 사람의 팽팽한 신경전이 은근히 지겨웠는지, 다른 팀원들이 반색을 하며 찬성 의견을 낸다. 조장은 전체적인 분위기가 형성이 되자 "그럼, 쉽게 눈에 띄도록 하려면 어떤 부분을 강조하지?"하며 자연스럽게 다음 논의로 진행해 갔다.

"형 땜에 살았어. 그 둘은 하여튼 한두 번 부딪치는 게 아니잖아. 그러게 형이 그때 빼지 말고 조장하지."

교육 사이 쉬는 시간에 같이 입사한 동생이 커피를 뽑아 들고 오며 말을 건넨다.

"나이 때문에 시키려고 했던 거잖아. 그보다는 하고 싶어 하는 사람을 먼저 시켜야지. 안 그럼 나중에 자긴 더 잘했을 걸 하며 계속 불만이 쌓였을 거야. 또 잘하는 면도 있잖아."

싱긋이 웃으며 컵을 입에 가져 댄다. 따뜻하다. 이젠 완연히 봄기운이 넘치는 계절이지만, 아직도 이 커피 한 잔이 주는 따뜻함이 너무나 고맙다.

"그리고 보니 형이 우리 기수 중에 제일 나이 많지? 진짜 막차 탔네? 지금까지 뭐하느라 이제 들어왔냐? 이렇게 능력도 있구만."

"그 능력이 원래부터 있었겠냐? 스펙은 더 좋은 애들도 많잖아."

진심으로 순진하게 묻는 동생에게 장난스럽게 연수실 안을 눈짓한다.

"아니, 내가 말하는 능력은 그런 건 아니고. 뭐랄까, 형은 이 일 진짜 잘할 것 같아. 스펙 그런 게 아니라 뭔가 있어."

"고맙다, 짜샤. 내가 오늘 밥 산다."

어깨를 툭 치며 그렇게 말하자 동생은 신난 얼굴로 반색한다.

"앗싸, 한 끼 굳었고. 특식 메뉴 먹어야지."

쿡쿡 웃고 있자니 동생이 취소하기 전에 도망가려는 듯 홀 쪽으로 가며 다시 다짐한다.

"분명 약속했어. 말 바꾸기 없기다. 이따 저녁, 맞지?"

"그래, 그래. 알았다."

기분 좋게 뛰어가는 동생의 뒷모습을 바라보다 창밖의 환하게 핀 벚꽃 나무로 시선을 돌린다.

'밥이라······'

주머니에서 휴대전화를 꺼내 단축 번호를 눌렀다.

"어, 엄마."

반가움 가득한 목소리가 스피커에서 흘러나온다.

"어, 잘 있어. 건강하고."

엄마의 늘 같은 질문들을 듣고 있자니 왠지 미소가 지어진다.

"엄마 생각나서 전화했어. 집 밥 못 먹으니까 엄마가 해 주는 된장찌개가 진짜 먹고 싶네."

아닌 척 좋아하는 엄마 목소리.

"어, 이번에 내려갈게. 그땐 꼭 찌개해 주세요."

벌써부터 찌개며, 반찬이며 야심차게 차리실 엄마가 떠오른다.

"아버지는 요즘 잘 지내?"

최근 들어 한 번씩 묻게 된 질문, 엄마는 별일 없이 잘 지낸다며 늘 편안한 답을 해 주신다.

"저 이번에 내려간다고 전해 주세요. 응, 엄마, 이제 들어가야겠다. 끊을게요. 건강하세요."

전화를 끊고서 다시 한번 창밖을 보았다.

환호성을 지르듯이 피어난 벚꽃. 검게 죽은 듯이 웅크리고 있던 겨울눈 속에서 오늘의 함성을 저 꽃들은 꿈꾸고 있었을까.

빈 종이컵을 들고 연수실 쪽으로 향한다. 내가 선택한 삶, 내가 살아가고 싶은 삶을 피워 내고 있는 나는 오늘도 참 행복하다고 생각하면서.

다시 만나는 시대 속 인물
마리 퀴리

"나는 혼자인 삶에 지쳤어요. 의욕도 없어요. 힘도 없어요. 살아 있다는 느낌이 들지 않고, 젊음은 흔적도 없어요. 기쁨과 즐거움, 이젠 그게 무엇인지도 아득해요. 아시나요? 내일 나는 서른아홉이 된답니다 ……."

마리 퀴리, 보통 '퀴리 부인'이라는, 다소 불명예스러울 수도 있는 이름으로 불리는 그녀는 역사상 가장 유명한 여성의 한 사람이며, 어쩌면 가장 위대한 여성일지도 모른다. 남성만이 만들고, 쓰고, 고쳐 써 온 역사에 가까스로 비집고 들어가 업적을 남긴 여성 중에서, 그녀만큼 불후의 업적을 성취한 여성은 찾아보기 힘들기 때문이다.

그러나 그녀는 서른아홉의 생일 전날 밤을 고통과 슬픔으로 새우며, 몇 달 전에 세상을 떠난 남편 피에르 퀴리에게 보내는 편지를 썼다. 1906년 7월 3일, 노벨 물리학상을 탄 지 3년 뒤, 노벨 화학상을 타기는 5년 전이었다. 그녀의 삶은 불멸을 키우고 있었지만, 정작 그녀 자신은 고독과 슬픔, 혼란과 번민에서 헤어나지 못하고 있었다.

'천재 과학자'란 본래 외곬수인 경우가 많다. 온 정신과 힘과 시간을 다 바쳐 연구에 몰두하기 때문에 가족이나 친구에게 살뜰하지 못한 경우가 많고, 늘 과로하는데다 마음먹은 대로 일이 풀리지 않을 때 스트레스가 심하다.

그래서 사람들에게 퉁명스레 대하고, 온갖 기행에다 '화풀이'까지 하는 바람에 자칫 기피 인물이 되기 쉽다. 그런데 위대한 학자들 옆에는 '헌신적인 배우자' 또는 '이해심 깊은 동료'가 있는 경우가 많다. 가우스는 아내가 아이를 낳는 순간에도 연구실에 틀어박혀 수식과 씨름하고 있었다. 에디슨은 자신의 부인을 하녀나 노예처럼 대했다. 아인슈타인도 '나는 물리학만을 사랑한다'고 공언했을 정도로 부인과 가족에게는 무관심했다. 그래도 그들의 부인은 끝까지 참으며 뒷바라지에 힘쓰고, 연구 외에는 아무것도 쳐다보지 않는 남편을 대신해 살림을 꾸렸다. 마르크스도 가족에게 좋은 가장이 되지 못했는데, 부인도 부인이지만 친구 엥겔스가 물심양면으로 도와주었기에 굶어 죽거나 자살하는 일을 피했다고 한다. 발명가 벨에게는 왓슨이라는 조수이자 친구가 있어서 그의 신경질을 고스란히 받아 주며 일에서도 큰 도움을 주었다.

그러나 이는 모두 '남성'의 이야기다. 여성인 마리 퀴리는 무조건적인 헌신을 '바칠' 입장이지 '받을' 입장이 아니었다. 게다가 폴란드 망명자였던 그녀는 프랑스의 남성 과학자들 사이에서도 어울릴 자리를 찾기 어려웠다. 결국 남편 피에르 퀴리가 연인, 친구, 동료, 조언자, 사교 생활에의 연결고리 등등을 도맡아 해 주고 있었다. 그러나 이제 그는 영영 사라져 버린 것이다!

마리 퀴리는 극도의 정신 불안과 대인기피증에 빠져들었고, 오로지 연구에만 매달릴 뿐, 외부인은 물론 딸들과도 거의 대화를 하지 않을 정도로 고립된 생활을 했다. 자신의 연구 성과를 효과적으로 선전하고 이해시키는 작업도 하지 않았다. 그 결과 그녀를 시기해 오던 과학자들과 말 만들기를 좋아하는 언론은 "그녀는 남편의 조수일 뿐이었다.", "피에르가 죽고 나니 조금도 쓸모 있는 연구를 하지 못한다." 등의 중상모략을 했다.

그런 모략은 고독과 우울에 지친 마리 퀴리가 '새로운 돌파구'를 마련했을 때 고기가 물을 만난 듯했다. 1911년, 그녀가 다섯 살 연하이며 남편의 제자였던 폴 랑주뱅과 은밀한 관계인 사실을 랑주뱅의 아내가 알아냈고, 그 사실을 신문에 폭로했다. 그녀의 두 번째 노벨상 수상이 결정된 바로 직후였다. 언론은 즉각 벌집 쑤신 듯한 반응을 보였는데, 그녀를 '파렴치한 탕녀', '폴란드의 요부', '유대 계집(마리 퀴리는 유대인이 아니었지만, 그녀가 드레퓌스의 재심을 탄원하는 편지에 연대서명했기 때문에 이런 오해가 생겼다.)' 등으로 매도했지만 랑주뱅에 대한 비난은 거의 없었다. 소르본 대학의 동료 교수들은 그녀에게 프랑스를 떠나라는 요구서를 내밀었다. 노벨상 수상조차 하마터면 취소될 뻔했다.

마리 퀴리는 심각한 우울증과 거식증을 앓았으며, 죽음의 문턱까지 갔다 왔다. 자살을 시도했던 것도 같다. 마침 제1차세계대전이 터지고, 그녀가 부상병들의 구호에 발 벗고 나서는 모습을 보면서 악의적인 여론은 차차 누그러졌다. 그리고 세계대전 이후 부흥기를 맞이한 여성운동의 여파로 그녀가 '여성계의 영웅'으로 부각되면서 한때 그녀를 공격했던 언론도 호의적인 자세로 돌아선다. 여기에 그녀의 장성한 딸들이 일에서나 생활에서나 의지가 되어 줌으로써, 그녀는 삶을 이어갈 수 있었다. 하지만 죽을 때까지 그녀는 한번도 밝거나 기운찬 모습을 보이지 않았으며, 은둔하는 여자 수도사, 아니면 사형은 면제받았으되 대신 종신 구금에 처해진 여죄수처럼 살았다.

그녀가 67세에 백혈병(자신의 방사능 연구가 가져온 대가였다.)으로 숨질 때, 마리 퀴리는 의사에게 이렇게 말했다고 한다. "아무런 조치도 하지 마세요. 그냥 날 내버려 두세요."

역사상 가장 위대했던 여성, 그러나 그녀는 보통 여성만큼도 행복하지 못했다. 그것은 자신에게 친밀한 것(연구, 연인)에만 집착적으로 의존하며, 적극적으로 세상과 더불어 살려 들지 않은 그녀에게도 문제가 있을 것이다. 그러나 여성이면서 동시에 천재 과학자라는 사실, 그런 '기묘함'을 미처 받아들이지 못했던 시대가 그녀를 한없이 우울하게 했다.

우리의 고민, **직장생활**

이야기 하나 — **그녀가 날 미워하는 이유를 모르겠어요.**

사무실 문 앞에 선 내 손에 땀이 촉촉이 밴다. 오늘까지 자료가 넘어가지 않으면 이번 달 협력 내역은 월말까지 산출이 불가능하다.

'오늘만, 그래 잠깐만 참자.'

그렇게 다짐하고 되뇌고 용기를 내려 하지만, 사무실 문 앞에서 머뭇거리는 동안 시간은 벌써 십여 분이 지나갔다.

'그래, 일이야, 일.'

다시 한번 심호흡을 하고 문손잡이를 잡는다. 미끈거리는 느낌이 기분 나쁘다. 마치 지옥문을 열고 들어가기라도 하는 듯이 심장은 불안하게 펄떡거리며 죄여 온다.

"안녕하세요."

아무도 못 듣길 바라듯 기어들어 가는 목소리. 내 목소리보다 심장이 뛰는 소리가 더 큰 것 같아 서류를 가슴에 꼭 안았다.

"어, 왔네요."

근처의 대리님이 알아보고 인사를 해 주신다. 꾸벅 고개를 숙이며 오른쪽으로 시선을 돌렸다. 파티션으로 가려진 저 책상이 내가 가야 할 곳이다.

다리가 무쇠신발을 신기라도 한 것처럼 무겁다. 간신히 그 책상 앞에 도착했을 무렵엔 사무실 사람들도 말없이 긴장된 시선으로 날 바라보고 있었다.

"저, 선배님."

힘겹게 서류를 내밀며 일부러 시선을 외면하고 있는 그 여자를 불렀다.

"이번 달 자료……"

"지금이 몇 시야?"

말을 자르듯이 날카로운 목소리가 날아든다.

"도대체가 난 이해를 못하겠네. 너 정신머리가 없는 애 아냐? 이거 이제 들고 오면, 나보고 어쩌라는 건데? 니가 어정거린 거 나보고 밤새도록 하라 이거야?"

당신은 이미 베테랑이잖아! 난 아직 두 달도 안 됐다구! 그리고 야근을 할 리가 있어? 당신 맘먹으면 두 시간이면 입력 끝나잖아!

속으로 불끈불끈 대꾸하고 싶은 말들이 올라왔지만 입술을 꾹 깨물고 참는다.

"너 제대로 하는 게 뭐니? 한두 번도 아니고, 도대체 이렇게 능력 없는 애를 뽑은 팀장을 이해 못하겠어. 한번 가르쳐 주면 알아서 좀 해야지."

서류를 파라락 펼치는 소리가 들린다.

"야, 여기, 그리고 여기. 국가별 총액 합산 추가해야 된다고 했어, 안 했어? 너 진짜 밥맛이다. 나 골탕 먹이려고 하는 거야? 늦게 가져 왔으면 제대로라도 만들어 와야 할 거 아냐!"

탕! 서류가 책상 위에 내려쳐진다. 30여 국에 달하는 자료를 혹시 빠진 건 없는지 강박증에라도 걸린 듯이 몇 번이나 확인했던 나의 초조한 얼굴이 따귀를 맞은 듯 일그러지며 떠오른다.

　　　　　　　이야기를 들어주는 심리학

"안 맞으면 때려 치지? 여긴 너같이 능력 없는 애가 일할 데 아니거든? 내가 시간과 힘이 남아돌아서 너 같은 애 상대하면서 이 고생해야겠니?"

"……죄송합니다."

쥐어짜듯이 겨우 한 마디 내 뱉는다. 언제 끝나지? 이 사이코가 언제쯤 날 놔줄까? 깨물고 있는 입술은 비릿한 피 맛이 난다. 억울하고 분하다. 내가 왜 이런 소릴 듣고, 이런 취급을 받아야 하지?

"흠, 흠. 자, 이제 미스 리 올라가세요."

보다 못한 과장님이 끼어들었다. 나는 기계적으로 고개를 숙이고는 황급히 몸을 돌렸다. 지난 번 야단을 맞다 눈물을 보여 더 힐난당한 이후로는 이 사람 앞에서 절대 울고 싶지 않았다.

쿵. 문이 닫히는 소리. 가슴이 와르르 무너지는 것 같다. 눈물이 쏟아진다. 난 부끄러운 줄도 모르고 엉엉 울며 계단을 올라갔다.

비전과 기대를 품고 들어온 곳이었는데, 사람들과도 좋은 관계를 맺고 싶었는데, 마치 암초처럼 그 여자가 여기 있었다. 하나씩 하나씩 열심히 해 보려던 나의 노력은 모조리 느려 터지고 이해력 나쁜 애의 바보짓으로 치부되었고, 나름 자신의 입장을 변호하고 설명하려던 시도는 건방진 짓이 되고 말았다.

"어떻게 하란 말이야. 어떻게……."

다시 나의 사무실 앞에서도 한참의 시간이 걸렸다. 간신히 눈물을 삼키고 얼굴을 닦고 들어선 나를 걱정스러운 듯 쳐다보던 직원들은 '또 혼났구나' 하고 눈으로 말하고 있었다.

"울었어?"

자리에 가서 앉자, 걱정스러운 듯 옆자리의 선배가 물어 왔다.

"아니에요 ……."

"네가 좀 이해해. 워낙 별난 사람이라 네가 힘든 거 다들 알잖아. 네가 처음이고 들어온 지도 얼마 안 돼서 더 유별나게 하는 거야. 시간이 지나면 나아질 거야."

"…… 제가 정말 이 일에 맞지 않는다고 그만두라고 하던데요. 저도 능력에 맞지 않는데 무리하게 뽑힌 거 같아요."

"무슨 소리야. 그럼 널 왜 뽑았겠어? 잘 할 것 같으니까 뽑은 거지. 처음에 이사님도 팀장님도 너 정말 맘에 들어 하셨잖아. 그런 소리 하지 마."

"절 너무 과대평가하신 것 같아요."

힘없이 어깨를 움츠리며 그렇게 말하자 그녀는 딱하다는 듯 힘내라며 등을 두드리고 자리로 돌아갔다.

일을 해야 하는데. 아까 지적받은 부분을 다시 고쳐 보내지 않으면 내일 또 지옥이 벌어질 것이다. 나와 연계작업으로 묶여 있는 파트이기 때문에 피할 수도, 얼굴을 안 볼 수도 없는 노릇이다. 그런데도 자꾸 머리는 무거워진다. 아무것도 하고 싶지 않다.

"따르릉, 따르릉."

순간 전화벨이 소리친다. 책상 위에는 내선 번호가 깜빡거리는 전화기가 울리고 있었다.

"네, 기획운영부입니다."

덜덜 떨리는 손으로 전화기를 꼭 쥔다.

"그냥 그러고 올라가면 어떻게 할 건데?"

전화기 너머로 울리는 내 목을 거머쥐는 듯한 목소리.

"오늘 내로 수정해서 다시 보내 드릴게요."

"거봐, 오늘 나보고 집에 가지 말라 이거지? 또 오류나면 진짜 난 너 안 볼 테니까 알아서 해."

뚝.

나도 당신을 안 볼 수 있었으면 좋겠어. 멍하니 끊어진 전화기를 붙잡고 그렇게 생각했다.

물먹은 솜같이 축 처져 집에 들어서자 걱정스러운 듯 아프냐며 계속 묻는 엄마. 그냥 가만 놔두라고 짜증을 내고선 방에 들어와 누웠다. 평소 집안 분위기를 못 맞추는 골칫거리 아빠마저도 오늘 난 심상치 않아 보였는지 조용하다.

잠이 오질 않는다. 며칠째일까? 영원히 인연 없을 줄 알았던 불면증이 매일 밤마다 날 찾아와 지친 몸을 짓누른다.

"오빠…… 나 못하겠어. 죽을 거 같아. 그만두고 싶어."

결국 오늘도 새벽까지 지방에 있는 남자 친구에게 전화를 해 울고 있다.

"내가 얼마나 힘들게 들어간 곳인데, 그 여자 하나 때문에 이래야 해?"

억울하고 분해서 눈물이 나고, 서러워서 눈물이 난다. 목소리에는 잔뜩 피곤함이 서린 남자 친구이지만, 내가 너무나 힘들어 보여서인지 통화를 끊지 않고 들어 주고 있었다.

"그래, 나도 다 내 잘못 아닌 건 알겠어. 그런데 진짜 요즘 나 무능해 보여. 점점 더 그러는 거 같애."

밀려드는 불안과 내일 또 벌어질 상황들에 대한 두려움 때문에 심장이 눌려 터질 것만 같다. 위로해 주는 오빠의 목소리. 그냥 자기가 있으니 차라리 그만두고 내려오라는 이야기들이 고맙다. 그런데도 내일에 대한 공포는 쉼 없이 샘솟아 밤을 하얗게 살라 먹고 있었다.

어떻게 아침이 왔는지 모르겠다. 출근 준비를 하러 일어나야 하는데 몸이 움직이지 않는다.

"일어났니? 얘, 왜 그래? 아프니?"

걱정되어 깨우러 들어온 엄마의 얼굴을 바라보다 내 몸이 떨리는 걸 알아차렸다.

"엄마, 나 회사 못가겠어. 몸이 안 움직여져."

또 다시 흘러내리는 눈물. 그렇게 울었는데도 아직도 남아 있는 게 신기하다.

"…… 안 되겠다. 엄마가 회사에 한번 찾아가야겠다. 가서 너희 상사 좀 만나보자."

"왜? 가서 뭐 하려고?"

"아냐. 엄마가 너희 팀장이랑 이사 만나서 잘 얘기할게. 애가 도대체 어떻게 일을 하기에 이런 지경이야? 너 좀 잘 봐 달라고 이야기라도 해 봐야지. 이러다 너 죽겠어."

"아냐, 엄마. 그러지 마. 일만 더 커져. 그러지 마."

엄마의 억척스러운 간섭을 말리며 매달리는 나였지만, 한편으론 엄마에게 그냥 의존해 버리고 싶다. 그냥 안 말리고 가만있으면 상황이 좀 정리돼 줄까?

"내가 가서 이야기할게. 오늘 내가 가서 이야기해 볼게."

겨우 엄마를 진정시키고서 반은 정신이 나간 듯이 집을 나와 지하철에 올랐다. 내일이라도 당장 찾아올 기세인 엄마를 대신해 오늘이라도 팀장님과 이야기해 보지 않으면 안 되겠지.

'뭐라고 말하지?'

복잡한 지하철에서 떠밀리며 멍하니 생각을 하다 문득 창가에 흐리게 비친 내 얼굴을 본다. 초췌하고 불행해 보이는 얼굴.

'이 꼴이 뭐야 …… 어떻게 들어간 직장인데 …… 난, 결국 실패하는 걸까.'

퉁퉁 부은 어느 못난 여자의 얼굴이 다시 눈물에 흐려지고 있었다.

마 주 보 기

"그녀가 절 미워하는 이유를 모르겠어요. 매일 출근해야 하는 것만으로도 불안해 미칠 것 같아요. 그녀 말처럼 전 직장생활을 할 능력이 없는 걸까요? 이대로 여길 그만둬야 할지, 여기서 그만두면 다음 직장에선 잘 할 수 있을지 모든 게 두렵고 혼란스러워요."

나의 성공

"난 사회생활에 잘 적응할 능력이 없는 걸까요?"

"그동안 무척 힘들었겠어요. 날마다 나의 능력에 대한 비난을 당해 왔네요. 게다가 지금 겪는 어려움이 사회생활에 적응하는 능력이 없어 생기는 일이 아닐까 불안해하고 있군요. 단순히 한 사람과 관계가 어려운 것이 아니라 어딜 가도 부딪힐 일을 못 이겨내고 있다고 느끼나 봐요. 당신을 힘들게 하는 사람이 계속 그런 메시지를 주기도 하네요.

그래요, 안 그래도 낯설고 처음인 직장에서 적응하기만도 벅찬데, 날마다 그런 비난을 들으니 정말 위축되고 서러웠겠어요. 노력해도 보람이 없이 더 무능한 사람 취급을 당할 뿐이니 일에 대해 점점 자신감이 없어지죠. 그래서 도리어 실수도 더 하게 되지는 않았나요? 그러니 남들은 다 해내는 걸 나만 못하는 건 아닌지 불안해졌군요.

지금 직장은 당신에게 '보람'이나 '일의 재미'는커녕 아무리 애써도 못 따라갈 어려운 수업처럼 '무력감'을 느끼게 하네요. 정말 가능하다면 어떻게든 피하고 싶겠어요. 그런데도 울면서든, 떨면서든 또 출근을 하는 당신 모습을 보면 어디서 저 힘이 나올까 궁금해져요. 당신은 정말로 직장생활을 잘해 보고 싶은 욕구를 가지고 있군요. 능력 없는 사람으로 평가되고 끝내는 것은 견딜 수 없어하는 당신의 마음이 느껴지네요."

나의 가족

"난 엄마에게 그냥 기대고 싶어요. 지금까지 대부분 엄마의 판단이 옳았거든요."

"엄마와 참 가깝게 자라 왔군요. 엄마는 언제나 내 삶의 안내표였고 최고의 코치였겠어요. 힘든 일이 있을 때마다 '엄마 말 들어. 엄마가 알아서 해 줄게.' 이런 말을 듣고 자라 왔을 것 같군요. 힘이 될 때가 많았죠? 그런데 엄마가 그렇게 강하고 든든한 존재가 되었던 이유 중 하나는 혹시 아빠가 미덥지 못한 사람이기 때문이었나요? 도움이 안 되고 분위기도 맞출 줄 모르는 아빠. 그런 아빠였기에 당신은 어릴 때부터 엄마의 편이었고, 아빠가 당신에게 다가오거나 하는 일도 싫기만 했겠군요. 마치 차라리 없는 게 도움이 되는 사람인 듯 느껴져요.

그만큼 엄마가 지고 가야 할 짐도 많았겠어요. 자연스레 당신 마음의 저울은 엄마 쪽으로 늘 기울었겠네요. 엄마가 직장에 찾아오겠다고 나설 때 어떤 느낌이었나요? 당신의 어려움을 진지하게 생각해 주는 듯해 위로가 됐죠. 그런데도 말린 이유는 '내가 할 일이야'라는 무의식적인 거부감이 있었기 때문은 아닌가요?

스스로 자신을 지키고 극복해 보고 싶은 마음도 한편 당신 안에서 숨 쉬고 있는데 그 목소리를 내기가 쉽지 않았겠어요. 엄마를 거부하는 것처럼 보일까 봐 걱정도 되고요. 당신은 엄마를 정말 좋아하니까요. 하지만 그 때문에 어릴 때부터 '나도 할 수 있다'는 자신감을 갖기가 어려웠을 것 같아 안타까워요."

나의 생각

"이대로 직장을 그만둔다면 다른 곳에서도 계속 실패할 것 같아요."
"사회생활에 적응 못한 낙오자가 될까 봐 두렵군요. 처음 직장생활을 시작하면서 관계도 원만하고 능력도 인정받는 사람이 되고 싶다는 기대를 가지고 있었나 봐요. 주위에 동료들은 일도 잘하고 관계도 비교적 원만하게 해 가는 것처럼 보이는데 자신만 그렇지 못한 듯해서 열등감이 드는군요. 무엇보다 지금 겪는 갈등 정도는 사회생활을 하려면 당연히 극복해야 하는 일이라고 생각하고 있네요. 그런데 제가 보기에 이 기준들이 너무 엄격해 보여요.

이제 갓 직장에 들어온 사람이라면 실수가 있는 건 당연하죠. 그리고 나와 맞지 않은 상사를 만나 고민하는 사람들도 정말 많이 있고요. 격려받지 못하고 위로받지 못해 얼마나 힘들었을까요? 그런데 도리어 그 상황을 사회생활을 할 능력이 없는 자신의 문제로 가져오기까지 했으니 비참함을 느꼈겠어요."

나의 감정

"매일이 불안하고 두려워요."

"오늘 또 어떤 소릴 들어야 할까 하는 생각에 매일이 불안하군요. 열심히 노력해도 결국 무엇이든 비난당할 이유는 계속 생기니까 직장을 갈 때마다 마치 벌 받으러 가는 기분이겠어요. 애써도 안 되는 무력감, 상황을 내가 바꿀 수 없다는 좌절감은 큰 두려움을 불러와요. 내가 이 고통을 막을 수 없다고 느꼈을 때 당신도 두려웠죠.

나 스스로 삶을 잘 조절하고 내가 원하는 인정과 지지를 얻어낼 수 있다고 생각할 때 인간은 안정되고 행복하다고 느껴요. 그런데 당신에겐 지금 그 평화가 없으니 심리적 부담이 너무 커서 마치 전쟁 상황 같을 거예요.

이야기를 들어주는 심리학

당신을 매우 화나게 하는 사람이 있지만 화낼 수도 없고, 억울함과 부당함을 느껴도 그저 혼자 우는 것 말고는 해결방법이 없군요. 무엇보다 내일도 오늘처럼 계속 고통스러울 거라는 확신에 가까운 불안이 있네요. 그래서 밤이면 내일이 오는 게 무섭고, 아침이면 출근이 고통이 되죠. 이미 오늘도 내일도 어제만큼 힘들 거라 예상하니까요.

상담사들은 이걸 '예기불안'이라고 불러요. 이 불안은 지금 이 순간 겪는 고통에 앞으로 올지 모를 고통에 대한 공포까지 더해 당신을 훨씬 힘들게 만들어요. 지금 이 순간만으로도 감당하기 어려운데 그 공포에 쫓겨야 했으니 늘 피곤하고 긴장되죠. 너무나 시달려 온 당신이 안쓰럽네요."

나의 행동

"매일 죽으러 가는 듯이 출근하는 게 너무 힘들어요. 그만두고 싶어요."

"아침이면 정말 고통스럽군요. 출근을 한다는 행동이 마치 지옥에 끌려가는 만큼 힘들게 느껴지나 봐요. 그래서 지금 출근을 하지만 않는다면, 정말 살 것 같은 그런 마음인가요? 얼마나 힘겨우면 출근해야 한다는 사실 때문에 하염없이 눈물이 날까요. 정말 그만두고 싶을 만도 해요.

직장에 가면 긴장하고 불안해하면서 위축되어 하루를 보내는군요. 업무 때문에 그녀와 마찰이 있기라도 하면 그날은 다른 일을 더 이상 하지도 못하고 힘겹게 버티다 집으로 오나 봐요. 직장에서 성취감도, 행복감도 느끼지 못하는 하루네요. 그리고 일도 별로 하질 못하니 자신이 무능하다고 느껴지겠어요.

날마다 더 자신이 초라해지는군요. 그러니 내일이 올수록 점점 더 회사 가기는 두려워지고, 회사를 가도 그녀를 피하고만 싶죠. 원래는 사람들과도 잘 지내고 싶은 바람, 일을 잘 배워 야무지게 하고픈 욕심이 많았는데 그런 행동들이 맘처럼 되지는 않고 자꾸 좌절되기만 하네요. 그런 모습이 무능력해 보여 지금의 자신 모습이 더 싫고 그만둬서라도 이 고리를 빨리 끊고 싶겠어요. 그런데도 진작 그만두지 않고 지금도 출근하는 힘이 참 대단해요. 당신은 정말은 실패한 채로 도망치는 것이 너무나 싫군요. 떠나더라도 좋은 사람으로 기억되고 싶은 고집이 느껴져요."

나의 몸

"몸이 덜덜 떨리고 잠도 안 와요. 머리도 전혀 돌아가질 않고요."

"너무 긴장이 되고 불안하군요. 극도로 긴장하거나 공포를 느끼면 사람은 몸이 떨릴 때가 있죠. 그런데 당신에겐 이렇게 몸이 떨리는 일이 자주 생기나 봐요. 그녀와 만나거나 통화해야 할 때, 아침에 출근준비를 해야 할 때도 몸이 떨리네요. 당신의 몸이 '너무 무서워요'라고 말하는 듯해요. 그렇게 극도로 스트레스를 받는 상황이 계속 이어지는군요. 너무나 힘겹고 피곤하겠어요.

지금 당신의 신체반응을 보면 마치 무서운 괴물에게 쫓기고 있는 것 같아요. 언제 무슨 일이 생길지 몰라 잠도 못자고 신경을 곤두세우고 있는 상태랄까요. 지금 상태가 오랜 시간 이어진다면 몸에 많은 무리가 갈 텐데 걱정스러워요. 피곤한데도 밤에 잠을 못자니 당연히

이야기를 들어주는 심리학

생각도 잘 되질 않죠. 일을 잘해서 조금이라도 만회하고 싶은데 그마저 뜻대로 안 되니 얼마나 속상했을까요. 지금 당신의 몸은 극도의 불안 때문에 많이 예민해져 있군요.

나의 대인관계

"그 사람 때문에 너무 힘들어요."

"도무지 그녈 어떻게 대해야 할지 몰라 혼란스럽고 고통스럽죠. 그녀는 아마 회사에서도 유명할 만큼 강하고 까다로운 인물인가 봐요. 그런 사람을 만나 선배로서 일을 배우고 함께 작업을 해야 하니 얼마나 힘겨울까요. 화도 나고 이해가 가질 않는 모습도 많겠어요. 더구나 나에 대한 비난을 아끼지 않고 무능한 사람 취급을 하니 억울함은 또 얼마나 쌓였겠어요.

다행인 것은 그 사람 외에 다른 사람들과는 별다른 관계의 어려움을 겪지 않는군요. 입사 때 이사와 팀장의 기대를 많이 받았다니 당신은 본래 매력 있고 유능한 사람인가 봐요. 게다가 주변에서도 당신을 이해하고 불쌍히 생각하는 분위기네요. 그건 정말 당신이 잘못하기보다 상대방의 성격에 책임이 크다는 뜻이죠. 이런 모습들이 힘든 상황이지만 큰 자원으로 보이는군요.

지금 직장에 있는 사람들을 당신 마음에 그려보자면 그녀가 무척 크게 그려질 듯해요. 그녀 때문에 받는 스트레스가 많으니 그럴 만도 하죠. 하지만 당신이 대화를 하는 사람 중엔 그녀와 다른 메시지를 주는 사람도 많겠어요. 당신의 책임이 아니라고 격려하고, 위로하는 목소리도 있군요. 그런데 이 말들이 귀에 들어오기보다는 그녀의 말이 자꾸 가슴에 박혀서 반복되는 것 같아 안쓰러워요. 사실 당신은 그녀에게도 인정을 받고 싶군요. 그래서 그녀의 평가가 더 신경이 쓰이나 봐요. 객관적으로 당신에게 불합리한 평가가 많은데도 말이죠.

아마 모든 사람에게 인정받기 전에는 당신도 계속 힘들어할 듯해 안타까워요. 정말로 다양한 사람들이 있는데 그들 모두에게 좋은 평가를 받아야만 한다면, 삶이 얼마나 피곤하고 불안할까요. 당신을 존중하지 않는 사람에게서도 존중을 얻어내려 애를 쓰는 당신이 정말 피곤해 보여요."

나의 사랑

"오빠는 다정하지만, 내가 자꾸 괴롭히는 것 같아요."

"늦게까지 이야길 들어주는 오빠에게 미안해하는군요. 사실은 오빠의 피곤함을 배려하고 잘 대해 주고 싶은데 그렇게 해 주지 못해 속상한가 봐요. 매일 새벽까지 내 힘든 이야기만 쏟아 놓아서 사실은 짜증나지 않을지, 몇 번을 위로해도 계속 힘들어하는 나한테 지친 건 아닐지 걱정하는 맘도 있네요.

이만큼 지금 힘든 상황인데도 상대방을 배려하길 원하는 당신의 마음이 참 예뻐요. 하지만 '내가 오빠를 괴롭히고 있지. 정말 못됐어.' 하고 생각하기 이전에 오빠에게 솔직히 물어보면 어떨까요? 오빠가 '네가 날 괴롭혀서 힘들어.'라고 표현하지 않았는데 그걸 당연히 생각하면서 자신을 탓하는 모습이 안타까워요. 그나마 힘이 돼 주는 상대인데 점점 말도 못 꺼내게 될까 봐 걱정도 되네요."

이야기를 들어주는 심리학

안아주기

가족에 관하여

"엄마에게 기대고 싶은 마음은 들 만하다고 생각해요. 지금 워낙 힘들고 나 스스로 해결책을 못 찾는 상황이니까요. 우리는 지칠 때 누군가를 의지하고 싶어 하잖아요. 하지만 엄마가 당연한 듯 딸의 직장에 찾아오겠다는 말을 하는 걸 보고 솔직히 전 조금 놀랐어요. 왜냐하면 당신은 이미 대학도 졸업하고 사회생활을 시작한 성인이잖아요. 마치 고등학교 다니는 딸애가 학교에 적응하기 힘들어해서 찾아가는 상황과 비슷하게 느껴진 건 저만의 착각일까요. 그만큼 엄마에게 당신은 아직 내 몸 같고 내가 돌봐야만 할 딸이군요. 엄마에게도 아빠가 의지가 못 됐던 만큼, 당신은 더 삶의 보람이고 애착이 가는 대상이었나 봐요.

그런데 중요한 점은 당신에게 그런 엄마의 도움과 간섭이 좋고 애정으로 느껴지는 마음도 있지만, 그렇지 않은 마음도 있다는 사실이죠. 나 스스로 해 보고 싶고 독립적으로 생활하고 싶은 욕구는 지금 당신에게 지극히 자연스럽고 건강한 모습이에요. 그게 없었다면 도리어 전 문제가 더 심각하다고 느꼈겠죠. 그럼에도 이런 욕구가 당연한 분위기가 아닌 것이 걱정이군요.

엄마는 지금까지 많은 세월을 살아왔기 때문에 나보다 더 지혜로운 건 어찌 보면 당연해요. 엄마의 조언을 진지하게 생각해 보고 내가 선택하는 방향에 참고한다면 이상적인 모녀관계죠. 그런데 지금 당신은 '엄마의 말은 항상 맞아'라고 생각하잖아요? 자신의 생각이 주체가 아니라 엄마의 말이 주체인 거죠. 실패하더라도 내가 스스로 해결해 보고, 내가 선택한 상황에 책임을 져 보면서 한 사람의 독립적인 인격으로 서는 것이 인간의 자연스러운 성장 방향이에요. 그래서 당신 안에 그 욕구가 있는 거죠. 그런데 당신이 엄마에게 여전히 의존한다면 지금 당신의 삶은 엄마가 대신 살고 있는 게 되잖아요. 그럼 엄마는 두 명 분의 삶을 책임져야 하는 만큼 결국 더 힘들어진다는 사실을 알고 있나요? 그리고 당신 안에 있는 건강한 욕구, 나도 독립적으로 살아보고 싶다는 욕구는 묵살 당하게 되요. 그럼 당신은 언제까지나 누군가에게 의지해야만 살 수 있겠죠. 그리고 인생에 대한 만족감도 자꾸 없어질 거예요. 당신의 진정한 바람을 계속 희생시키니까요. 만일 엄마가 늙고 병들어 힘이 못되면 그땐 어떤 일이 벌어질까요? 그리고 그 책임을 누구에게 물어야만 할까요?

엄마가 노년을 같이 늙어 가야 할 분은 아빠이죠. 그런데 지금처럼 당신이 계속 엄마와 밀착되어 있다면 아빠와 엄마가 가까워질 기회가 없다는 걸 말해 주고 싶어요. 여태껏 힘든 일들이 많았지만 결국 지금까지 관계를 지켜 온 부부잖아요? 솔직히, 당신도 두 분의 관계가 회복되길 늘 바라지 않았나요? 그랬다면 이젠 엄마의 곁에 자리를 조금 만들어 주셔야 해요. 아빠가 용서도 구하고, 두 사람이 딸이 떠난 자리가 허전해서라도 좀 더 노력하도록 말이죠. 그리고 당신도 이제 곧 누군가의 엄마가 될 거잖아요. 그때는 당신이 자녀의 삶을 이끌어 줘야 하잖아요. 지금 당신이 홀로 서지 않는다면 결과적으로 엄마와 당신이 새롭게 이룰 가정까지 힘들게 된다는 사실을 기억해 줬으면 해요.

지금 상황에서 당신이 엄마를 의지한다면 여태까지 살아왔던 의존적 인생을 계속 살아가는 게 되요. 하지만 힘들어도 스스로 결정해 보려는 용기를 낸다면 전 기꺼이 당신을 도울 거예요. 실패해도 괜찮아요. 처음부터 잘하는 사람은 없잖아요? 엄마도 그렇게 실패하면서 지금의 인생을 배웠잖아요. 용기를 내 보지 않겠어요? 그 선택은 바로 당신 안에 있어요."

생각에 관하여

"자, 여기 토끼가 한 마리 있어요. 이 토끼는 태어나서 처음으로 자신이 스스로 먹이를 구해 오기로 결정하고 길을 나섰죠. 그런데 먹이인 풀이 있는 곳에 무서운 뱀이 있는 거예요. 그래서 토끼는 벌벌 떨면서 간신히 가장 끄트머리에 있는 풀을 뜯어서 발길을 돌렸어요. 그런데 뱀이 비웃는 거예요! '그것밖에 못 뜯어 가면서 여긴 왜 왔냐?' 이러고 말이죠. 토끼는 너무 슬프고 서러웠어요. 그런데도 그 다음날 다시 그 풀밭으로 용기를 내서 갔어요.

자, 이 토끼를 보면 어떤 느낌이 드나요? 이 토끼는 풀을 구해 올 능력이 없는 토끼인가요? 아니죠. 도리어 굉장히 용기 있는 토끼죠. 천적이 있는데도 불구하고 풀을 뜯어 왔으니 능력도 있고요. 그래요, 토끼가 바로 당신이고 뱀이 그녀예요. 한번 모습을 상상해 보세요. 그녀를 뱀이라고 말하니 속이 후련하고 재밌지 않나요?

이 토끼를 보면 용감하고 능력도, 끈기도 있다는 걸 금방 알죠. 그리고 풀 뜯으러 가는 게 힘들겠다는 생각도 금방 들잖아요. 그런데 똑같은 일을 해내고 있는 당신은 무능력하다고 생각할 근거가 있나요?

한번 상상을 해 봐요. 토끼가 뱀이 있는데도 무서워하지도 않고 '너에게 토끼 킥을 보여주마!' 이러면서 막 다가가 풀을 뜯는 광경을. 그 토끼가 정상으로 보이나요? 전 심각한 문제가 있는 걸로 보이는데요. 게다가 한번도 뱀과 싸워 본 경험도 없는데 잘못하면 잡아먹히지 않겠어요? 더구나 모든 토끼들이 당연히 뱀에게 킥을 날려 가면서 곁에서 풀을 뜯는 광경이라뇨. 단체로 미친 토끼가 아니고서야 어떻게 그러겠어요?

희화화하긴 했지만, '그녀가 있어도 신경 쓰지 않고 직장생활을 잘해야 하는 게 당연한 거야' 나, '이 정도는 아무렇지도 않아야 사회 생활을 할 수 있어' 같은 당신의 생각이 마치 토끼가 뱀 곁에서도 아무렇지 않게 풀을 뜯어야 한다는 생각과 비슷한 듯해요. 사회 초년생인 지금 당신에겐 그녀는 뱀만큼이나 많은 상처를 입히는 힘겨운 존재죠. 그런데 그녀와 함께 생활하면서 힘들지 않다니요. 인간인 이상 어떻게 그게 가능하겠어요. 다른 사람들은 적어도 다년간 뱀을 관찰해서 뱀 곁에서도 안전한 처세술을 익혔거나, 당신만큼 뱀 가까이에 가지 않아도 되는지도 몰라요.

정도 차이는 있겠지만 누구나 당신 입장이라면 힘들 거예요. 제가 그 자리에 갔다면, 상상하기 싫은걸요. 그런데 그걸 '내가 무능한 토끼야'로 가져온다면, 그건 얼마나 비상식적인 일이겠어요.

뱀을 이기고 싶나요? 그럼 수련을 하고 내공을 쌓아야죠. 무협토끼가 되는 거예요. 하지만 그게 하루아침에 될 리는 없다는 걸 우린 잘 알잖아요. 그리고 지금 당장 잡아먹힐 만큼 힘들다면, 내공이 쌓일 때까진 어떻게 해야 할까요? 한번에 공격 못하도록 내 편을 많이 만들거나, 아님 피하는 것도 방법이죠. 정 안 된다면 다른 풀밭에 가더라도 꼭 같은 뱀이 있을 거란 보장은 없잖아요.

중요한 건, 당신은 용감한 토끼라는 사실이에요. 지금 당신은 정말 잘 하고 있어요. 그렇게 힘든데도 또 출근을 하잖아요. 당신 같은 상황에서 포기하는 사람도 정말 많은데 당신은 포기하지 않았잖아요.

지금 상황이 당신에겐 무척 두렵고 비참하게 느껴지죠. 그래서 토끼이야기로 객관화해 주고 싶었어요. 그 토끼가 '그래, 난 용기가 없어.'라고 자책한다면 더 이상 풀을 뜯으러 가기가 힘들 거예요. 기억하세요. 토끼가 뱀을 무서워하는 건 당연해요. 그런데도 뱀과 싸우길 포기하지 않는다면, 대단한 토끼인 거죠. 자신이 열등해보일 때마다 이 토끼이야기를 기억했으면 좋겠어요. 당신은 용감한 토끼니까요."

감정에 관하여

"지금 당신이 느끼는 불안의 강도는 상당히 커요. 몸이 멋대로 불안반응을 일으키고, 냉철하게 상황을 판단하는 게 불가능할 만큼 말이죠. 제가 전쟁 상황이라는 표현을 썼었죠. 당신이 표현하는 불안의 강도를 보면, 정말 전쟁터에 있는 것만큼 괴로워 보여요.

그런데 지금 당신이 느끼는 불안의 크기를 계속 지금 이대로 안고 가지 않을 방법이 있습니다. 바로 예기불안을 믿지 않는 거죠. 사실 우리가 '한 시간 후에 사고가 날지 몰라'라고 두려워할 때 실제로 사고가 나는 경우는 흔치 않아요. 문제는 그 한 시간 동안 불안해하면서 괴로워하느라 내가 힘들었다는 사실이죠.

잘 생각해 보면, 당신도 아침부터 저녁까지 항상 그녀와 계속 대면해야 하는 건 아닐 거예요. 어떤 날은 온종일 안 볼 수도 있죠. 그런데 만나지 않는 그 시간까지 계속 만날 상황을 걱정하며 두려워하느라 당신은 만신창이가 될 지경이잖아요.

지금 당신이 감당해야 할 불안과 고통은 딱 현재 주어지는 만큼입니다. 사실 그 이상은 우리가 미리 가져와서 불안해한다고 나중에 양이 줄어들지 않아요. 즉, 지금 이 순간만 버티면 되는 거죠. 잠시 후 상황이 마술처럼 좋아지느냐고요? 물론 그건 아니에요. 하지만 잠시 후에는 또 그 순간만을 살아가면 되는 거죠.

내가 겪어야 할 크기를 지금 이 순간으로 제한하는 것은 힘든 시간을 이겨내는 데 큰 도움이 됩니다. 실제로 아우슈비츠 수용소에서 살아남았던 빅터 프랭클_{Viktor Emile Frankl-의미치료의 창시자이자 실존주의 치료의 꽃과 같은 사람입니다. 아우슈비츠 수용소에서 얻은 깨달음을 바탕으로 의미치료라는 상담기법을 개발했죠}이라는 유태인 정신과 의사도 이런 방법으로 그 시간을 이겨냈다고 하니까요. 제게도 힘든 시간을 이겨 오는 데 큰 힘이 됐어요. 방법은 어렵지 않아요. 마음이 불안하고 두려울 때 그 감정이 미래에 대한 걱정 때문인지 지금 현재의 상황 때문인지 생각해 봅니다. 그리고 미래에 대한 불안이라면 '지금 내가 불안해 봐야 그 상황을 바꿀 수 없어. 난 지금 이 순간에 충실할 거야.'라고 다짐하면서 그 불안을 거절하는 거죠. 그리고 지금 내가 경험하고 있는 것들에 집중하려고 노력하면 어느새 그 불안은 크기가 줄어들어 있답니다. 예를 들어, 어제 그녀가 했던 비난이나 잠시 후 들을지 모를 비난에 대한 걱정보다, 지금 현재 나를 격려해 주고 있는 동료의 말에 집중하는 거죠. 그 말에 고마움을 느끼는지, 용기가 나는지, 그런 느낌들에 집중해 봐요. 그러면 속상한 가운데서도 당신을 소중히 여겨 주는 사람에 대한 감사와 행복을 누리게 되요.

빅터 프랭클은 어떤 순간에도 우리는 자신이 무엇을 생각할지 선택할 자유가 있다고 하더군요. 그녀 앞에 섰을 때 그 10분만을 감당하는 거예요. 좀 힘들지만 그 10분만 참는 건 해 볼 수 있지 않을까요. 그리고 돌아서면 그 상황이 아닌 새로운 상황에 집중하는 거죠. 걱정해 주는 동료의 위로에 집중하는 건 어때요? 화나고 기분 나빴던 감정을 인정하고 표현해 보는 일도 좋죠. '계속 힘들 거야.' 이런 생각이 떠오르면 '난 잠시 후 무슨 일이 생길지 알 수 없다'는 걸 기억하세요. 당장 한 시간 후에 무슨 일이 생길지 모르는 존재가 바로 인간이잖아요.

그렇게 예기불안을 거부하면서 하루를 살아보면 당신이 불안해했던 것보다 실제로 생기는 나쁜 상황은 훨씬 적다는 걸 알게 될 거예요. 처음엔 의지적인 연습이 많이 필요해요. 불안의 과정이 지금은 자동화되어 있거든요. 하지만 어색해도 그렇게 지금 여기에 집중하려 노력할 때 분명 당신의 불안은 점점 적어질 거예요. 그리고 상황이 훨씬 현실적으로 보이고 감당할 만한 크기임을 발견하게 될 거라 약속해요."

행동에 관하여

"지금 당신은 그만두고 싶은 마음이 많죠. 점점 실패 경험만 계속 쌓이니까요. 이제는 엄마와 한 약속 때문에 팀장님과 이사님을 만나 이야기해 보아야겠군요. 당신은 어떤 이야기를 할 생각인가요? 솔직히 말할게요. 전 당신이 팀장님이나 이사님과 이야기할 결심을 하게 된 것이 반가워요. 무엇 때문이냐고요? 지금까지 위축되거나 도망가고 싶어 했던 당신의 행동방식이 자의든 타의든 바뀔 기회이니까요.

당신이 이곳에 들어오면서 원래 바라던 모습이 있죠. 유능한 직원이 되길 바라는 열망, 다른 사람들과 좋은 관계를 유지하며 재밌게 지내고 싶은 열망을 가지고 있었어요. 그리고 직장에서도 당신이 잘할 거라는 기대를 가지고 뽑았어요. 당신의 진실한 마음은 어떤가요? 이룰 수만 있다면 처음 기대했던 모습으로 살고 싶지 않나요? 그럼 당신이 원하는 그 모습이 되기 위해서 회사에서 배려해 주길 원하는 건 무엇인가요? 잘해 놓은 것도 없으면서 뭔가를 요구하면 나쁘게 볼 것 같나요?

생각을 해 봐요. 당신은 지금 '그만둘 수밖에 없지 않을까?'라고 생각하고 있어요. 어차피 그만둬야만 한다면, 그전에 가능한 시도는 최선을 다해 해 보면 어떨까요? 지금 당신이 이 모습 그대로 직장생활을 한다면, 정말 얼마 다니기 힘들 거예요. 당신이 겪는 불안의 강도가 감당할 수준이 못되니까요. 그리고 당신은 그녀를 바꾸지도 못하고, 하루아침에 자신의 성품을 바꾸지도 못해요. 두 사람이 서로 적응하려면 충분한 거리와 오랜 시간이 필요할 거예요. 소극적인 방향으로는 이미 당신은 최선을 다했고, 이 방법으로는 고통을 없애기가 불가능하죠.

처음 당신을 믿어 줬던 사람들을 당신도 한번 믿어 보세요. 당신이 지금 아무것도 요구할 자격이 없다고 느끼는 이유는 자신이 직장에 소중한 존재가 아니라는 낮은 자존감 때문이죠. 그런데 정말 그렇게 생각하는지 확인해 보았나요? 주변 동료들이나 상사가 그런 피드

백을 준 적이 있었나요? 그녀를 제외하고 말이에요. 당신의 현재 상황을 객관적으로 따져 봐요. 당신은 그녀 외에 관계의 어려움을 겪는 사람이 거의 없어요. 그리고 직장 내에서 당신이 능력이 없어서 이런 고생을 한다고 말하는 사람도 없죠.

어차피 그만둬야만 한다면, 그전에 팀장님과 대화를 한번 해 본다고 해서 큰일이 나는 건 아니죠? 적어도 당신이 힘들다는 사실을 상사한테 말하는 행동은 당연하다고 생각되는데요. 어느 날 갑자기 당신이 사표를 들고 찾아가 '죄송합니다, 힘들어서 더는 일을 못하겠어요.'라고 말하거나 당신의 엄마가 쳐들어온다고 생각해 보세요. 그런 상황보다 훨씬 상사를 배려하는 행동이라고 생각하지 않나요? 상사의 입장에서도 그런 내용을 알아야만 일을 더 잘 풀어 가게 될 테니까요. 상대방이 그런 걸 싫어한다면 어쩔 수 없는 일이죠.

만일 그렇지 않다면, 당신은 좀 더 나은 업무환경을 배려받을지도 몰라요. 업무분장을 다시 받거나, 적어도 신경 써 주는 사람이 한 명 더 생기겠죠. 해볼 만한 모험이지 않나요? 그런 시도를 해 보고 나서 그만두는 선택을 해도 늦지 않아요.

지금까지 의존적이고 소극적으로 살아왔다면 쉽지만은 않을 거예요. 하지만 상황을 운명적으로만 받아들여선 안 돼요. 실제로 지금까지 당신이 해 보지 않은 선택이 상황을 변화시킬 가능성은 충분히 있어요. 당신의 삶은 자신의 선택으로 만들어 가는 거니까요. 처음의 소망을 소중히 한다면, 너무 쉽게 포기하지 말아요. 용기를 내세요. 당신이 자신을 존중하기 시작할 때 다른 사람도 당신을 존중할 기회를 얻게 되니까요.

전 당신이 정말 존중받길 원해요. 그리고 당신 곁에는 지금 제가 있잖아요. 함께 도전해 봐요. 새로운 시도를 한 것만으로 전 당신이 자랑스러울 거예요. 결과에 상관없이 말이에요. 변화는 아무나 시도하지 못하니까요."

몸에 관하여

"지금 당신의 몸은 심한 불안으로 예민하고 지쳐 있는 상태예요. 마치 무서운 사람에게 쫓기는 밤이 끝나지 않고 계속 이어지는 상황이랄까요. 우리 몸은 잠시는 그런 극도의 긴장감에 대처하지만, 그것이 장기적으로 이어지면 결국 무리가 가고 이상이 생겨요. 지금 당장 당신이 잘 자지 못하는 상황이 대표적인 신호죠. 휴식은 중요해요. 주기적으로 긴장과 이완을 반복하는 리듬을 가진 존재가 바로 인간이니까요. 우리가 매일 밤잠을 자는 이유도 그 때문입니다. 그런데 지금 당신은 몸이 이완될 겨를이 없잖아요. 그래서 의지적으로라도 이완을 시켜 줄 필요가 있어요.

저를 따라 해 보시겠어요? 먼저 눈을 감아 보세요. 제가 뜨라고 말할 때까지 눈은 계속 감고 계세요. 몸을 최대한 편안한 자세로 기대고 숨을 천천히 깊게 들이쉬고 내쉬어 봐요. 호흡에만 집중하세요. 떠오르는 생각들이 있다면 내쉬는 숨과 함께 바깥으로 빠져나간다고 상상해 보세요. 조금 편안해졌다면 오른손을 한번 꽉 쥐어 봐요. 근육이 긴장된 느낌이 드나요? 손가락에 드는 느낌, 팔의 긴장감을 느껴 보세요. 자, 힘을 빼 보세요. 근육이 이완되죠?

이번엔 팔을 들어서 한번 해 볼까요? 위로 뻗은 상태에서 팔꿈치

이야기를 들어주는 심리학

를 접어서 꽉 힘을 줘 보세요. 근육이 땅기는 느낌을 느껴 보세요. 힘을 빼 볼까요? 팔을 완전히 늘어뜨리고 팔에서 긴장이 빠져나가는 느낌을 느껴 보세요. 반대 팔도 똑같이 해 볼까요? 호흡은 처음과 같이 계속 천천히 깊게 들이마시고 내쉬세요.

어깨를 긴장시켜 볼까요? 목과 귀를 붙이는 느낌으로 꽉 힘을 줘 보세요. 어깨와 목 주위 근육들이 긴장되는 것이 느껴지나요? 자 힘을 빼 보세요. 긴장이 풀리는 것을 느껴 보세요.

얼굴 근육을 긴장시켜 봅시다. 이마에 주름질 정도로 꽉 찡그려 보세요. 이마 쪽의 뻣뻣함이 느껴지나요? 힘을 빼고 근육이 펴지는 느낌을 느껴 보세요. 이번엔 코에 주름이 질 정도로 뺨과 코에 힘을 줘 보세요.

자, 힘을 빼세요. 가슴과 등의 근육을 긴장시켜 볼까요? 숨을 크게 들이쉬며 가슴과 등이 당기는 느낌을 느껴 보세요. 잠시 숨을 참고 그 상태를 유지하세요. 이제 힘을 빼세요. 힘이 빠져나가는 느낌을 느껴 보세요. 근육이 이완되면서 편안해지는 느낌에 집중하세요.

이제 배를 긴장시켜 보세요. 힘을 꽉 주고 배를 손으로 눌러보세요. 배와 등 뒤가 긴장되는 걸 느껴 보세요. 자, 힘을 빼세요. 계속 편안하게 숨을 쉬세요. 마지막으로 다리를 해 보기로 해요. 다리를 땅에 대고 꽉 힘을 주면서 눌러 보세요. 발가락부터 종아리, 허벅지가 긴장되는 걸 느끼시나요? 자, 힘을 빼세요. 반대편 다리도 똑같이 해 보세요. 이제 힘을 완전히 빼시고 그대로 편안히 몸을 기대세요. 지금 느낌이 어떤가요? 아까보다 훨씬 편안해졌죠? 잠시 이대로 1분 정도 편안히 있어 봐요. 이 편안함을 충분히 느껴 보세요.

많은 시간이 지나지 않았는데 하기 전보다 훨씬 몸이 편안한 걸 느끼죠. 지금 우리가 해 본 것은 에드먼드 제이콥슨Edmund Jacobson이라는 사람이 처음 개발한 '점진적 긴장이완법progressive relaxation' 이에요. 몸을 빠른 시간에 이완시켜 편안하게 하고 긴장과 불안을 감소시키는 방법이죠. 실제로 스트레스를 관리하고 정서적인 안정감을 찾는 데도 큰 도움이 됩니다. 저와 만날 때마다 이걸 한 번씩 해 봐요. 그리고 혼자서도 조금씩 연습해 보세요. 특히 잠이 잘 오지 않을 때 이 방법을 써 보세요. 당신이 지금 겪는 불안은 단순히 정신적인 문제가 아니라 신체적인 문제기도 합니다. 말했듯이 몸의 긴장을 풀어 주어야 당신의 건강을 지키게 되요. 뿐만 아니라 정서적인 고통도 감소시킬 수 있죠. 많이 불안할 때 잠깐 자리에 앉아 이 호흡법이라도 해 보세요. 그러면서 지속적으로 이완된 몸의 편안한 느낌을 기억하세요. 처음엔 어색하지만 이 방법이 공포감을 줄이고, 불안할 때도 짧은 시간에 다시 평온함을 찾도록 도와줄 거예요."

대인관계에 관하여

"그녀에게 인정받을 수만 있다면 좋겠어요? 그럼 먼저 이걸 생각해 보았으면 해요. 당신이 그녀에게 꼭 인정을 받아야만 하는 이유가 무엇인가요? 그녀가 옳기 때문인가요? 아니죠, 그녀의 평가와 말들 중에는 편협한 내용도 많아요. 그럼 그녀가 당신을 괴롭힐 권리를 가지고 있기 때문인가요? 아니죠, 이 세상에 그런 권리를 가진 사람은 아무도 없어요. 그렇다면 무엇 때문인가요? 사실은 그녀뿐 아니라 그 누구라도 당신을 싫어하거나 비난하는 사람이 있어선 안 된다고 생각

이야기를 들어주는 심리학

하고 있진 않나요? 그런데 안타깝게도 이 일은 불가능해요.

사람들은 누구나 자기 중심으로 생각하고 느끼기 때문에 자신의 가치관과 잘 맞지 않는 대상은 항상 있죠. 물론 가능한 한 그런 사람과 갈등을 줄이려 노력하겠지만, 모든 사람과 갈등 없이 지내기는 불가능해요. 그런데 이 불가능한 일을 해야만 한다면 얼마나 힘들겠어요. 더구나 그녀는 지금 당신을 존중하려는 마음이 없잖아요. 당신을 존중하지 않는 사람에게서 인정을 얻어내는 건 더 어려운 일이죠.

상대방이 당신을 어떻게 대할지 선택할 권리를 가지고 있는 것처럼 당신 역시 상대방을 어떻게 대할지 선택할 권리를 가지고 있어요. 그러니까 당신과 상대방은 똑같은 존재적 가치를 가지고 있는 거죠. 이 선택권으로 당신은 자신을 존중하지 않는 사람을 거절하고 당신을 존중해 주는 사람과의 관계에 집중하며 살 수 있어요.

반대로 당신을 존중하지 않는 사람과의 관계에 집중해서 어떻게든 존중을 얻어내려 애쓰며 살 수도 있죠. 그런데 상대를 변화시킬 능력과 권리는 나에게 없다는 사실, 알고 있나요? 상대방은 스스로 원하기 전까지는 변하지 않아요. 내가 아무리 노력한다고 해도 말이죠.

그렇다면 지금 당신은 어디에 집중하고 있나요? 불가능한 목표를 위해서 상대방을 변화시키려 애쓰고 있지는 않나요? 무수한 좌절감과 상처를 겪으면서 말이죠. 물론, 당신도 그녀를 비난하고 맞붙어 싸우라는 말은 아니에요. 하지만 당신 주위엔 지금 당신을 이해하고 존중하는 많은 사람들이 있어요. 사실 그녀를 제외한 대부분의 사람들은 당신을 이해하죠. 그녀를 생각하는 시간의 반만이라도 그 사람들을 생각하고 관심을 기울이면 어떨까요? 좋은 친구들, 당신을 위로해 주는 든든한 선배들이 생기지 않을까요?

그녀 때문에 힘든 건 당연해요. 하지만 그녀의 '넌 능력 없어' 란 말을 '넌 잘하고 있어, 힘내' 라는 말보다 더 크게 생각하고 믿진 않나요? 그렇다면 당신은 격려해 준 사람보다 그녀를 더 신뢰하고 중요하게 여기는 거예요. 원하든, 원하지 않든 말이죠. 실제로 당신이 더 가치 있게 여기고 믿어 주고 싶은 사람이 그녀인건 아니잖아요?

그녀의 마음을 바꾸는 일을 일단 포기하기로 해요. 그 사람도 스스로 변화할 시간이 필요하니까요. 대신 당신의 마음을 바꿔 보면 좋겠어요. 당신을 존중해 주는 사람들을 소중하게 생각하고, 그 사람들의 말을 간직하세요. 그녀의 비난을 간직하는 대신 말이죠. 그리고 그녀 때문에 고민하는 대신, 그 사람들과 좋은 관계를 만드는데 시간을 써봐요. 같이 밥을 먹거나 일을 배우기도 하고, 조언을 듣기도 하면서 말이죠. 비록 불편한 사람이 있다는 아쉬움은 있지만, 당신은 주변에 좋은 사람들이 많은 직장에 다니고 있다는 사실을 깨닫게 될 거에요."

사랑에 관하여

"당신의 '오빠' 는 참 좋은 사람이군요. 당신이 조건 없이 기대도록 해 주는 것 같아 안심이 돼요. 물론 본인도 힘들고 피곤하겠지만 당신을 비난하지도 않고 넉넉히 받아 주는 걸 보니 가슴의 용량이 큰 사람이군요. 오빠에게 고마운 맘, 미안한 맘이 많죠? 힘든 상황 속에서도 오빠의 피곤을 걱정할 만큼 당신 안에 상대에 대한 존중이 있어 보기 좋네요.

그런데 '내가 부담을 주고 있어' 라고 단정적으로 생각하는 건 좀

이야기를 들어주는 심리학

안타까워요. 그렇게 서로를 배려하고 존중하는 사이잖아요. 그런 오빠를 '불만이 있지만 꾹꾹 참고 말 안하는' 음흉한 사람으로 만들다니요? 오빠에게 솔직히 한번 물어보세요. '미안해, 나 때문에 힘들 것 같아. 혹시 많이 힘든데 참고 있는 건 아냐?' 이렇게 말이죠. 그럼 상대방은 만일 정말 참고 있었더라도 걱정해 주는 당신 때문에 도리어 '괜찮아.' 라고 말하고 싶어지겠죠. 이런 게 바로 대화의 긍정적인 회전 방향이에요.

오빠도 피곤하고 힘들긴 하겠지만 멀리 있는 여자 친구에게 힘이 돼 주고 싶어서 더 노력하는 건 아닐까요? 그렇다면 당신이 '미안해, 말 안하도록 노력할게.' 라고 하는 것보다는 '고마워, 오빠 때문에 내가 견디는 것 같아. 오빤 정말 힘이 돼 줘.' 라고 말하는 게 훨씬 기쁠 거예요. 당신의 가치를 낮게 평가하지 말아요. 누군가의 짐이 될 존재는 아니에요. 도리어 오빠에겐 이 세상에서 유일한 사랑하는 여성이잖아요.

오빠가 힘들어한다면 함께 대안을 찾아봐야겠지만, 당신에게 힘이 되고 싶어 노력하는 거라면 감사하며 기꺼이 받아들이는 게 더 상대를 위하는 일이 아닐까요? 진실한 마음을 표현하고 물어보세요. 단순하게 '고마워, 짐이 될까 봐 미안해. 힘들지는 않아?' 이렇게 말하면 되요. 당신이 솔직해질 때 대화는 긍정적인 원을 그리며 발전해 갈 거예요.

당신은 이 문제를 잘 이겨 나갈 거예요. 울면서 전화해야 하는 밤도 이제 얼마 남지 않은 거죠. 이 시간을 그렇게 함께 잘 극복하고 나면 힘들 때도 함께해 준 상대에 대한 신뢰와 사랑이 쌓이죠. 그래서 다음에 한 쪽이 힘들어질 때도 더 잘 극복하는 한 쌍이 될 거예요. 그때 오빠의 힘이 되어 주세요. 그날을 위해서 지금은 내가 위로를 받는 거예요. 힘내요. 상대는 당신을 피해를 주는 걸림돌이 아니라 지켜 주고 싶은 연인으로 생각하니까요."

성공에 관하여

"사회생활 자체에 적응할 능력이 없는 건 아닐까 고민하던 당신의 말들이 생각나네요. 지금도 여전히 그런 생각이 드나요? 당신은 아직 그녀와 같은 상사와 잘 지낼 수 있는 기술이 부족할지도 몰라요. 하지만 그건 한 개인과의 관계문제일 뿐 사회생활 자체에 적응을 하지 못하는 문제는 아니죠. 당신뿐 아니라 많은 사람들이 까다로운 상사와 관계를 맺는 일을 힘들어하고 있어요. 하지만 대부분 사회생활을 잘하고 있잖아요.

당신이 원하는 원만한 관계와 유능한 직장생활을 위해 필요한 일은 오히려 그녀와 친하게 지내는 문제가 아니라고 생각해요. 당신이 소극적이고 의존적인 태도를 벗어나는 일이 더 중요하죠. 자신이 원하는 것을 요구하거나 협상하는 능력, 그리고 적극적으로 다른 사람의 도움을 구하는 능력을 키워 봐요.

당신은 기본적으로 실력이 있고 대인관계 기술도 있습니다. 그리고 대부분의 사람들에게 첫인상이 참 좋은 사람이죠. 그래서 직장 상사들이 당신을 뽑았잖아요. 그런 능력들은 사회생활을 하는 데 중요한 요소죠. 당신이 가진 장점을 갖지 못한 사람들도 많아요. 중요한 것은, 그런 당신의 능력을 주체적으로 활용하는 일입니다.

엄마에게 의존하는 동안에도 내 안에 있었던 진실한 욕구, 주체적으로 살고 싶은 욕구를 이제 실현해 나가는 당신이 되길 바라요. 그

이야기를 들어주는 심리학

길이 바로 당신이 원하는 사회생활을 잘 해가는 방법이라고 생각하니까요. 지금이 온전한 자신의 힘으로 문제를 해결하고 적응해 가는 첫 출발의 시간이잖아요. 업무능력은 당신이 열심히 공부하고 경험을 쌓아 간다면 자연스레 향상이 되는 부분이죠.

그보다 더 중요한 일은 이제 다른 사람에게 맞추기보다 내가 원하는 우선순위를 결정하고 선택하는 거예요. 이 일에 대한 비전과 기대가 있잖아요? 그렇다면 남에게 인정받기 위해서가 아니라 내가 하고 싶은 분야니까 열심히 해 봐요. 당신을 존중하는 사람들과 즐겁게 생활하고, 함께 문제를 해결하려는 의지가 있는 사람들과 협력하세요.

직장생활에 어려움이 있을 때 상사에게 문제를 이야기하고 개선을 요구하는 선택, 좋은 관계를 맺을 수 있는 동료들과 적극적으로 가까워지는 선택은 바로 자신의 몫이죠. 그리고 나를 비난하는 사람의 평가를 있는 그대로 수용하지 않기로 선택하는 것도 자신이에요. 객관적인 상황을 바라보고 나에 대한 긍정적 평가를 적극적으로 수용하세요. 나의 장점이 무엇인지 하나씩 발견해서 실수하더라도 잘 해낼 수 있다고 자신을 믿어 주세요. 바로 지금까지 우리가 함께 이야기해 왔던 일들을 하는 거죠.

더 이상 불안에 떨고만 있지 않기로 해요. 사실은 그만두지 못할 만큼 직장생활에 대한 욕심이 있잖아요. 기억하세요. 당신이 지금 여기서 중요하게 받아들이는 말과 상황들이 마음을 채운다는 것을. 당신의 삶을 만들어 가는 사람은 당신 자신이에요. 자신을 소중하게 가꾸고, 위로와 격려가 필요할 때도 적극적으로 요청해서 일어날 힘을 얻어요. 그 힘으로 다시 '나의 삶'을 용기 있게 살아가는 거예요. 당신이 그렇게 흔들리지 않고 직장생활을 건강하게 할 때, 그 모습을 그녀도 유능하고 힘이 있다고 느끼고 당신을 다르게 대할 거예요."

그 후의 이야기

창문을 내리자 바람이 상쾌하게 얼굴에 닿는다. 깊이 숨을 들이쉬면 가슴속까지 청량하다.

"춥지 않아? 아직 좀 쌀쌀한데."

"아, 오빠 추워?"

"아니, 난 괜찮은데. 안 추우면 잠깐 열어 놓자. 그래도 괜히 잘 놀고 감기 걸리면 안 되니까 춥다 싶으면 바로 닫아."

"응, 알았어."

기분 좋게 대답하고 다시 지나가는 창밖의 풍경들을 본다. 금방금방 쑥쑥 커져 내 옆을 휙 지나가는 나무들. 마치 성장과정이 찍힌 테이프를 빨리 돌려서 보는 것 같다.

"아, 역시 휴일이 좋다."

"그래, 직장생활하니까 빨간 날이 꿀 같지?"

"응, 시간이 흐르는 속도가 달라. 월요일이 제일 천천히 가고."

"완전 직장인 됐구나, 이제."

킥킥거리며 대화를 주고받다 문득 궁금했던 일들이 떠올랐다.

"근데 오빠. 있잖아, 옛날에 내가 힘들다고 맨날 새벽까지 전화하고 했었잖아. 그때 진짜 안 힘들었어?"

"피곤하지. 그래도 너가 그렇게 힘들어서 울고 하는데 내가 전화 끊고 자면 맘이 편하겠냐? 그리고 잠 못 자는 거보다 너가 고생하는데 내가 어떻게 해결을 못해 주는 게 더 힘들었어."

"우와, 감동이야. 진짜지?"

"너한테 거짓말 하겠냐? 당장 올라갈 수도 없고. 병원이라도 데리고 가야 되나, 월차를 쓸까, 별 생각을 다했다니까."

"호호, 기특해."

"그러니까 잘해. 나 같은 사람이 흔하냐?"

"알았어, 알았어."

장난스럽게 으쓱대는 오빠의 어깨를 토닥이며 새삼 고마움에 맘이 따뜻하다.

"…… 그래도 너 팀장 찾아가서 얘기하고 했을 때는 나도 놀랐어. 맨날 울고만 다닐 줄 알았더니 그런 용기도 내고."

"아, 그때 장난 아녔어. 얘기하러 들어가서는 펑펑 울고, 힘들어서 일 못할 것 같다고 속에 있는 거 다 말하고. 으아! 지금 생각하니까 엄청 쪽팔려."

"그래도 말한 게 어디야. 그리고 네 직장도 좋은 곳이야. 그런 거 다 들어주고 인사이동도 시켜 줬잖아."

"응, 내가 불쌍하니까 봐준 거지 뭐. 팀장님도 이사님도 좋아. 그때 나보고 막 뭐라 하고 했으면 진짜 그만두는 거 말고 방법이 없었을 거야."

그날, 힘든 거 이해한다며 방법을 찾아보자고 격려하던 팀장님이 얼마나 고마웠는지.

"그래서, 그때 그 사람이랑은 요즘에 잘 지내?"

"어, 업무 바뀌고 부딪힐 일 없어지면서 잘 지내. 요즘엔 잘해 주더라. 진짜 이상한 사람이야. 난 아직 종잡을 수가 없어."

"살다 보면 한번씩 그런 사람 꼭 있잖아. 다 이해 안 해도 돼. 너랑 안 맞는 사람도 있는 거잖아."

"그래, 맞아. 그 사람도 좀 불쌍해. 별로 좋아하는 사람도 없고 이젠 좀 외로워 보이더라."

"오, 여유가 생겼는데. 이젠 일 좀 한다 이거지?"

"나도 한다면 한다고. 나 진짜 유능하거든. 언제까지나 그대로일 줄 알았어?"

거만한 표정을 짓는 나에게 '그래, 너 잘났다' 하고 웃는 오빠의 눈이 '대견해' 라고 말하는 듯하다.

휙, 다시 커다란 나무가 창밖을 지나간다. 저 끝에 점처럼 작아 보이던 나무가 쑥쑥 자라며 달려와 내게 '잘했어' 손 흔들어 주는 느낌. '잘했어, 잘했어' 계속 자라나는 나무들의 칭찬이 바람을 타고 상냥하게 얼굴을 스친다.

"오빠, 이 근처 경치 좋은데 우리 잠깐 세울까?"

"그래? 알았어."

달려와 내 곁에 선 나무를 오늘은 한번 안아 보고 싶다. 토닥토닥, 그래, 참 잘했어. 그렇게 속삭이면서.

이야기를 들어주는 심리학

"자, 오늘 신씨네 갈비에서 일곱 시 집합. 안 오는 사람은 나랑 얼굴 안보는 걸로 알 테니까 알아서 들 해."

오후 다섯 시. 부장이 우렁찬 목소리로 엄포를 놓고는 사라진다.

또 오고야 말았다. 죽기보다 더 싫은 회식자리.

'오늘 학원가야 하는데……'

손톱을 질겅질겅 깨물며 고민하다 이내 포기한다. 김 부장은 말뿐만 아니라 정말로 회식에 빠지는 사람은 자신에게 반항하는 직원 취급을 한다. 아무리 싫어도 돌리는 술잔이나 2차까지의 동행은 거역할 수 없는 의무사항인 것이다.

'어차피 계약직이라고 신경도 안 쓰면서……'

울컥 억울함이 치민다.

하는 일, 근무시간 무엇 하나 다르지 않아도 보이지 않는 벽이 있다. 계약기간이 끝나면 나갈 사람이니 그렇겠지. 2년까지만 계약한 후는 재고용하지 않는다는 사실을 아무도 말하지는 않지만 누구나 알고 있다. 게다가 처음에 1년 계약으로 들어온 나는 재계약하게 되면 1년밖에 더 일을 못한다. 그러니까 올해 내 계약기간이 끝나고 나면 재계약하지 않고 새로운 사람을 뽑으려 할 것이다. 1년 후 또 뽑으려면 귀찮으니까!

'그런데도 왜 이런 회식자리는 일일이 끌려 다녀야 되는 거야.'

답답하다. 이곳에서 난 정말 하나의 부품 같다. 그 자리에서 열심히 뱅글뱅글 돌다가 기간이 다 되면 교체돼 버리는 부품. 최선을 다해서 일하고 있지만 소외당하는 느낌 때문에 늘 외롭다. 친밀함도 없는데 잦은 회식이나 익숙해지지 않는 여러 행사에 억지로 맞춰야 하는 것이 고역이다.

"자자, 일들 일찍 마무리하고 늦지 않게 나갑시다."

"휴우……"

과장의 목소리에 원망스럽게 부장실 문을 한번 노려보고는 어쩔수 없이 책상 위로 얼굴을 묻는다.

오늘도 아침에 늦잠을 잤다. 뼈마디가 간밤에 싸우기라도 한 듯이 제각각 삐걱거린다. 빨랫줄에 걸린 옷마냥 축 늘어지는 무거운 몸. 입맛은 하나도 없었다.

방문을 열고 무겁게 나갔지만 가족들 중 누구 하나 말을 걸어오지 않는다. 내가 직장에 지각할지도 모른다는 사실에 관심을 기울이는 사람은 아무도 없었다. 벌써 자기들끼리 아침을 먹고 식탁까지 깨끗이 정리했군. 부모님과 동생은 마치 눈앞의 내가 투명인간이라도 된듯이 각자 무심히 자신들의 할 일을 하고 있었다.

욕실 거울 앞에 서보니 얼굴이 핼쑥하다. 그새 살이 더 빠졌다.

"아, 몸이 안 좋아. 오늘 회사 안 나가면 안 될까?"

혼자서 중얼거리다 이미 이번 달 월차를 써 버린 것을 기억해 냈다. 게다가 부장은 요즘 일하려는 마음이 없는 것 같다고 어제 왠지 눈치를 주는 듯했다. 물론 모두에게 한 말이지만, 나 들으라고 하는 것 같아 가슴이 철렁했다.

'하고 싶었던 일도 아니었어. 적성도 안 맞는데 이 이상 어떻게 잘

　　　　　　　이야기를 들어주는 심리학

하라는 거지?'

난 원래 통역사가 되고 싶었다. 대학시절 독하게 공부해 우수한 성적도 올렸다. 인턴으로 들어갔던 외국계 기업에서는 너무나 고되고 피곤했지만 가슴은 날마다 두근거렸다. 누구보다 열심히 했고 실력을 인정받을 때는 정말 즐거웠다.

'결국 인맥이 없어서 최종 고용에서 떨어졌지만……'

사실은 어떻게 어떻게 간부급과 다 연결이 되어 있었던 두 명이 선발된 것을 알게 된 그날, 나의 노력과 열심히 쌓은 실력이 허무하게 무너졌다. 울고 억울해해도 힘이 없는 나에겐 방법이 없었다.

'거기서도 난 그냥 구색 맞추기용 인형이었어 ……'

눈가가 화끈해져 황급히 수도꼭지를 틀었다. 차가운 물에 얼른 씻어 보내는 나의 억울함, 분노, 슬픔……. 개수대 안으로 빨려 들어가는 물줄기의 몸부림치는 여울을 멍하니 바라보고 있으려니, 더욱 회사에 가고 싶은 마음이 없어지는 것만 같았다.

욕실 문 앞에서 마주친 동생이 툭 던지듯이 말한다.

"누나는 그렇게 만날 늦고도 회사 안 짤려?"

네가 언제부터 내 걱정을 해줬다고!

"니가 걱정 안 해도 내가 알아서 해!"

"흥."

코웃음 치며 욕실로 들어가 버리는 동생에게 한 바가지 욕이라도 쏟아 붓고 싶었다. 하지만 그 이상으로 왜소해지는 나 자신. 이렇게 살아선 안 되는데 나도 내가 싫다. 하루하루를 마치 끌려가듯 살고 있는 모습이라니.

"내가 언제부터 이랬지 ……."

일의 재미도, 삶의 활력도 못 느낀 것이 일 년이 다 되어 가고 있다. 점점 빛을 잃고 회색 톤이 되어 가는 일상. 외국계 기업에서 상처를 받고 나온 그날 이후, 무엇을 해야 할지 몰라 방황하다 조금은 될 대로 되라는 심정으로 지금의 회사에 지원했다. 내가 꿈꾸던 삶과 다른 일, 다른 환경, 다른 사람들 …… 이곳 정도면 좋은 직장이라고 자신을 위로하기도 했지만……

난 외롭다. 성실하고 실수 없이 일해야 한다는 생각에 열심히 하루하루 버텨 봐도 보람이 없다. 내가 아니라 누구라도 상관없겠지, 이 재미없는 업무를 메워 주기만 한다면. 결국 같은 공간에 있는 누구도 내게 관심을 가져 주지 않는다. 다만 착실히 역할을 해주고 있으니 무심한 안도감을 느낄 뿐.

'내가 얼마나 괴로운지, 우울한지는 아무도 관심이 없어 ……'

회사에 가기 싫다.

차마 미련을 다 놓지 못하고 조금씩 공부하고 있는 어학도 부족한 시간 때문에 딱딱한 화석이 되어 가고 있다. 점점 바보가 되며 기계적으로 반복하는 생활. 그러나 그만둘 수는 없다. 날 무시하고 관심도 없는 이 집에서 돈마저 벌지 않는다면 내가 견디지 못하니까.

화장기 없는 얼굴로 집을 나선다. 까탈스러울 만큼 약속을 지키거나 맡은 책임을 중요하게 생각했던 것 같은데, 어느새 난 매일 늦잠을 자는 사람이 되어 있다.

이야기를 들어주는 심리학

멀리서 빨갛게 불을 켜고 달려오는 택시를 향해 무거운 팔을 들며 오늘도 습관처럼 중얼거린다.

"…… 내일은 아침에 안 깨어나면 좋겠다."

마 주 보 기

"직장생활에 의미가 없어요. 혼자 동떨어진 느낌이고 제가 아무것도 아닌 것 같아요. 일도 적성에 맞지 않고요. 이렇게 살아야만 하나요? 삶이 너무 외롭고 즐겁지가 않아요."

나의 성공

"직장에서 난 그냥 부속품 같아요."

"내가 무가치하다는 느낌을 많이 받으시는군요. 그래서 일을 아무리 성실히 해도 아무런 보람을 느끼지 못하나 봐요. 난 어차피 갈아치워질 존재, 누구하나 아쉬워하거나 꼭 필요로 해 주는 사람이 아니라는 생각이 너무 슬퍼 보여요. 계약직이라는 당신의 상황이 더욱 소외감을 느끼게 하는군요. 그러니 일도 재미가 없겠어요. 더구나 정말로 하고 싶었던 분야도 아니니까요. 사실 당신이 직장에서 받고 싶은 메시지는 '넌 꼭 필요한 존재야. 네가 있어 줘서 우리가 잘 해갈 수 있어.'라는 말일지도 모르겠어요. 바로 당신이라는 사람 그 자체가 필요하다는 메시지죠. 그런데 당신이 실제로 받는 느낌은 '어차피 곧 나갈', '누구나 할 수 있는' 일을 하는 사람이라는 메시지군요. 그곳에 앉아 있으면 자신이 한없이 작아지고 가벼워지는 느낌이겠어요. 더구나 그런 고민을 털어놓을 사람 하나 없었으니까요.

맡은 책임을 중요시하는 성실한 당신이기 때문에 적성에 맞지 않아도 열심히 해 왔겠죠. 그런데 최근엔 점점 일할 의미도, 보람도 없어지고 늦잠마저 계속 자게 되니 더욱 속상하죠. 자신도 스스로 가치 있다고 느끼기가 어려운 거죠.

당신이 하고 싶었던 일, 살고 싶었던 삶이 좌절된 그 사건도 가슴이 아프네요. 게다가 지금 당신이 느끼는 무가치함이 그때의 상처와도 비슷한 느낌이 들어 더 안타깝네요."

나의 가족

"나의 가족들은 나에게 관심이 없어요. 동생만 귀하게 생각하죠."

"이 가정 속에서 '투명인간 같다' 고 표현한 당신의 이야기가 안타까워요. 몸이 무겁고, 식사조차 제대로 하지 못하는데 관심을 가져 주는 사람이 없군요. 그동안 이렇게 계속 자라 왔다면, 얼마나 외롭고 서러웠을까요. 더구나 곁에 나오는 다르게 관심을 받고 친밀하게 지내는 동생이 있었잖아요.

순간순간 자신과 얼마나 비교가 되었을까요? '난 가치 없는 인간이야.' 라는 생각이 안 들기가 어려웠을 것 같아요. 더구나 동생이 당신을 대하는 모습 속에 걱정이나 애정보다는 '왜 그렇게 사냐.' 라는 비난의 메시지가 들어 있는 듯해서 화가 나는군요. 당신보다 어린 동생이 당신을 이렇게 생각할 정도면, 그동안 부모님이 당신을 대했을 태도는 상상이 가요. 아이들은 부모님의 생각을 그대로 받아들이며 자라니까요.

어릴 때부터 가정이 늘 이런 분위기였다면 가족들은 당신의 몸 상태나 감정변화에 관심이 없었겠어요. 당신이 힘들거나 아플 때 인정해 주는 반응을 보이기보다는 '쟤가 그렇지.' 하는 식의 방관적인 반응을 보이진 않았나요? 그랬다면 당신도 어느새 '나는 중요한 존재가 아니야.', '내가 느끼는 감정들은 거추장스러울 뿐이야.' 라는 생각을 갖고 있겠군요. 순간순간 존중받아야 할 당신의 존재가 가족들과 자신에게까지 소외받고 있으니, 정말 안타까워요."

나의 생각

"지금 난 제대로 살고 있지 못해요."

"당신은 그동안 참 열심히 살아왔고, 또 그렇게 살아야만 한다고 생각하고 있군요. 그래서 지금 모습이 자신의 기준에 맞지 않아 답답한가 봅니다. 당신이 살아남기 위해서 그동안 얼마나 노력해야 했는지 느껴지는 듯해요. '나'라는 존재 자체가 소중하고 인정을 받는 것이 당연하다고 느끼지 못했군요. 그래서 '이만큼은 해야 해'라는 높은 기준을 세우고 인정받는 존재가 되기 위해 끊임없이 노력해야만 했나 봐요.

삶이 얼마나 피곤했을까요. 원하던 일도 아니고 지지해 주는 환경도 아닌 곳에서 일하면서 지친 당신이 보여요. 전 그런 당신을 좀 안아 주고 다독여 주고 싶네요. 그런데 당신은 기준에 미치지 못하는 자신을 못마땅해하고 있군요. 사실 '잘 해야만 살 수 있다' 는 생각은 어릴 때부터 쌓여 온 잘못된 주변의 반응 때문에 생긴 것인데도 그것을 굳게 믿고 있는 모습이 안쓰러워요. 당신은 지금 제 앞에 있는 이 존재 자체로 참 아름다운데 말이에요."

나의 감정

"슬프고 외로워요. 하루하루 살아가는 일이 힘들고요."

"그래요, 많이 외롭겠어요. 당신의 이야기를 듣고 있으면 아무도 날 바라봐 주지 않는 세상에서 살아가는 듯 느껴져요. 그냥 가만히 있으면 누군가의 발에 치여 사라져 버릴 듯한 느낌이에요. 그래서 조금이라도 존재가치가 있다는 걸 증명하려고 열심히 살았군요. 내가 원하는 걸 즐겁게 하는 삶이 아니라 살아남기 위해 투쟁하는 삶이었으니 얼마나 힘들었을까요.

매일매일이 무거워서 우울해지고 말았겠어요. 세상은 정말 내가 누리고 살아갈 곳이 아니었군요. 그런 세상이니 살고 싶지가 않죠. 그런데 제게는 그런 슬픔과 힘겨움뿐 아니라 당신이 겪어야 했던 무가치감에 대한 분노도 보이네요. 그리고 이 감정이 있어서 다행이에요. 화가 난다는 말은 그렇게 대우받기 싫다는 당신의 욕구표현이니까요.

부당하다고, 나도 존중을 받아야 한다고 생각하는 힘이 당신 안에 있군요. 동생이 당신을 비난했을 때 화가 났었죠. 능력이 있음에도 당신을 뽑지 않은 사람들에게 화가 났고요. 지금도 계약직이라고 중요하게 생각하지 않는 회사에 불만을 느껴요. 그래요, 그렇게 느끼는 것이 당연해요. 지금 비록 슬퍼하고 힘겨워하고 있지만 사실은 당신도

이야기를 들어주는 심리학

원하는 일을 하며 존중받고 살길 원하니까요."

나의 행동

"회사에 가고 싶지 않아요. 자꾸 눈치만 보게 되고요."

"이해가 되요. 회사가 즐겁지 않아서 자꾸 쉬고 싶군요. 지각할 상황인데도 멍하니 생각에 빠지거나 서두르려는 의욕이 없네요. 가 봐야 소외감이 들고 일도 무의미하게 느껴지니 피하고 싶겠어요. 그렇게 싫은 직장인데도 업무가 아닌 회식 자리를 빠져나오지도 못하고 그냥 참석해야 하니 얼마나 답답했을까요. 부장이 날 지적해서 한 말은 아닌지 신경도 써야 하고요. 힘든 마음을 이해받진 못할망정 지적받지 않으려고 노심초사해야 하니 더 피곤하죠.

당신이 손톱을 깨무는 습관을 보면 많이 불안한가 봐요. 그곳이 맘에 들지 않는데도 성실하게 행동하고 싶은 욕구가 있군요. 지적당하지 않길 원하고, 눈치를 보는 당신의 모습을 보면 그런 마음이 느껴지네요. 참 성실한 사람이군요. 그런데 그것 때문에 혹시 두 배로 힘들진 않을지 걱정스럽기도 해요. 힘든 직장인데 인정까지 받아야 하니까요. 몸도 마음도 따라 주질 않으니 그게 당신을 더 초조하게 만들겠어요.

단지 돈을 번다는 목적 외에는 의미가 없는 생활이 사실은 싫죠. 그래서 그렇게 에너지가 없는데도 어학을 포기하지 않고 시간을 쪼개어 공부하려고 노력하는군요. 당신의 삶 속에서 의미를 찾으려고 노력하는 모습이 희망으로 느껴져요."

나의 몸

"아침에 일어나기가 힘들고 살이 계속 빠져요."

"제가 그냥 보기에도 많이 여위어서 안쓰러워요. 이렇게 약해 보이는 몸으로 그 많은 스트레스를 어떻게 감당해 내고 있었는지 신기할 정도예요. 체력이 딸려서 아플 때도 많았을 텐데 지금까지 잘 버텨왔군요. 한편으론 그렇게까지 자신을 몰아세워야 했던 당신이 안타깝기도 해요. 습관처럼 아침을 거르고 있네요. 게다가 먹는 게 별로 즐겁지 않나 봐요. 체중이 줄어들 만도 해요. 먹기도 싫어하고, 아침에 일어나기도 싫어하는 당신의 몸이 뭐라고 이야기하고 있다고 생각하나요? 먹고 자는 건 우리 인간의 생존을 위한 기본적 행위죠. 제겐 당신의 몸이 '살기 싫다'고 말하고 있는 듯해서 걱정스러워요.

낮아진 체력에 오늘 하루도 힘들 뿐이라는 인식이 있으니 몸은 당연히 아침에 일어나는 걸 거부하겠어요. 또 하루 고통이 반복될 뿐이잖아요. 그런 긴장감과 불안이 있으니 잠을 깊이 자기도 어려웠겠군요. 그러니 자꾸 수면시간이 길어지죠. 아침에도 개운하지가 않고요. 그런 몸을 이끌고도 월차를 제외하고는 결근 한번 하지 않고 살아온 당신의 정신력이 대단해 보여요. 정말 애를 써 왔겠군요. 하지만 이제 당신의 몸이 하는 이야기를 좀 들어줬으면 해요. 제겐 지금 이렇게 지쳐 여윈 당신의 몸이 도움이 필요하다고 신호를 보내고 있다고 생각이 되니까요."

나의 대인관계

"회사 사람들은 나에게 관심이 없어요."

이야기를 들어주는 심리학

"그래요. 늘 업무적인 역할만 요구받을 뿐, 아무와도 마음을 나누지 못해서 많이 외롭군요. 다가가려 해도 계약직이라는 그 벽이 느껴져서 쉽지 않았나 봐요. 일하는 동안도 늘 떠날 사람이라고 의식하고 살아야 한다니, 얼마나 쓸쓸할까요. 떠날 사람이니까 아무도 깊은 관계를 원하지 않을 거라는 생각이 정말 슬퍼요. 일 년이라는 긴 시간을 외롭게 보내야만 하는 것이 계약직의 의무도 아닌데 말이죠. 그런 걸 만들지 않았더라면 더 좋았을 텐데, 계약직이라는 사실이 서럽고 화가 났겠어요.

게다가 당신이 외로움을 느끼는 곳은 회사만이 아니잖아요. 안타까워요. 당신이 가정에서 겪는 그 소외감이 회사에서도 그대로 반복되고 있으니까요. 집에서도 당신은 혼자 동떨어진 느낌, 무가치한 느낌을 받고 있잖아요. 어딜 가도 친밀함을 느끼지 못한다니 슬픈 일이에요. 당신의 마음을 알아주고 공감해 줄 사람이 있기를 사실은 늘 바라 왔겠어요."

나의 여가생활

"삶이 즐겁지가 않아요."

"지금 삶은 의미도 없는 생활을 지속해야만 하는 잿빛 시간의 나열이군요. 즐겁지가 않다는 당신의 말이 충분히 공감이 가요. 당신을 행복하게 해 주는 일들이 많이 없으니까요. 외롭고, 보람 없는 생활만 이어지니 얼마나 힘들까요. 회사에서 여러 소소한 이야기를 나눌 동료도 없잖아요. 모처럼 휴일이 되면, 지친 몸을 추스르느라 잠자기 바쁘지 않을까 걱정도 되요.

하지만 당신도 항상 이런 삶만 살았던 건 아니죠. 매일 가슴이 두 근거리던 시간이 있었잖아요. 내가 정말 하고 싶은 일을 할 때 행복했던 기분을 다시 느껴 보고 싶겠어요. 일이 고돼도 그땐 삶이 생생하다고 느꼈잖아요. 인정을 받는 기쁨도 있었죠. 지금 생활이 많이 힘들지만 어학을 계속 놓지 않으려 하는 걸 보면 즐거운 삶을 다시 찾고 싶다는 열망이 느껴져요."

안아주기

가족에 관하여

"오래전부터 가족이 이렇게 동생을 더 아끼고, 당신을 그냥 잊힌 아이처럼 대해 왔다면 외로움과 무가치감은 늘 당신을 괴롭혔겠어요. 단지 정도의 차이만 있었겠죠. 당신의 가정 속에서 만들어진 '넌 중요한 사람이 아니야.' 라는 메시지는 거짓말입니다. 사실 그건 부모님의 부족함과 허물 때문에 생긴 거니까요. 안타깝게도 우리의 부모님도 연약한 인간이기에 이런 가슴 아픈 일이 생깁니다.

자녀를 똑같이 사랑하고 동일하게 대해야 마땅하지만, 그 일을 정말 잘하는 사람들은 많지 않죠. 그렇기에 지금 당신이 느끼는 무가치감은 당신의 잘못이 아닙니다. 단지 어릴 때부터 깨진 거울에 자신을 비춰 보면서 잘못된 모습을 나라고 믿었을 뿐이죠. 다만 그 잘못된 믿

이야기를 들어주는 심리학

음을 앞으로도 계속 품고 갈지에 대한 선택은 당신 책임입니다.

처음부터 그런 그림을 보지 않았다면 더 좋았겠죠. 이런 힘든 마음을 안겨 준 부모님을 원망한다 해도 충분히 이해가 갑니다. 더구나 아직 나에게 미안하다는 말 한마디 하지 않는 부모님이라면 더욱 원망스러울 거예요. 전 부모님을 비난해선 안 된다고 당신의 입을 막고 싶진 않습니다. 억울하고 서러웠던 마음들을 토로하셔도 좋아요. 당신이 그 마음을 털어놓지 못하는 동안은 부모님을 이해하지도, 용서하지도 못할 테니까요. 그때 소외당해야만 했던, 무시당해야만 했던 아픈 마음들을 이야기해 주세요. 당신의 슬픔을 함께 나누고 싶어요.

당신이 이렇게 가슴이 아프고 화가 나는 이유는 그런 대우가 부당하다고 생각하기 때문이죠. 자신을 그렇게 무가치한 존재로 생각하고 살고 싶지 않잖아요. 저도 당신이 계속 그런 자아상으로 살길 바라지 않아요. 당신은 저와 동일한, 어떤 면에서는 더 나은 능력을 가진 고귀한 사람이니까요. 그 진실을 당신이 믿게 되었으면 좋겠습니다. 그렇다면 우리가 어떻게 하면 될까요? 아까 말했듯이 지금까지의 소외감은 당신의 잘못이 아닙니다.

어린아이는 살아남으려면 부모에게 의존해야만 하는 연약한 존재죠. 그리고 하얀 도화지 같아서 처음으로 경험하는 여러 반응들을 '세상'이라고 생각하면서 하나씩 그려 갑니다. 그게 옳은지 그른지는 어린아이가 판단하지 못하죠. 부모가 맞다고 하면 그렇게 믿는 겁니다. 그리고 우리는 평생 그 그림을 마음의 지도로 간직하고 살아갑니다.

그래요, 이미 한번 익숙해진 믿음을 버리고 새롭게 그림을 그려야하는 일이 쉽지는 않죠. 오랜 시간이 걸릴지도 모릅니다. 그래도 지금 여기서 당신은 선택할 수 있습니다. 지금의 자아상을 계속 간직한 채 부모님을 그저 원망하며 평생을 살아갈지, 아니면 이 그림이 거짓말임을 인정하고 다시 진정한 자아상을 찾으려 노력하며 살아갈지를 말입니다. 솔직히 처음엔 후자가 익숙지 않고 힘들게 느껴질지도 모릅니다. 그럼에도 당신이 후자를 선택한다면, 전 기꺼이 당신을 돕고 싶습니다. 왜냐하면 결국 당신이 행복해지는 길은 그 길이라고 믿기 때문입니다. 그러나 그 선택은 당신의 몫입니다. 이 삶의 주인은 당신이니까요.

이제 존귀한 사람으로 살아가고자 한다면, 어떻게 해야 할까요? 먼저 나를 존중하지 않는 태도를 거절해야 합니다. 동생이 당신을 무시한다고 느낄 때, 기분 나쁘니 그렇게 하지 말라고 분명히 말하세요. 싸우게 되더라도, 적어도 당신이 그런 태도를 그냥 참지 않는다는 사실을 동생이 아는 건 중요합니다. 동생의 태도를 한꺼번에 바꾸진 못하겠죠. 그래도 작은 영역부터 반복적으로 거절하는 연습을 한번 해 보기로 해요. 당신을 무시하려 할 때 마음에 부담감이 들도록 말이죠. 동생을 비난하고 같이 감정적으로 싸우라는 말이 아닙니다. 당신을 존중하지 않는 말은 단호하게 거절하고 마음에 받아들이지 않는 거죠.

그리고 가족들에게 당신을 존중해 달라고 요청해 보세요. 무척 어렵게 느껴지죠? 처음부터 많은 일을 할 필요는 없습니다. 한 가지 영역부터 시작해 봅시다. 예를 들어, 아침식사는 어떨까요? 당신을 제외한 가족들이 모두 함께 식사하고 있다면 '나도 같이 아침을 먹겠다'고 요청해 보세요. 아침식사를 할 때 당신도 챙겨 주길 요청하는 거죠. 적어도 식사 전에 나를 깨워 달라고 요청하세요. 당신도 동생과

이야기를 들어주는 심리학

같이 차려진 아침식사를 받을 권리가 있음을 기억하길 바라요. 그 부분부터 공평하게 대해 주길 한번 요청해 봐요. 가족들도 당신이 막상 그렇게 말하면 대놓고 '넌 빠져'라고 말하지 못할 겁니다. 그렇게 지금 가정에서 조금씩 당신도 존중받기 원한다는 걸 표현했으면 해요.

처음엔 분위기가 어색하고 불편하겠죠. 그러나 당신이 잊힌 아이로 그냥 있지 않겠다고 표현을 할 때, 비로소 가족들도 변화의 필요성을 느낄 거예요. 그리고 무엇보다 당신이 스스로 존중을 받아야 할 존재라는 걸 알아 가는 일이 가장 중요해요. 자신을 존중하기 시작할 때 다른 사람들도 당신을 존중해야 한다는 필요를 느끼게 되니까요.

그렇게 당신의 그림이 조금씩 달라지기 시작하면, 언젠가 당신 눈에도 부모님이 단지 한 사람의 연약하고 상처 많은 인간으로 보일 날이 올지도 몰라요. 지금 당장은 생각하기도 싫죠? 괜찮아요. 먼저 천천히 나 자신을 사랑하고 존중하기부터 해요. '용서'는 진정으로 존재적 여유를 누리는 사람에겐 어려운 일이 아니니까요. 힘을 내세요."

생각에 관하여

"지금 당신이 생각하고 있는 자신의 모습과 실재 당신의 모습엔 많은 차이가 있음을 알고 있나요? 당신은 지금 자신이 게을러졌고, 삶을 제대로 못살고 있다고 생각하죠. 하지만 실제로 당신은 그만큼 힘들고 상처 받은 상황에서도 꿋꿋이 직장에서 맡은 책임을 다하려 최선을 다하고 있는 성실한 사람이에요. 힘들어 죽을 지경인데도 업무를 펑크 낸 적도 없고, 당연한 듯이 계약기간 동안은 일한다고 생각하고 있을 정도니, 상당한 실력이죠. 그런데도 자신을 비난하는 이유는 진짜 자신을 보기보단 어릴 때부터 쌓여 온 다른 사람들의 메시지를 믿기 때문이죠.

생각을 해 봐요. 당신은 그곳의 회식문화가 힘들지만 일 년이 다 되어 가도록 불평 한번 하지 않고 참석해 왔잖아요. 이런 노력은 아무 것도 아닌가요? 누가 당신이 열심히 노력하며 지키는 것들이 가치 없다고 말했나요?

가만히 들어보면 그 메시지는 지금 당신의 가슴속에서 들려오죠. 당신의 가슴속에는 늘 '좀 더 해야 해.'라는 목소리가 들어 있는 듯해요. 우리는 이런 메시지를 '신념'이라고 하죠. 어릴 때부터 쌓여 온 다른 사람들의 유언, 무언의 메시지들이 당신 안에서 믿음이 된 거예요. 그런데 이 세상에 완벽한 사람은 없죠. 모두 객관적인 메시지보다 각자의 편견과 왜곡이 있는 메시지를 다른 사람에게 보내는 경우가 더 많아요. 당신의 부모님을 보아도 그래요. 어린아이였던 당신이 부모님의 애정과 인정을 받기 위해 아무리 애를 써도 늘 만족스럽지 못했겠죠. 그분들은 동생에게 더 관심이 집중되어 있었으니까요.

그런 부모님의 모습은 당신에게 '넌 우리의 사랑을 받기에 뭔가 부족해.'라는 메시지를 보낸 거죠. 그럼 당신은 부족한 부분을 채우기 위해 '좀 더 노력해야 해.'라고 믿게 되지 않았을까요? 그런데 우리 객관적으로 이 어린아이를 살펴봐요. 정말 이 조그만 아이가 사랑을 받기에 뭔가 부족해서, 노력하지 못해서 애정을 못 받은 건가요? 그리고 더 노력한다면 과연 원하는 만큼 사랑을 받을까요?

아니죠. 아마도 부모님이 관심을 돌려서 이 아이를 주목해 주지 않는 한, 아무리 노력해도 아이는 원하는 인정을 받지 못했겠죠. 그런

이야기를 들어주는 심리학

데 이 아이는 애정을 받지 못한 것은 나의 책임이라고 생각하게 되요. 그래서 영원히 끝나지 않는 '좀 더 노력해야 해'를 믿게 되고 말죠. 그럼 이 메시지는 사실인가요? 답은 '아니요' 이죠.

당신이 계약기간 동안 힘들지만 열심히 일하길 원한다면 그건 책임감 있는 선택이에요. 회식과 각종 행사를 참여하려 애쓰는 모습도 당신이 회사의 사풍을 존중하기 때문이죠. '어차피 그만둘 텐데' 그런 생각으로 대충 살아가도 되는데 말이죠.

당신이 지금 살고 있는 모습만으로도 훌륭해요. 당신은 마음과 정성을 들여 지금 삶을 충실히 살고 있어요. 그걸 인정을 받는다면 지금 살아가면서 힘든 부분도 좀 더 견뎌 볼 힘이 날 텐데, 날마다 비난 일색이니 더 힘이 빠지는 건 아닐까요? 그런데 그 비난을 회사에서 실제로 누군가에게 들어본 적이 있나요? 비난하는 것 같다는 느낌이 아니라 실제로 비난받아 본 경험 말이죠. 정말은 누가 비난하고 있나요?

그래요, 우린 아마도 자신에게 가장 많은 비난을 받으며 살 거예요. '좀 더 노력해!' 이렇게 말이죠. 그런데 아까 말했듯 이 메시지는 거짓말이에요. 그렇다면 더 이상 이 메시지가 우리 삶 속에서 설치게 두지 말기로 해요. 언제까지 거짓말을 믿고 살순 없잖아요.

그럼 어떻게 하면 되냐고요? 제가 제안을 하나 할게요. 여기 작은 포스트잇을 줄게요. 그리고 노란 고무줄도 하나 있어요. 지금부터 이 작은 포스트잇에 매일 한 장씩 나를 칭찬하는 편지를 써 주세요. 길지 않아도 돼요. '택시를 타고서라도 지각하지 않고 회사에 오려고 노력했구나. 잘 했어.' 이렇게 말이죠. 부끄러워하지 말아요. 당신과 저 단 둘만 볼 거니까요. 그리고 이 고무줄은 뭐냐고요? 팔찌예요. 물이나 땀에도 변색되지 않는 고급이랍니다! 이걸 팔에 늘 걸고 있으면서 '왜 이렇게 밖에 못살지?' 나 '더 잘해야 해, 이것밖에 못하다니' 같은 생각이 들면 튕기세요. 그 생각을 즉시 멈추고 '아, 내가 또 이렇게 생각했구나' 라고 알아차리는 연습을 하기 위해서입니다.

이 흰 종이 위에 날마다 그날 분의 메모지를 붙이고 옆에는 오늘 고무줄을 튕긴 횟수를 한번 써 보는 거예요. 퇴근하기 5분 전에 해 봐도 좋고 자기 전에 해도 괜찮아요. 목표는 메모지를 날마다 붙이고 튕기는 횟수는 점점 줄이는 거죠. 해 보겠어요?

어린아이 같은 숙제이지만 이 방법을 꾸준히 해 보면 내가 하는 비합리적인 생각이 선택일 뿐이라는 걸 느끼게 되죠. 그리고 조금씩 신념이 바뀌어 가요. 부디 우리 같이 노력해 봐요. 당신을 행복하게 만드는 힘은 무엇보다 자신에 대한 건강한 믿음에서 나오니까요."

감정에 관하여

"전 당신이 계약직이라 받는 차별에 억울함을 느끼거나, 동생의 말에 화를 내기도 해서 참 다행이라고 생각해요. 그 속상해하는 당신에게는 단순한 무력함이 아닌 힘이 느껴지거든요. 바로 존중받고 싶다는 욕구의 힘이죠. 물론 당신이 무분별하게 분노를 터트리면 좋겠다는 말이 아니에요. 단순히 살기 싫고, 누군가에게 치여 사라질 듯한 자포자기의 상태가 아님을 느끼기 때문에 좋다는 거죠.

당신에게 세상은 늘 투쟁해야 하는 긴장감과 존재의 위협을 받는 불안의 연속이었어요. 기뻐하고 행복할 일보다 슬프고 외롭고 피곤한 일이 훨씬 많았죠. 그랬으니 내일에 대한 기대감이 줄어들 밖에요. 오늘만큼 힘든 삶이 의미도 목적도 없이 이어진다고 느끼면 살기 싫을 만해요.

사람은 지극히 감각적인 존재입니다. 오늘 아침에 기쁜 일이 있었다가도 오후에 심하게 야단이라도 맞으면 대번에 기분은 바뀌고 말죠. 아침엔 행복한 세상이었다가 오후엔 살기 싫은 세상이 되는 거예요. 하루에도 여러 번 우리의 감정이 달라진다는 사실은 굳이 말하지 않아도 알고 있죠? 그런데 문제는 우리는 이렇게 주관적인데도 그 순간 자신의 감정 때문에 달라 보이는 세상을 그대로 믿는다는 사실이에요.

어려운 형편이 되었을 때 가족들을 죽이고 동반자살을 하는 아버지들이 있죠. 우리는 '자녀들에게서 삶의 기회를 빼앗다니!' 라고 화를 내죠. 하지만 그 아버지에겐 자녀들이 살아가기엔 세상이 너무나 고통스럽고 절망적이라고 인식돼요. 그래서 자녀들을 차라리 그 세상으로부터 구하려고 하는 거죠. 안타깝고 슬픈 일이지만 그분들은 자신에게 그렇게 느껴진 세상을 믿은 거예요. 그것이 세상의 참모습이라고 말이죠.

극단적인 예이지만, 당신이 느끼는 '별로 살고 싶지 않다' 는 우울한 느낌 역시 '세상은 살아갈 만한 좋은 곳이 아니다' 라는 믿음에서 나오는 거죠. 우리의 느낌이 변한다면 세상도 달라 보이게 되요. 하지만 이런 믿음이 생길만큼 지금까지 당신이 많은 부정적인 감정에 시달린 건 사실이죠. 많이 힘들고 아팠겠어요. 더 이상 기대를 가지기 힘들만큼 말이죠. 그런데도 당신이 다 포기하지 않고 있다는 사실이 기뻐요. 적어도 아직 '화 낼 기운' 이 있잖아요.

전 당신에게 '세상은 살 만한 곳이다'라고 설득하지 않을 거예요. '당신이 잘못 느끼고 있다'라고 비난하는 게 될 테니까요. 대신 세상을 다르게 느껴 볼 긍정적 경험을 많이 해야 해요. 적극적으로 당신이 조금이라도 행복하게 느끼는 활동을 찾아봐요. 맛집을 찾아보는 것도 좋겠네요. 식욕이 없는 당신이 맛있다고 느끼는 가게를 찾는 거죠. '맛있다'는 느낌은 가장 원초적인 행복감 중 하나거든요. 맛있는 걸 먹고 싶다는 열망을 느껴 봐요. 그리고 그런 모험을 좋아하는 친구를 만나는 시간을 가져 봐요. 함께 만나서 무거운 이야기를 해야 한다면 부담이 크겠지만, 그게 아니라 재밌는 활동을 같이하려고 만나 보는 거죠. 맛있는 가게 찾기 성공, 실패담이나 맛집 정보를 교환하면서 말이에요.

당신이 보람을 느끼는 일들은 또 어떤 게 있죠? 어학을 공부할 때 미래에 대한 기대감이 생기진 않나요? '언젠가 이 일을 하고 싶다'는 열망 말이죠. 그렇다면 어학을 공부하는 시간을 우선순위로 삼아 봐요. 스터디 그룹 같은 활동을 해 보는 건 어떨까요? 당신은 실력이 있잖아요. 인정받고 공통의 비전을 공유할 사람들이 있다면 더 자신감이 생길 거예요.

이렇게 회사나 가족, 누군가를 위한 삶이 아니라 '나만을 위한' 삶의 시간을 가져 보세요. 처음엔 한 가지라도 좋아요. 그리고 순간순간 느껴지는 긍정적 감정을 반드시 표현하세요. 혼자일 때도, 함께하는 사람들에게도 지금 '기쁘다', '재밌다', '즐겁다', '보람차다' 그리고 '행복하다'고 말이죠. 우리의 감정은 떠오를 때 그걸 표현해 주면 더 선명하게 인식돼요. 지금 이 순간 내가 행복하다는 사실을 확인하는

이야기를 들어주는 심리학

것만큼 중요한 일이 지금 당신에게는 없잖아요. 물론 익숙한 슬픈 감정들이 여전히 있겠죠. 처음엔 행복감이 너무 작게 느껴질지도 몰라요. 하지만 당신이 표현함으로써 인정하기 시작할 때 그 행복감은 분명히 당신의 감정으로 다가와서 조금씩이지만 세상은 살 만한 때도 있음을 느끼게 해 줄 거예요. 그리고 행복을 쟁취하기 위해 노력하는 당신의 모습은 좀 더 힘차고 빛나겠죠. 제가 당신의 노력을 늘 지지해 줄게요. 당신이 느끼는 작은 행복들을 함께 이야기한다면 저도 보람차고 기쁠 거예요."

행동에 관하여

"손톱을 깨무는 습관은 그냥 하는 행동인 듯하지만, 사실은 불안을 줄이려는 무의식적인 노력에서 시작되죠. 어릴 때부터 불안을 많이 경험했나 봐요. 손끝이 그렇게 아파 보일 정도로 뜯는 걸 보니 안쓰럽네요. 예쁘게 생긴 손가락인데 말이죠.

회사에서 당신이 손톱을 뜯게 되는 이유는 당신이 말한 눈치를 봐야 하는 상태와 관련이 있는 것 같아요. 지금 당신은 이미 신체적으로나 정서적으로 많은 부담을 안고 있어 다른 사원들보다 회사 생활을 하는 데 에너지가 많이 들죠. 당신에게 힘이 될 만한 지지자도 회사에 없고요. 그러니 일하기가 더 어렵다고 느끼거나 실수를 한다 해도 이상한 상황은 아니에요. 인간적으로 말이죠. 그런데 당신은 '결코 그런 모습을 보여 지적받아선 안 된다' 라는 목표를 갖고 있어요. 그러니 회사에서의 긴장감은 극도로 높아지고 손톱을 자꾸 깨물게 되는 거죠.

회사에서 그냥 '힘든 모습을 드러내고 이해해 달라고 말하라' 고

주문한다면 그게 얼마나 두려운 일로 느껴질지 이해합니다. 이미 말했듯이, 누군가 나의 존재를 존중하고 소중하게 여기는 걸 당연하다고 느끼며 살아오지 못했으니까요. 아마 지금 당신에겐 죽기보다 더 어렵게 느껴지겠죠. 그래서 전 그렇게 요청하지 않겠어요. 대신 당신의 바람을 이루기 위한 방법을 같이 찾아봅시다.

당신은 회사에서 남은 기간 동안 직장생활을 원만하게 잘하길 원하죠. 인정을 받고 소외감을 느끼지 않으면서 말이에요. 그러기 위해서는 뭐가 필요할까요? 먼저 눈치를 보고 다른 사람들의 마음을 어림짐작하기보다, 당신의 마음에 걸리는 일을 물어보면 좋겠어요. 지금까지 당신은 이곳에서 인정받기 위해 열심히 노력했죠. 그런 당신의 노력이 아무런 소용이 없었다고 생각하진 않아요. 분명히 당신이 기울인 노력과 주어진 역할에 충실한 모습을 인정하는 사람들이 있을 거예요. 단지 말로 표현하지 않을 뿐이죠. 그러니 '언제 비난을 받을까'라고 불안해하기보단, 한번 지금 나에 대한 다른 사람들의 생각을 물어보세요.

이곳에서 가장 친절하고 부드러운 동료가 누구인지 느끼고 있죠? 그 사람에게 물어보면 어떨까요? 물론 처음부터 '사실은 계약직인 절 무시하죠?'나 '다들 속으론 제가 제대로 못하고 있다고 생각하는 거 아닌가요?'라고 묻진 못하겠죠. 대신 겸손한 태도로 '나름 노력을 해 왔는데 지금 제가 부족한 부분이 있을까 봐 걱정이에요.'라고 말해 보는 거죠. 그러면 그 사람이 뭐라고 이야기해 줄 것 같나요? 부드러운 사람이니 당신이 상처 받을 정도로 거친 말을 하진 않겠죠. 하지만 자신이 느끼는 모습은 이야기해 줄 거예요. 그럼 그 반응이 당신의 생

이야기를 들어주는 심리학

각과 어떤 면에서 다른지 같이 생각해 보기로 해요.

당신 맘에 있는 불안이 아니라 다른 사람의 객관적인 평가를 믿는 연습을 해야 해요. 당신 안에는 호랑이 부장님보다 훨씬 엄격하고 비판적인 목소리가 살고 있으니까요. 물론 이 일도 부담되고 두렵긴 하지만, 시도해 보지 않겠어요? 당신의 긴장감을 줄이기 위해서 꼭 필요한 모험이니까요. 실제로 듣게 되면 적어도 혼자서 상상하며 불안해해야 하는 힘겨움은 줄어들 거예요. 또 당신이 그렇게 용기를 낸 것이 계기가 되어 더 친밀해질지도 모르죠.

그리고 조금씩 말을 거는 연습을 해 보기로 해요. 실제로 모든 사람들이 당신을 무시하거나 싫어하진 않죠. 당신에게도 친구들이 있고, 저 역시 당신이 좋아요. 그리고 회사 사람들도 당신을 싫어하지 않는다고 생각해요. 그걸 직접 경험해 본다면 얼마나 좋을까요?

처음엔 일과 관계된 걸 조금씩 물어보는 걸로 시작해도 좋겠어요. 당신과 업무상 연결된 사람 중에서 친절해 보이는 동료에게 작은 부분을 물어보세요. 개인적인 이야기를 하면서 다가가는 건 어렵겠지만, 업무에 관계된 대화라면 지금 당신도 하고 있잖아요. 그러니 그걸 당신이 먼저 시작해 보는 거죠. 당신은 꼼꼼하고 이미 업무도 익숙해져 있기 때문에 그런 모습이 서투르고 무능력한 모습으로 보이진 않을 거예요. 그러니 걱정하지 말아요. 그런 대화가 오히려 친밀해지는 좋은 계기가 될 테니까요."

몸에 관하여

"손톱을 깨무는 일이나 식사를 거르는 일, 제때 휴식을 취해 주지 않는 일들이 모두 사실은 자신을 학대하는 행동임을 알아줬으면 해요. 당신은 가족에게 존중받지 못했기 때문에 가슴 아프고 힘든 시간들을 보내왔어요. 하지만 당신도 자신의 몸을 그만큼 가혹하게 대하고 있어 안타까워요. 마치 가족들이 당신을 대하는 것 같이 말이죠.

지금 입맛이 없고 일어나기 힘든 당신의 상태는 자연스러워요. 그동안 받아온 타격이 쌓여 나타나는 거죠. 하지만 지금 상태에서 계속 음식을 먹지 않고, 몸을 학대한다면 당신이 겪는 고통과 우울감은 더 심해질 뿐이에요. 자기 자신이 스스로 건강을 지키기 위해 노력하지 않는다면 그 일을 다른 사람이 해 주기란 정말 어렵죠. 자신의 몸을 학대하거나 보호할 권리와 의무를 가진 사람은 바로 '나' 이니까요.

당신에게 묻고 싶어요. 당신은 자신의 몸을 계속 그렇게 대하며 살길 원하나요? 지금 당신의 몸은 구조요청을 하고 있어요. '살기가 싫어요', '너무 힘들어요' 하고 말이죠. 사실 그 누구보다 지금 당신의 관심과 돌봄을 받고 싶어 해요. 그런 몸에게 당신은 어떻게 대하고 싶나요? 당신과 만난 지 얼마 되지 않은 저도 당신의 야윈 얼굴과 건강하지 못한 생활을 보면 걱정이 돼요. 당신이 자신을 학대하는 모습이 슬프죠. 그렇게 살아올 수밖에 없었던 것이 안타까워요. 태어날 때부터 '나의 몸' 으로 함께 살아온 당신은 어떤가요?

자신의 몸을 사랑하는 일은 다른 누구도 대신해 주지 못해요. 저도 당신이 자신의 건강을 위해 의지적으로라도 규칙적인 식사를 시작하고 자신을 대하는 태도를 바꾸기 위해 노력한다면 참 기쁠 거예요. 그런 모습은 당신이 바로 자신을 사랑하는 모습이기 때문이에요. 그렇게 '나' 를 아끼려 노력하기 시작한다면 함께 무엇이든 돕고 싶어

이야기를 들어주는 심리학

요. 하지만 당신이 그 선택을 하기 전엔 전 안타깝고 슬퍼도 당신을 건강하게 만들 수 없죠.

이제 내 몸을 사랑해 주는 일을 시작하겠어요? 그렇다면 함께 여러 아이디어를 모아 봐요. 먼저 앞에서 말했던 것처럼 가족들에게 아침식사를 꼭 하겠다는 권리를 주장하세요. 다들 먹지 않는 분위기라면 따로 챙겨 먹어야 하겠지만 그렇지 않다면 당신도 아침식사를 할 권리가 있어요. 가족 안에서 먼저 몸을 소중히 하겠다는 당신의 생각 변화를 보여 주세요. 전 당신이 꼭 그 권리를 되찾았으면 좋겠어요.

손톱 뜯는 버릇도 줄이도록 노력해 봐요. 근본적으론 불안함이 안정되어야 하겠지만 동시에 습관이 되어 버린 행동을 바꾸도록 변화를 줄 필요가 있어요. 손톱을 물어뜯고 그 주변의 살을 자꾸 벗기면 쓰라리고 아프잖아요. 더구나 예쁜 아가씨의 손인데 흉하게 만들면서까지 자꾸 자신을 괴롭히지 말았으면 해요.

도리어 내 손을 소중하게 대해 주면 어때요? 네일아트 같은 걸 받아 보세요. 직접 돈을 들여서 내 손을 위해 투자하는 거죠. 손톱을 물어뜯으려 하다가도 예쁘게 만들어진 손톱을 보면 아까운 마음도 들고, 또 손톱에 발린 매니큐어의 맛이 싫어서라도 깨물고 싶은 마음이 없어지지 않을까요? 무엇보다 내 손을 위해 나 자신이 투자를 해서 예쁘게 가꾼다는 즐거움을 느끼면 좋겠어요. 깨물고 아프게 하는 대신에 말이죠. 아깝다고 느껴지나요? 내 몸을 사랑해서 하는 일인데요? 지금 당신에겐 정말 새롭고도 긍정적인 도전이잖아요. 지금은 나를 위해 투자하는 방법을 배우는 시간이라고 생각하고 한번 해 보지 않겠어요?

그리고 아침에 일어나면 제일 먼저 할 수 있는 기분 좋은 일을 한 가지 만들어 보면 어떨까요? 건강만 받쳐 준다면 당신이 좋아하는 어학을 새벽반으로 공부해 봐도 좋을 듯해요. 아니면 알람으로 좋아하는 음악을 맞춰 두고 깨어나면 향기 좋은 차를 한 잔 마시며 10분의 여유를 누려 보는 건 어때요? 드라마처럼요! 직장을 가기 위해서 일어나는 게 아니라 당신이 좋아하는 일을 하기 위해서 매일 아침 일어나도록 여러 가지 방법을 같이 시도해 봐요. 정 힘들다면 당분간은 아침에 일어나면 저와 제일 먼저 통화할 특권을 드릴 수도 있어요. 이런, 기분 좋은 일이 아니라고요?

그렇게 직장을 당신 삶의 전부가 아닌 한 영역이 되도록 다양한 다른 일들을 시도해 봐요. 핵심은 당신 자신을 행복하게 그리고 건강하게 해 주는 일이어야 한다는 거죠. 그 시간의 많고 적음은 크게 중요하진 않아요. 다만 '나'를 사랑해 주는 특별하고 행복한 시간, 그걸 중요하게 여기고 지속적으로 누릴 수 있도록 노력해 보는 거죠. 제가 당신이 자신을 사랑하는 모습을 보면 기쁘듯이, 다른 사람들도 당신이 자신을 학대하는 모습보다 사랑하는 모습을 볼 때 훨씬 아름답고 편안하게 느낄 거예요. 기억하세요. 당신은 아직 너무 예쁘고 사랑스러운 젊은 여성이란 사실을."

대인관계에 관하여

"어릴 때부터 부모님이 당신을 이렇게 대해 왔다면, 당신은 자신이 누군가와 친해질 능력이 없는 사람이라고 느낄지도 모르겠어요. 사람들 사이에서 소외감을 느낄 수밖에 없다고 말이죠. 그리고 부모

이야기를 들어주는 심리학

님이 그랬듯이 주변 사람들이 당신에게 관심이 없다고 생각하게 됐겠어요. 그런데 이건 사실이 아니에요. 당장 저부터 지금 당신에게 관심이 많으니까요. 그런데도 당신이 그 생각을 갖게 된 이유는 어릴 때부터 당신이 이런 느낌을 계속 받아왔기 때문이겠죠.

알고 있나요? 어린 시절 친밀감을 느끼지 못한 이유는 당신이 친해질 능력이 없었기 때문이 아니에요. 부모님이 당신에게 친밀감을 표현할 능력이 없었기 때문입니다. 그분들이 당신과 친밀한 관계를 맺으며 거울처럼 관계를 비춰 줄 힘이 없으셨던 거죠. 당신 안에 있는 관계를 맺는 능력은, 자신과 상호작용을 해 주는 사람의 모습을 보고 모방해 보면서 발달하거든요.

사람마다 정도의 차이는 있지만, 당신에게도 다른 사람과 친밀해질 능력이 있어요. 지금까지 그 능력이 충분히 자극받고 활용되지 못했을 뿐이죠. 지금부터라도 그 능력을 발전시키고 사용하면서 삶을 살아가고 싶지 않나요? 당신의 삶에 늘 따라다녔던 외로움과 소외감을 운명이 아니라 뛰어넘을 하나의 과제로 만드는 거죠. 조금씩 연습한다면 지금과 정말 다른 관계를 맺으며 살아가게 될 거예요. 어떤가요? 변해 보고 싶나요?

친밀한 관계를 원한다면 '불가능한 게 아니라 연습이 필요할 뿐'이라고 관점을 바꾸는 일부터 시작해야 해요. 그래요, 서툴고 두려움도 많지만 연습하면 충분히 달라져요. 제가 당신의 연습 상대가 되어 줄게요. 친밀해지기 위해서는 무엇이 필요할까요?

저의 느낌을 예로 들자면, 전 당신이 제게 무척 조심스럽고 예의 바르게 대하는 걸 느끼고 있어요. 저와 좋은 관계를 유지하려는 노력을 많이 하는 듯이 보여요. 고마운 일이죠. 하지만 그보다 더 고마운 건 제게 당신의 어려움, 고민들을 이야기해 주는 일이에요. 저를 신뢰하고 있다고 느껴지고, 또 당신을 거짓 없이 보여 준다고 느끼기 때문이죠. 실제로 당신과 저 사이에 있는 유대감은 그렇게 속 깊은 곳까지 함께 나눈 데서 오는 게 아닐까요?

당신은 참 예의 바른 사람이에요. 저와의 모습을 보면 회사에서도 당신이 무례하지 않고 조심스럽게 행동할 거란 사실을 쉽게 추측하게 되죠. 그런 모습이 당신 나름대로 조금이라도 좋은 관계를 맺기 위해 애쓰는 모습인 걸 알겠어요. 그런데 그런 모습엔 한 가지 부작용이 있어요. 당신이 그렇게 대하면 상대방도 당신 앞에서 조심스러워져야 할 듯한 부담감을 갖게 되거든요. 그래서 때로는 자신의 약한 모습, 꾸밈없는 모습을 보여 줄 필요도 있는 거예요.

저 외에 다른 사람들에게도 당신의 솔직한 마음을 한번 표현해 보겠어요? 물론 제게 한 것처럼 아프고 힘든 이야기들을 다 털어놓아야 한다는 말이 아니에요. 당신이 다른 사람들과 있는 그 순간, 그 자리에서 느껴지는 느낌이나 떠오르는 생각들을 솔직히 표현해 보는 연습을 하는 거죠.

예를 들게요. 만약 함께 있는 누군가가 농담을 하거나 어떤 이야기를 했을 때 재미있게 느껴졌다면, 재미있다고 표현하는 거예요. 어렵지 않죠? '정말 재밌는 얘기네요, 어떻게 그런 생각을 하셨어요?'라고 말하는 거죠. 또 누군가 말하던 화제가 관심이 가는 이야기라면 '그 이야기를 더 듣고 싶네요.' 나 '저도 거기에 관심이 많아요.' 라고 말하는 거예요. 물론 억지로 말할 필요는 없지만 그런 생각이 조금이

이야기를 들어주는 심리학

라도 들었다면 그 순간에 한번 표현해 보는 거죠.

이렇게 당신이 자신의 이야기에 솔직한 반응을 보이고 관심을 갖는다면 상대방은 당신과 자연스럽게 더 많이 얘기하게 될 거예요. 어때요? 한번 시도해 볼 만하지 않겠어요?

그리고 중요한 또 한 가지가 있어요. 그건 바로 상대방의 이야기를 들어주는 기술이죠. 누군가의 이야기를 들어주는 건 그 사람에 대한 관심의 표현이자, 인정의 표현이죠. 그래서 사람들은 자신의 이야기를 잘 들어주는 사람에게 친밀감을 느끼고 마음을 열어요. 나라는 존재를 수용받는 느낌이니까요. 그건 당신도 알고 있죠. 하지만 듣는다는 행동이 그저 말하는 사람 앞에서 입 다물고 가만있는 걸 뜻하지는 않아요. 상대방의 말을 수용하는 표현을 해 주어야 하죠. 간단해요. 몇 마디면 된답니다. '그렇군요.', '그래서 어떻게 됐나요?', '정말 그랬겠어요.', '맞아요.', '그런 생각이 들겠어요.' 같은 말들이죠. 먼저 제가 당신의 이야기에 이 말들로 한번 반응해 볼게요. 어떤 느낌이 드나요? 이번엔 한번 따라 해 보시겠어요? 제 이야기를 이 말들로 반응해 주세요. …… 생각보다 어렵지 않죠?

이렇게 당신이 이야기를 들어 주면 그 상대방은 조금씩 마음을 열고 자신의 깊은 속까지 말하게 되요. 그리고 나면 당신에 대한 신뢰가 생기기 때문에 당신의 이야기도 그만큼 들어 주게 되죠. 바로 우리의 관계처럼 말이에요. 사실은 누구나 당신처럼 다른 사람에게 인정받고자 하는 욕구가 있어요. 그래서 자신의 이야기를 들어주는 사람을 좋아하죠.

당신이 계약직으로서 느끼는 소외감은 업무에 있어서는 어쩔 수 없는 부분인지도 몰라요. 하지만 당신이 그곳에서 인간으로써 맺은 관계는 계약기간과 상관없이 남게 될 거예요. 단 한두 명이라도 계약과 상관없이 지속적으로 연락하고 서로 안부를 묻는 사이가 된다면, 그것만으로도 지금의 당신 삶에 큰 소득이 아닐까요? 너무 슬퍼하고 비관하지 말기로 해요. 성실하고 마음이 부드러운 당신이기에, 분명 당신에게 다가오고 싶었던 사람들은 그런 작은 변화를 기쁘게 받아들일 거예요. 당신은 달라질 수 있어요. 용기를 내세요."

여가생활에 관하여

"지금 당신에게 가장 필요한 것은 자신을 위한 행복한 시간을 누리는 일이라고 생각돼요. 지친 마음을 쉬게 해 주고 삶을 생기롭게 만들 그런 시간 말이죠. 어떤 일을 하면 그런 기쁨을 느낄까요? 우리가 지금까지 이야기하며 생각해 보았던 여러 일들이 있잖아요. 맛있는 가게를 찾아보며 음식을 즐기는 취미나 좋아하는 차를 마시는 것, 네일아트를 받으러 가는 일들도 당신의 관심을 자신의 행복에 맞춰 주는 좋은 활동이 될 거예요. 이것 외에도 어떨 때 즐겁고 힘이 나는지 여러 가지를 찾아보면 좋겠어요. 그 모든 활동의 핵심이 나를 소중하게 대해 주고 보살피는 일이 되어야 한다는 건 꼭 기억해요. 이렇게 조금씩 삶을 다양화시켜 봐요.

당신이 경험한 가장 큰 행복 중 하나는 통역 일을 하면서 누린 보람이었죠. 그래서 전 당신이 그 분야를 포기하지 않고 계속 꿈을 키워 가길 바라요. 보람을 느끼고 행복한 일을 한다는 건 큰 행운이니까요. 당신의 여가시간에 이 꿈을 위한 준비를 한다면 그것도 좋을 거예요.

이야기를 들어주는 심리학

하지만 기억하세요. 더 행복하게 살고 싶다는 당신의 열망, 그걸 이루기 위해 오늘 자신이 이 일을 하고 있다는 사실을 말이죠. 그 자부심에 가까운 분명한 목적 의식이 당신을 계속 즐겁게 노력하도록 도와줄 테니까요."

성공에 관하여

"당신이 존재가치가 없는 사람이라는 외로운 느낌이, 이제 단순히 회사 안에서 계약직으로 근무하기 때문은 아님을 알죠. 사실 그 느낌은 당신이 어딜 가든 늘 따라다녔으니까요. 처음 어디서부터 그 느낌이 오게 됐는지, 그리고 그 느낌은 진실인지도 우리가 함께 생각해 보았어요.

계약직이라는 현재의 입장에 외로움이나 손해가 전혀 없다고는 생각하지 않아요. 동일한 일을 하는 같은 직장의 동료인데 그런 대우의 차별이 있어야 한다니 슬픈 현실이죠. 그러나 당신이 지금까지 느껴 왔듯이 회사의 모든 사람들이 계약직이라는 이유로 벽을 두고 대하지는 않았을 가능성도 있다고 지금은 생각돼요. 왜냐하면 그렇게 다 똑같은 생각을 하기엔, 한 사람 한 사람 깊이 들여다 보면 매우 다양한 가치관과 성품을 가졌거든요. 그들을 모두 똑같은 생각을 하게 만드는 일은 매우 어려울 걸요.

그렇기에 당신에 대한 평가도 '묵묵히 일해 주는 고마운 직원' 이나 '성실하고 책임감 있는 동료' 라고 내리는 사람이 있을지도 모르죠. 당신이 있기에 지금의 업무가 잘 돌아가고 있다고 말이에요. 그런 말을 직접 하기에 쑥스럽고, 또 당신은 그런 말을 듣는다 해도 믿지 못했을 테니 아직 당신 가슴에 닿지는 않았지만 말이에요.

우리가 함께 약속했듯이 동료들에게 다가가는 연습을 하다 보면, 그 사람들도 당신에게 조금씩 그런 말을 하기가 편안해지겠죠. 동시에 당신도 그 말을 믿는 노력을 해갈 거니까요. 비록 1년이라는 짧은 시간을 함께했다 해도, 당신은 자신의 역할을 충실히 다했잖아요. 인정하든 그렇지 않든, 그 자리에 당신이 없었다면 업무는 제대로 돌아가지 않았을 거예요. 그리고 당신만큼 성실한 사원을 찾기도 쉽지 않은 일일걸요? 그런 자신의 장점과 노력에 자부심을 가졌으면 좋겠어요. 전 당신을 정말 칭찬해 주고 싶어요. 당신은 참 잘해 왔어요. 그렇게 외롭고, 끊임없이 더 잘해야 한다는 압박감에 시달리면서도 말이에요.

당신은 부속품이 아니에요. 그곳에서도 중요한 한 자리를 메워 주는 소중한 직원이죠. 그렇게 생각하지 않는 사람이 있다면 도리어 그 사람이 자신을 부끄럽게 생각해야 해요. 자신과 동등한 가치를 지닌 한 사람을 부속품으로밖에 평가 못하다니 얼마나 마음이 가난한가요. 그런 사람은 당신도 상큼하게 웃으며 무시하셔도 좋아요. 좋은 사람들을 만나고 살기에도 부족한 세상이니까요.

당신의 말처럼 지금 직장은 계약기간이 끝나면 그만두게 될지도 모르죠. 그렇지 않더라도 제가 보기엔 당신이 오래지 않아 그만두려 할 것 같은데요? 당신에겐 정말 하고 싶은 일이 있잖아요. 자신을 행복하고 보람차게 해 줬던 일, 많은 노력과 시간을 들여 공부해 온 일 말이죠. 물론 그 세계에 처음 들어간 설레는 순간에 안타까운 사건이 있었던 건 사실이에요. 당신을 다시 무가치한 존재라고 느끼게 했죠.

하지만 분명한 건 그 회사 사람들의 잘못이었다는 사실이죠. 그들은 공정하지 못했어요. 정말 그 사람들에게 화가 나죠. 당신이 제 앞에서 실컷 화내고 그 사람들을 욕이라도 했으면 좋겠어요. 우리 같이 해 볼까요? 속이 시원해질 때까지 말이에요.

그래요, 그 일은 화가 날 사건이에요. 결코 당신이 가치 없다고 다시 증명하는 사건이 아니죠. 이 사건을 그렇게 가지고 오는 일은 이제 멈췄으면 해요. 당신이 원인이 아니었어요. 그들이 그렇게 선택했을 뿐이에요. 어디 가서 떳떳하게 말하지 못할 선택을 한 거죠. 통역을 할 자격이 없다거나 능력이 없다고 평가를 받은 게 아니에요. 당신은 누구보다 열정적으로 열심히 했고, 그 기간 동안 그런 당신의 노력은 도리어 좋은 평가를 받았었죠.

그러니 이제 그런 사람들 때문에 당신의 날개를 꺾어 버리진 말기로 해요. 이 세상엔 정말 유능한 사람을 원하는 회사가 아직 많아요. 외국인들이 낯선 이 땅에 올 때 정말 필요한 건 백 있는 통역사가 아니라 나의 말을 잘 전달해 줄 사람이죠. 그 일을 하면서 당신은 행복하잖아요. 겨우 그 정도밖에 안 되는 가치관을 가졌던 한두 사람 때문에 당신이 행복하게 살 권리를 포기한다면 얼마나 아까운 일인가요?

이제 나는 무가치한 사람이라는 거짓말을 벗어던져 버리기로 해요. 당신은 소중한 사람이에요. 스스로 가치 있게 생각하는 선택을 할 힘과 지혜가 있어요. 다른 사람의 평가는 당신에게 때로 격려와 지혜를 주지만, 결국 당신 삶을 결정하는 사람은 자신이에요. 당신이 소중히 여기는 가치들을 추구해 갈 때 그 누구보다 자신이 행복해지는 기쁨을 누리게 되죠. 우리는 한비야 씨나 안철수 씨 같은 분을 통해서 그런 삶을 보잖아요. 이제 당신의 삶에 다시 날개를 폈으면 좋겠어요. 당신은 행복해질 권리가 있어요. 누구의 평가도 아닌 바로 자신의 선택으로 말이에요."

그 후의 이야기

"똑똑."

상담실을 노크하는 소리가 들린다. 오늘도 5분 정도 빠른 시각, 얼굴을 보지 않아도 누구인지 안다.

"네, 들어오세요."

"실례합니다."

싱긋이 미소 지으며 호리호리하고 얼굴이 하얀 여성이 들어선다. 최근 눈에 띄게 표정이 밝아져서 보고 있는 나까지 가슴이 환하다.

"어서 와요, 오늘은 여러 가지로 정신없었죠? 어떻게 보냈어요?"

"그냥 오전엔 업무 인수인계한 거 혹시나 필요할까 봐 문서로 다시 정리했어요. 오후엔 마지막 인사드리러 다녔고요. 온종일 사람들하고 이야기했죠, 뭐."

담담하고 시원해 보이는 얼굴. 계약기간이 끝날 때는 비참하고 외로운 기분일 거라고 걱정했던 그녀가, 오늘 내 앞에 편안하고 빛나는 모습으로 앉아 있다.

"그래요, 마지막 출근을 하고나니 기분이 어때요?"

"처음에 생각할 때는 홀가분할 것도 같고, 한편으론 이제 뭘 하지

하는 생각에 불안할 것도 같았는데, 막상 그만두게 되니까 사람들이랑 헤어지기도 싫고 좀 아쉬워요."

어느새 좋은 사람들이라는 듯 말하고 있는 그녀를 보니 왠지 웃음이 났다. 몇 주 전 회사 측에서 먼저 재계약 이야기를 꺼내자 그녀는 토끼처럼 눈을 동그랗게 뜨고 놀랐다. 정말 자신은 그런 제의가 올 거라고 생각도 못해 본 모양이었다.

"대리님이랑 언니랑 계속 같이 일하면 안 되냐고 끝까지 아쉬워해서 정말 고마웠어요."

"따뜻한 사람들이군요."

"맞아요, 그만두고 나서도 계속 연락하고 싶어요. 꼭 연락하자고 하더라고요."

그녀의 목소리가 경쾌하다. 진심으로 기뻐하는 마음이 공기를 진동시키며 내게도 전해진다. 이렇게 발랄하고 예쁜 사람인 것을.

"재계약 안한 거 후회하진 않아요?"

싱긋 미소 짓는 그녀의 눈 속에 빛이 반짝인다.

"돈이 안 들어오면 조금 불안하긴 하겠지만, 공부를 좀 더 해 볼려고요. 너무 오래 쉬어서 통역도 다시 감각을 찾아야 하거든요. 그래서 그쪽 계열에 다시 지원해 볼 생각이에요."

"그래요, 멋져요. 원래 실력 있는 사람이니까 잘 될 거예요. 일을 안 하면 엄마가 힘들게 할 거라고 걱정했었잖아요. 그런데도 용케 그런 결정을 내렸네요."

"당분간은 저축해 놓은 것도 있고 제가 공부한다는데 어쩌겠어요?"

용서니 이해니 거창한 말을 늘어놓진 않지만 '나로 살겠어요' 라고 말하는 듯한 그녀의 강단 있는 모습이 이전보다 훨씬 건강해 보인다. 먹는 것도 수면도 많이 좋아진 얼굴에는 생기가 돌고 있다.

"그래요, 지금까지 연습해 온 것처럼 나 자신이 행복해질 길을 선택하는 거예요. 당신은 나쁜 짓을 하라고 떠밀어도 못할 사람이니까 좀 더 용기를 내세요. 가족들이 뭐라고 하든 꼭 밥 잘 챙겨 먹고요."

할머니처럼 잔소리를 하다 그녀의 얼굴을 물끄러미 바라본다. 이젠 날아갈 수 있겠지. 마치 비오는 날 날개를 다친 새처럼 슬픔에 흠뻑 젖어 들어서던 그녀의 첫 모습이 아련히 떠올랐다.

"오늘이 마지막 상담이군요."

나의 말에 아쉬운 듯 끄덕이는 그녀에게 미소를 짓는다.

"그동안 잘해 왔어요. 처음 만났던 날을 생각하면 정말 많은 변화가 있었네요. 생각나나요?"

마치 소중한 추억을 하나씩 꺼내 놓듯이, 우리가 함께 고민했던 여러 문제들과 변화된 모습들을 떠올리는 동안 시간은 부드럽게 우리를 감싸고 흐르고 있었다.

"…… 모든 문제가 완전히 사라지진 않았어도, 당신은 이제 많은 힘이 생겼네요. 살아가면서 또 다른 문제들을 만날지도 몰라요. 하지만 지금까지 해 왔듯이 분명 그때도 잘 이겨 갈 거예요."

"선생님과 이렇게 헤어지는 게 너무 아쉬워요."

"이걸로 다신 얼굴을 안볼 것도 아니잖아요. 저도 아쉬워요. 그래도 한편으론 당신이 이제 혼자서도 나아갈 힘이 생긴 것이 정말 기뻐요."

"선생님을 만났기 때문이에요. 감사해요."

"고마워요 …… 자, 이제 씩씩하게 걸어갈 시간이에요."

이대로는 아쉬움의 긴 그림자가 끝나지 않을 것 같아 자리에서 일어나 활짝 웃으며 손을 내밀었다. 그러자 그녀는 미련을 털어 내듯 가볍게 숨을 내쉬고는 손을 잡고 일어선다.

"선생님, 또 연락할게요. 건강하세요."

"그래요, 잘 가요."

꾸벅 고개를 숙이고 돌아서는 그녀의 등이 눈부시다. 날개를 돋우는 소리가 나는 듯 착각을 일으키는 작은 등.

"…… 행복해지는 거예요. 더욱더."

그녀가 사라진 문 쪽을 한동안 바라보다 그렇게 속삭였다.

어디선가 살포시 하얀 깃털이 나풀거리며 내려올 것 같다고 상상하면서.

다시 만나는 시대 속 인물
공민왕

고려 제31대 왕 공민왕은 사실상 고려의 마지막 왕으로 불린다. 그는 고려 왕조를 지키면서 켜켜이 쌓인 모순과 위험을 제거하려고 애썼던 군주였고, 그의 죽음과 함께 고려가 회생할 희망은 꺼져 버렸다고 여겨지기 때문이다.

14세기 후반의 고려는 절체절명의 위기 상태였다. 권문세족은 왕을 허수아비로 만들고 부와 권력을 독점하여 산과 강을 땅의 경계로 삼았고, 의지할 곳 없어진 백성들은 노비가 되든지, 유랑민이 되든지, 도적이 되었다. 여기에 백 년 동안 고려의 대외관계를 결정지었던 원나라와의 사대관계가 새롭게 명나라가 일어나고 원나라가 흔들리는 모습 앞에서 극도로 불안정해졌다. 공민왕은 이런 위기상황에서 즉위하여, 왕권을 강화하고 국가안보를 확실히 하며 민생을 안정시키는 데 평생을 바칠 각오를 다졌다.

그리하여 공민왕은 원나라 황실의 부마인데다 어린 시절 오랫동안 원나라에서 생활했음에도 불구, 원나라에서 명나라로 갈아타기를 시도하여 '호복변발'을 없애고 원나라의 내정간섭기관인 정동행성을 폐지했으며, 원나라가 점령하고 있던 고려 영토인 쌍성총관부와 동녕부를 힘으로, 또는 외교로 되찾았다. 또한 오랫동안 원나라 황실과의 유대관계를 믿고 왕을 능가하는 권세를 누리던 기철 등 기 씨 일족을 제거했고, '전민변정도감'을 설치해 권문세족들이 함부로 빼앗은 토지와 노비를 원주인에게 돌려줌으로써 권문세족을 억제하고 일반 백성의 힘을 북돋우는 성과를 올렸다. 또 '내재추'라고 하는 일종의 내각을 만들어 왕이 정부조직에 미치는 힘을 강화하고, '순자격제'라고 하는 관료 승진제도를 마련해 문벌에 따라 멋대로 이루어지던 인사행정이 일정한 원칙에 따라 이루어지게 했으며, 성균관을 중영하고 과거제를 강화해 권문세족들이 독차지하고 있던 조정에 개혁지향적인 '젊은 피'를 끌어들였다. 실로 공민왕이 즉위한 후 약 20년 동안은 한국 역사에서 몇 안 되는 대대적인 개혁의 시대였다.

그러나 문제가 하나 있었다. 그것은 바로 공민왕 스스로가 정치인과는 거리가 있는 성격의 소유자였다는 점이다. 정치인이란 배짱이 두둑하고 능소능대(能小能大)하며, 인간 대 인간으로 마주서서 싸우고, 타협하고, 거래하고, 모의하는 일에 익숙할 뿐 아니라 희열을 느끼기까지 해야 타고났다고 할 수 있다. 그런데 공민왕은 섬세하고 내향적인 사람이었으며, 정치가보다는 예술가에 어울리는 사람이었다. 그림 솜씨가 고려 전체에서도 두드러져서 〈노국대장공주어진〉, 〈천산대렵도〉 등의 걸작을 남기기도 했지만, 사람을 대하고 그들과 밀고 당기는 일을 하기를 워낙 힘들어했으므로 신하들과 한바탕 격론을 벌이고 나서는 후궁에 틀어박혀서 한동안은 코빼기도 보이지 않았다고 한다. 그만큼 정치에서 스트레스를 심하게 받는 성격이라, 지친 심신을 달래고 쉬는 시간이 많이 필요했던 것이다.

아무튼 머리가 비상하고 예술가답게 상상력이 풍부한 사람이기도 했으니, 평화로운 시대였다면 임금 노릇이 그다지 고되지도 않았을 것이다. 그러나 당시는 왕이 단지 옥좌에 앉아 있는 것으로 충분하지 않았고, 온 힘을 다해서 반발하는 친원세력과 권문세족에 맞서 개혁을 단행하고 새로운 비전을 제시해야만 하는 비상시국이었다. 격동기의 군주는 으레 그렇듯 그를 노린

암살과 역모도 그치지 않았다. 따라서 공민왕이 개인적으로 받는 스트레스는 상상을 초월할 수밖에 없었다.

그런 스트레스를 풀기 위해 어김없이 들르곤 했던 후궁, 그곳에는 노국대장공주가 있었다. 원나라 황실 출신이지만 공민왕을 절절히 사랑했고, 말 없이 내조하는 여인상의 전형을 보여주었던 그녀 덕분에 공민왕은 당장이라도 머리가 터져 버릴 듯한 하루하루를 버텨 나갈 수 있었다.

다만 뒤를 이을 자녀가 없다는 게 고민이었는데, 1365년에 16년 만에 어렵게 임신하여 공민왕의 입을 함박처럼 벌어지게 했으나, 그것은 비극의 시작이었다. 그녀가 난산 끝에 숨지고 말았기 때문이다. 사랑하는 아내이자 정신적인 버팀목을 잃은 공민왕은 생애 최대의 위기에 직면했는데, 이때 그를 정치적으로나 정신적으로 도와준 사람이 바로 신돈이었다.

귀족 아버지와 노비 어머니 사이에 태어난 신돈은 편조라는 법명을 받고 오랫동안 이곳저곳을 떠돌아다니며 탁발로 먹고 살았다. 스스로 출신이 불우하고 그보다 더 비참한 서민들의 생활상을 질리도록 보았기 때문에, 1359년에 김원명의 소개로 공민왕과 처음 만났을 때는 왕에게 누구도 들려주지 않는 서민들의 진솔한 이야기를 들려줌으로써 공민왕의 눈에 들 수 있었다. 그래서 왕사로서 궁궐을 드나들며, 공민왕에게는 허심탄회하게 이야기를 나눌 수 있는, 노국공주와는 또 다른 정신적 휴식처가 되었다. 그러나 노국공주에는 비할 수가 없었는데, 그녀가 죽음에 따라 공민왕은 신돈에게 정신적으로 의지하는 한편 그를 통해 새로운 정치개혁을 시도하기로 한다.

신돈에게 '수정리순논도섭리보세공신벽상삼한삼중대광영도첨의사사사판중방감찰사사취성부원군제조승록사사겸판서운관사'라는 어마어마한 직함과 함께 거의 모든 업무를 위임하고 자신은 궁궐 깊숙이 숨어 버렸다. 이는 정치적으로 '이세독립지인(離世獨立之人)', 즉 세상의 어떤 기득권과도 무관한

이야기를 들어주는 심리학

사람인 신돈에게 개혁의 선봉을 맡겨 개혁이 왜곡되거나 편향될 가능성을 없애는 의미, 개인적으로 골치 아픈 정무의 대부분을 믿고 맡길 수 있는 유일한 사람인 신돈에게 맡기고 자신은 쉬려는 의미가 있었다. 여기에 공민왕은 사실 동성애자였으며 신돈은 그의 연인이었다, 그러므로 신돈에게 막강한 권한을 준 것은 연인에게 바치는 선물과도 같았다고 보는 사람도 있으나 확실한 이야기는 아니다.

아무튼 이런 체제는 한동안 잘 굴러가는 것 같았고, 공민왕대에 이루어진 굵직굵직한 개혁의 상당수가 신돈 집권기에 이루어졌다. 그러나 이는 또 다른 비극을 낳게 된다.

공민왕의 정치적 목표와 인간적 목표가 충돌했던 것이다. 신돈은 공민왕이 생각했던 것 이상으로 정치를 잘 해냈고, 민중들에게는 '생불이시다'는 숭앙까지 받게 된다. 본래 어렵게 살던 사람이 갑자기 최고 권력을 갖고 그만한 인기까지 얻으니 과대망상에 잠길 만도 했다. 신돈이 부녀자들을 희롱하고 부정부패를 일삼는다는 소문이 점점 늘어 가고, 내각을 자신과 맥이 닿는 사람으로 채워서 '맡긴 권력'을 '자신의 권력'으로 바꿀 생각을 하고 있는 조짐이 보였다. 또한 권문세족을 대신해서 나라를 짊어지고 갈 미래의 세력은 신진사대부인데, 그 사대부들이 승려인 신돈을 따르려 하지 않음도 문제였다. 따라서 정치적으로는 이제 신돈을 토사구팽해 버리고, 맡겨 두었던 왕권을 되찾을 필요가 있었다.

하지만 그것은 공민왕이 개인적으로 의지할 수 있는 유일한 의지처를 스스로의 손으로 없애 버린다는 뜻이었다. 고뇌하는 공민왕. 그의 내부에서 정치적 인간과 감정적 인간이 무서운 싸움을 벌였다. 그리고 마침내는 왕권 강화와 고려의 중흥을 이루고야 말리라는 정치적 인간이 이겼다. 1371년, 공민왕은 신돈에게 역모죄를 씌워 전격 처단해 버렸다.

그러나 그것은 공민왕 스스로에게 행한 만행이었다. 정치일선에 복귀한 공민왕은 이후 숨을 거두기까지 3년 동안 명민한 개혁군주의 옛 모습은 간데없는 파격과 일탈의 행보를 거듭했다. 미소년들을 선발해 '자제위'라는 친위대를 만들고, 그들에게 후궁의 후비들과 갖은 음란한 짓을 벌이게 했다. 그것은 인간 공민왕이 스스로 찌른 만행에 대해 스스로에게 벌이는 반란이었다. 공민왕은 20년이 넘는 세월 동안 자신의 본성을 억누르며 하기 싫은 정치를 해 왔고, 사랑하고 아끼는 사람들만이 그의 영혼을 달래 줄 마약이었다. 그러나 다른 누군가가 아니고 그 스스로 그 마약을 끊어 버렸고, 그러자 더 이상은 정신의 분열을 막을 수가 없었던 것이다. 원나라를 배격하고, 친원파를 없애고, 권문세족을 억누르고, 반역자들을 소탕했지만, 공민왕의 왕권을 위협한 마지막 적은 공민왕 그 자신이었다.

3년 동안의 일탈은 '자제위' 소년 중 하나인 홍륜에 의한 공민왕 암살로 끝이 났다. 그렇게 해서 고려왕조 부흥의 마지막 희망도 끝나게 된다.

이야기를 들어주는 심리학

우리의 고민, **연애**

최선을 다했는데 날 힘들게 한 그녀를 용서 못해요.

영어 교재에 얼굴을 파묻고 있었지만 눈앞의 책장은 어느새 다시 흐릿한 백지였다. 멍하니 생각을 놓친 채 몇 시간이 흐른 걸까. 아니, 아직 몇십 분 정도인가.

시간은 감각을 상실한 나를 비웃듯이 조용하고도 유려한 흐름으로 또 저만치 가 있다. 나를 잡아야 한다면서? 그래서 유학을 가겠어? 냉소를 띤 채 쉼 없이 움직이는 시계 초침. 부그르. 다시 가슴속에 답답함이 끓어오른다.

'도저히 안 되겠어.'

"덜컹."

견디다 못한 나는 다시 자리를 박차고 일어났다. 몇 번째일까.

오늘도 시계추가 맴돌 듯이 도서관 자리를 빠져나와 밖을 방황하다 다시 들어가 앉는 행동을 반복하고 있었다. 공부를 한다고 매일같이 이곳에 오는 게 몇 주째이지만 정작 제대로 정리된 내용은 하나도 없다. 무질서하게 감정의 얼룩 사이로 얽혀 있는 토막토막의 지식들. 시간은 한정되어 있는데 …… 마치 용암지대에서 뜨거운 물이 솟아오르듯이 불쑥불쑥 솟아오르는 감정들 때문에, 공부는커녕 내 삶은 군데군데 화상을 입은 채 휩쓸려 가고 있었다.

그래, 감정들.

그 지긋지긋한 상처들 때문에.

또 갑작스레 기억이 눈앞에 떠올랐다.

"예전의 그 애는 나한테 훨씬 잘해 줬어."

졸업논문 발표를 위한 프레젠테이션이 일주일을 채 남겨 두지 않은 그날. 며칠 동안 세 시간씩도 자지 못한 채 나는 머리를 싸매고 고심하고 있었지만, 얼굴도 보지 못하고 너무 외롭게 만든다는 그녀의 문자와 전화를 달래다 못해 잠시 만나러 나왔었다.

도서관 앞으로 오라고 한 것이 맘에 들지 않았는지, 만나자 마자 별로 기뻐하는 기색도 없이 퉁명스럽던 그녀는 툭 던지듯이 다시 이전의 남자 친구 이야길 꺼냈다.

"그 아이는 밤을 새워 걸어서 나를 만나러 와준 적도 있어. 언제든지 전화를 걸면 잠 안자고 이야기를 들어 주고, 기념일에도 깜짝 놀랄 이벤트를 많이 해 줬어. 거의 매일 같이 있었지. 날 외롭게 한 적도 한 번도 없었어."

머리가 지끈거렸다. 지금 그 얘길 나한테 해서 어쩌자는 거야? 그렇게 만나자고 조르더니 기껏 이런 이야길 하려고 한 거야?

"…… 그 얘길 하고 싶어서 만나자고 한 거야?"

"그런 말을 하는 게 아니잖아, 지금!"

또다시 여자 친구의 언성이 높아지기 시작했다. 결국 이렇게 되는군. 요즘 우리는 계속 이런 상황의 반복이다. 화를 내지 않으려 감정을 억누른 체 뭐라고 계속 소리 지르고 있는 여자 친구의 말을 귓전으로 흘려보냈다. 초조하다. 이러고 있을 때가 아닌데.

"…… 내가 다른 애들처럼 명품 백을 사달래? 남자 친구면서 같이

　이야기를 들어주는 심리학

있는 것 하나 제대로 못해 줘? 그러고 뭐가 사랑한다는 거야? 솔직히 옛날 걔에 비하면 오빤 진짜 해 주는 게 없어. 만날 내가 보채듯이 연락해야 겨우 나오고! 조금이라도 나랑 더 같이 있고 싶은 게 당연한 거 아냐?"

"오빠가 지금 중요한 시기잖아. 그래서 네게 부탁했잖아 ……."

"이 세상에 오빠 혼자 공부해? 나 하나 행복하게도 못해 주면서 공부는 왜 하는데? 혼자서 고상한 척, 잘난 척하지 마. 나하고 유학하고 어느 게 더 소중해? 여자 친구가 힘들다는데 와 주는 게 먼저 아냐? 나 내팽개치고 공부가 그렇게 잘돼? 그렇게 공부가 좋으면 공부하고 사귀지 난 왜 만나?"

"…… 오늘도 그래서 이렇게 나왔고, 이틀 전에도 만났잖아. 통화도 계속했고. 조금만 기다려 주면 안 되니?"

"이게 제대로 만나는 거야? 솔직히 오빠가 공부 잘하는 거 하고 나하고 무슨 상관인데! 오빠 좋으려고 공부하는 거잖아! 남들한테는 온갖 착한 척, 위하는 척 다하면서. 오빠 그런 식으로 하는 거 보면 웃기지도 않아. 여자 친구 하나 못 챙기면서 뭐가 착하다는 거야? 진짜 자기밖에 모르는 주제에."

펑.

머릿속에서 방금 들은 단어들이 폭발했다. 갑자기 참기 힘든 분노가 밀려왔다.

"누가 자기밖에 모른다고?"

나 자신에게도 생소한 차가운 목소리.

조용히 이야기하던 내가 갑자기 변하자, 심상치 않음을 느꼈는지 여자 친구가 움찔했다.

"바로 그제 너랑 찜질방 가서 밤새도록 같이 있어 줬잖아. 그때도 난 그 전날 하루를 꼬박 세고 만난 거였어. 만날 외롭다고 노래 부르는 네가 힘들까 봐. 그런데도 넌 그날 계속 삐져서 내가 온 방을 찾아다니면서 달래고 또 달래야 했지. 미안하다고 말하고 부탁도 했잖아. 오빠 지금 정말 중요한 시기니까 자주 못 봐도 일주일만 기다려 달라고. 그런데 겨우 이틀 지난 지금 이러고 있는 넌 뭐야?"

이전에 이렇게 화가 난 적이 있었던가.

"정말 자기밖에 모르는 사람이 누구야? 네가 싫다고 해서 그렇게 친하던 친구들과도 관계를 끊었어. 지난 일 년 동안 거의 매일 너하고만 붙어 있었잖아. 엄마가 집에 잘 안 내려온다고 화낼 때도 난 너가 힘들다고 해서 집에 가지도 못했어. 예전엔 단 한번도 가족들한테 서운한 소리 들어본 적 없는 아들이었는데, 요즘은 나보고 아버지가 뭐래시는 줄 알아? 네가 힘들다고 울어서 시험 전날 밤새도록 얘길 들어 주느라 공부는커녕 다음 날 지각까지 한 적도 있었어. 너 때문에 팀 모임을 몇 번 빠졌는 줄 알아? 그때마다 난 너무 면목이 없고 괴로웠어. 결국 같은 연구팀 애들이 너무 단합에 신경을 안 쓴다고 핀잔을 줄 때도 난 네게 아무 말도 안했잖아. 지난 일 년의 삶이 전부 네게 맞춰져 있었다고! 그런데도 넌 만날 내게 화만 내지! 이 이상 어떻게 잘 하란 말인데? 오빠가 너 때문에 졸업도 못하고, 유학도 못가고, 아무것도 못하게 되면 좋겠어?"

펑, 펑, 머릿속에서 계속 폭발이 일어나고 있다. 눈앞이 빨개지는 것 같다. 집에서도 밖에서도 늘 모범적인 모습으로 살아왔던 내가. 난

이야기를 들어주는 심리학

늘 사교적이고 부드러운 사람이었는데. 누군가를 욕해본 적도, 욕을 들어본 적도 없었다.

"옛날 남자 이야기 내 앞에서 하지 말라고 했잖아. 그런데도 계속 말하고 있는 넌 내 말을 무시하는 거 아냐? 그렇게 좋다면 그 자식하고 왜 헤어졌어? 그 자식이랑 자꾸 비교해서 말하지 마! 넌 도대체 날 뭘로 보는데! 참아 주고 부드럽게 이야길 하면 알아듣지도 못해? 지금도 이 바쁜 시간을 잠도 못잔 피곤한 몸으로 왜 너한테 이런 취급당하고 있어야 해? 내가 네 노예야? 남자 친구란 이유만으로 네가 날 이딴 식으로 대할 자격이 있어?"

말이 폭포수처럼 계속 쏟아져 나왔다. 갈등 상황이면 늘 말이 없어졌던 내가 마치 제어장치가 하나 터져 버린 것처럼 계속 비난을 퍼부었다.

"정말 자기밖에 모른다는 건 너 같은 애를 두고 말하는 거야. 넌 애초에 날 배려하는 마음 자체가 없는 애잖아. 얼마나 더 날 망쳐야 넌 만족하는데? 더 이상은 못 참겠어!"

나는 퍼렇게 날이 선 채로 차갑게 일어섰다.

"더 이상은 휘둘리지 않겠어. 넌 나쁜 년이야. 이제 우리 그만하자."

내 입에서 이런 말까지 나오게 하다니. 날 이렇게까지 나쁜 사람으로 만들다니. 너 같은 애를 만나서 연애한다고 그동안 이렇게까지 내 삶을 희생하다니!

난생 처음 분노로 몸이 부들부들 떨리는 걸 느끼면서 난 빠른 걸음으로 그 자리를 떠났다.

멍하니 생각하고 있자니 두통이 다시 나를 덮쳐 온다. 최근 들어 습관적인 두통이 생겼다. 매점에서 생수를 사 들고는 서둘러 진통제를 삼킨다. 머릿속이 불쾌하고 터질 듯한 느낌. 싫다, 내가 망가진 것만 같다.

여자 친구를 혼자 두고 떠나 버린 그날 이후, 난 연락도 받지 않고 부딪치려 하지도 않았다. 그녀가 몇 번인가 미안하다고 말을 걸어오려 했지만, 그때마다 난 다시 그 애가 나에게 줬던 힘든 기억들이 떠오르며 화가 났다. 결코 관계를 회복하고 싶지 않았다. 다시는 그런 시간들을 참아 줄 자신도, 마음도 없었다.

그렇게 헤어지고 나서 이미 3개월. 아무도 만나기 싫고 공부도 되질 않아 한동안 혼자 방에 틀어박혀 있었다. 내가 폐인이 된 듯한 느낌에 죽고만 싶었다. 이래선 안 된다는 생각에 책을 싸 들고 도서관에 나오기 시작했지만, 순간순간 떠오르는 억울함과 분노 때문에 공부가 제대로 되질 않는다. 내가 왜 이렇게 삶을 희생당해야 하지? 그렇게 노력했는데 내가 무슨 잘못이 있어서 이렇게 힘들어야 하는 거야? 지난 1년간의 시간을 잃어버린 것도 모자라 지금도 이렇게 집중하지 못하게 만들다니 …… 도대체 내가 뭘 그렇게 잘못했기에, 내 삶을 이렇게 망쳐 놓는 거지?

떠오르는 생각들 때문에 자리에 앉아 있다가도 화가 난다. 그리고 그 분노 때문에 집중하지 못하는 상황에 다시 억울해진다.

'내가 뭘 잘못했기에 …… 도대체 내가 뭘 잘못했기에!'

처음에도 자기가 먼저 접근한 주제에! 난 다만 '여자 친구'에게 최선을 다하려고 노력했을 뿐이었다. 그런데 날 그렇게 함부로 대하고,

이야기를 들어주는 심리학

지금까지 이렇게 힘들게 하다니. 내가 한 노력이 그렇게 아무것도 아니었단 말인가!

"……휴……"

한숨이 차갑게 식은 복도의 공기 속에 녹아들어 간다.

한 때 사랑한다고 생각했던 그 애의 미운 얼굴이 떠올라, 또 내 머릿속을 욱신욱신 짓밟는다.

'전에 그 애는 말이야……'

앵무새처럼 입을 벌리는 그녀의 기억. 그 얼굴을 향해서 돌을 던지듯이, 나는 되뇌었다.

"……이전의 나를 다시 돌려줘, 이 마녀야."

마 주 보 기

"너무 화가 나서 참을 수 없어요. 걔가 내 삶을 망쳐 놓았어요. 미래가 걸린 중요한 시간인데, 이렇게 집중도 못하고 보낼 순 없잖아요. 어떻게 이 답답함을 풀어야 하죠? 생각할수록 억울해요."

나의 사랑

"그 애를 용서 못하겠어요."

"한때 사랑한다고 믿었던 사람인데, 지금은 그녀가 밉기만 하군요. 좋은 남자 친구가 되어 주려 얼마나 노력했었는지 당신의 이야기를 들어보면 느껴져요. 그만큼, 사실은 소중히 하고 싶은 사람이었군요. 그런데도 그런 당신의 노력을 인정하고 기뻐해 주기보단, 늘 부족하다는 듯 옛날 연인 이야기를 하는 그녀를 보며 좌절감이 많았겠어요. 비교당하는 게 좋을 사람은 아무도 없잖아요. 그런데도 그 시간을 오래 참아 왔네요. 사실은 얼마나 서운했을까요? 당신의 바람은 그런 노력을 인정받고 당신이 배려한 만큼 상대에게 배려받는 일이었을 테니까요.

실망하고, 지치고, 당신의 마음도 몰라주고 불평만 하는 모습에 무시당하는 느낌까지 들어 굉장히 화가 났군요. 그래서 더 이상은 참아 줄 마음도, 헌신하고 싶은 마음도 사라졌나 봐요. 뿐만 아니라 그동안의 노력이 아무 보람도 없이 그저 손해 본 시간으로 느껴져 당신의 노력을 무시했던 그녀를 용서하기가 힘들군요."

나의 가족

"늘 착한 아들이었는데 걔를 만나고서 다 엉망이 됐어요. 지금까지 날 이렇게 만든 사람은 없었어요."

"어릴 때부터 늘 부모님을 기쁘게 해 온 아들이었군요. 처음으로 가족들에게 실망스러움을 안겨 줘야 했을 때는 마음이 괴로웠겠어요. 그런데도 여자 친구를 우선순위로 할 만큼 그녀를 중요하게 생각했는데, 보람도 없이 가족을 실망시킨 기억만이 남고 말았네요. 얼마나 속상할까요. 가족들도 그녀 때문에 당신이 변했다고 생각하겠어요. 부모님을 만족시키기 위해 어릴 때부터 열심히 노력해 왔고, 그 대가로

이야기를 들어주는 심리학

좋은 평가를 얻어 왔네요.

열심히 노력하고 모범적인 행동을 하면 인정을 해 준 그런 가정이었군요. 좋은 아들이 되기 위해 늘 애써 온 당신의 삶이 대단해요. 그런데 그녀에게는 열심히 노력했는데도 좋은 결과가 나오질 않았으니 화가 났겠어요. 더구나 그전에 당신이 열심히 쌓아올린 가족과의 좋은 관계까지 나쁜 영향이 미칠 때는 얼마나 속상했을까요. 노력하고 그 대가로 항상 가족들의 인정을 받아 온 당신이기에, 가족을 희생하면서까지 최선을 다한 당신의 노력을 인정해 주지 않은 그녀가 밉고 원망스럽겠어요."

나의 생각

"그 애 때문에 너무 많이 손해 봤어요."

"멀어진 친구관계와 충실하지 못했던 공부, 가족과의 갈등 등을 떠올리면 너무 아쉽겠어요. 더구나 그 시간들이 감정적으로도 많이 힘들었을 테니까요. 얼마나 고민스럽고 슬펐을까요? 다 나에게 소중한 것들이었잖아요. 내가 원하지 않는데도 자꾸 잘못되어 가는 듯한 주변 상황에 마음이 무거웠죠.

그녀와 사귀면서 성실하고 모범적인 삶을 살아야 한다는 가치와 그녀를 만족시켜야 한다는 가치가 많이 충돌했겠어요. 당신은 늘 주위에 능력을 인정받는 좋은 사람이었잖아요. 그런데도 그녀에게 좋은 남자 친구가 되어 주려고 자신이 소중히 여기는 가치를 희생하면서까지 많은 노력을 했군요. 당신에겐 큰 선택이었죠. 그 마음을 상대방도 알아주었으면 얼마나 좋았을까요? 알아줄 거라 믿었을 텐데요. 지금까지 당신이 노력하면 인정을 받아 왔으니까요. 그런데도 늘 만족하지 못하는 여자 친구를 보면서 당신의 마음은 많은 좌절감을 겪었군요. 합당한 보상이 없는 거죠. 내가 그 많은 걸 희생시켰는데 말이에요. 그래서 지금은 후회스럽군요. 그리고 억울하겠어요. 사실은 당신이 원래 소중히 여기던 삶과 그녀, 둘 다 잘해 가고 싶은 욕구가 있었는데 다 그녀 때문에 망친 것만 같으니까요."

나의 감정

"화가 나고 억울해요. 이전엔 이렇게까지 화가 나 본 적이 없어요."

"그래요, 너무나 화가 나겠어요. 그동안 억눌러 왔던 감정들이 한꺼번에 복받쳐 올라오는군요. 사랑하는 사람이라고 생각했기에 참았던 답답함, 서운함, 속상함, 아쉬움들이 이젠 분노로 변했나 봐요.

당신은 늘 온화하고, 다른 사람과 갈등을 일으킬 일도 잘 하지 않는 사람이었군요. 그리고 늘 인정받는 삶을 살아왔기에 당신의 말들이 주위에 충분히 수용되었겠어요. 그러니 굳이 화낼 일도, 싸워야 할 일도 크게 없었죠. 그런데 그녀에겐 당신이 어떻게 노력하는가와 상관없이 계속 비난을 들어야 했으니 화날 만도 해요. 더구나 그런 감정을 오랜 시간 참아 왔잖아요. 그러다 상대에게 더 이상 기대할게 없다고 느껴지자 더 이상은 참지 못하게 되었네요. 참아 봐야 보람이 없으니까요. 그때의 씁쓸함이 참 컸겠어요.

지금까지 자신을 억눌러 온 수고가 수포로 돌아가고, 당신에겐 온통 헤집어진 듯한 감정만 남았네요. 그 억울함과 분노를 풀지 못해 날마다 괴롭군요. 일 년이 넘는 시간을 열심히 참아 왔던 그 감정들이 그냥 사라져 주지 않았던 거죠. 그래요, 지금은 이미 관계가 정리되었는데도 당신은 홀로 지난 일 년 분량의 아픔을 겪고 있군요."

나의 행동

"공부가 안 돼요. 맘을 가라앉히느라 만날 혼자 방황해요."

"많이 힘들죠. 공부에 집중하기 위해서는 마음이 편안하고 안정되어야 하는데 그런 상태가 아니니까요. 얼마나 초조하겠어요? 당신은 모든 걸 잊고 공부에만 집중하고 싶은데 당신의 가슴은 풀지 못한 감정이 먼저라고 자꾸 주장하고 있네요. 그래서 떠올리려 하지 않아도 불쑥불쑥 감정들이 솟구쳐 오르는 거죠. 그것도 불쾌하고 어떻게 해결해야 할지 알 수 없는 감정들이 말이죠.

시간은 자꾸 흘러가고 내가 목표로 한 미래도 멀어지는 것만 같아 불안하겠어요. 안 그래도 복잡한 마음에 그런 감정들까지 자꾸 겹치니 시간이 갈수록 점점 더 답답하죠. 그래서 가만히 앉아 있기가 힘든가 봐요. 공부를 열심히 하려고 날마다 노력하는 당신과 답답함을 견디지 못해 방황하는 당신의 행동이 각각 다른 말을 하는 듯해서 안타깝네요. 한쪽은 '내 삶을 성공적으로 살도록 노력하고 싶어요.' 라 말하고, 한쪽은 '지금 괴로운 나의 맘을 해결하고 싶어요.' 라 말하고 있으니까요. 이러지도 못하고 저러지도 못한 체 왔다갔다하는 당신이 많이 힘들겠어요."

나의 몸

"머리가 아파요."

"두통은 정말 성가신 병이죠. 신경도 날카로워지고, 무엇보다 집중하거나 생각하는데 많은 방해를 하니까요. 원인도 너무 많아서 어떻게 치료를 해야 할지 막막하기도 해요. 진통제를 먹는 것 말고는 딱히 당장에 손쓸 방법이 없죠. 공부를 해야 하는데 두통까지 찾아왔으니 짜증이 나겠어요. 이전엔 없었던 증상인데 말이죠.

그런데 여자 친구랑 헤어질 무렵부터 두통이 생기기 시작했군요. 당신이 머리가 아플 만도 했겠어요. 한꺼번에 감당해야 하는 스트레스가 너무 많았으니까요. 졸업이며 유학준비에, 이별이라는 큰 사건, 그리고 해결되지 않은 감정들에 시달리기까지 하고 있으니 얼마나 스트레스를 받았을까요? 당신이 많은 고통을 겪고 있다는 걸 몸도 말해주는군요."

나의 대인관계

"옛날에 소중했던 친구들을 다 잃은 것 같아요. 지금은 그나마 있는 친구들마저 자꾸 피하게 되고요. 고민하는 모습을 보이기 싫고, 만나면 또 잘 지내야 하거든요."

"여자 친구 때문에 멀어져야 했던 친구들이 정말 소중했나 봐요. 그래서 지금도 그 친구들을 잃어야 한 일이 많이 슬프군요. 당신의 성품에 친구들과 싸우거나 하진 않았을 텐데 여자 친구가 그들을 많이 싫어해서 점점 만나기 어려워졌나 봐요. 참 안타깝겠어요. 그 친구들을 향한 애정은 여전한데 한번 멀어져 버린 관계를 다시 돌리긴 힘이

이야기를 들어주는 심리학

드니까요. 그래서 지금은 더욱 그녀가 원망스럽군요. 나에게서 소중한 관계를 빼앗았으니 말이에요.

게다가 그녀와 헤어진 지금도 친구들을 만나는 일은 힘든가 봐요. 당신이 고민하는 모습을 보일까 봐 피하게 되는군요. 당신은 본래 사교적이고 관계의 기술도 뛰어난 사람이니까, 만나면 아무렇지도 않은 듯 잘 지내지만 혼자 돌아서면 더 지치는군요.

혹시 헤어졌단 사실을 아무에게도 말하지 못한 건 아닌지 걱정도 되네요. 그래요, 헤어졌단 이야기를 남에게 하기는 쉽지 않죠. 왠지 내가 실패한 것도 같고 그 때문에 힘든 모습을 보이면 더욱 초라한 기분도 들 테니까요. 헤어진 걸 알고 있는 사람들 앞에서도 괜찮은 듯 행동하고 싶을 거예요. 우리는 혼자서 마음을 추슬러서 흐트러진 모습을 보이지 않고 담담하게 표현하길 원하잖아요. 하지만 그런 기분들이 당신을 더욱 외롭고 고립된 존재로 만들지는 않을지 걱정이에요. 이미 큰 상실감을 경험하고 상처를 받은 당신에게 무엇보다 필요한 것은 아직 내 곁에 남아 있는 소중한 친구들의 위로와 따뜻한 친밀감일지도 모르니까요."

나의 성공

"제대로 유학을 갈지 모르겠어요. 이젠 능력을 인정받는 사람이 못될까 봐 걱정이에요."

"공부가 잘 되질 않아 불안하군요. 이전엔 겪어 보지 못한 답보 상태라 걱정이 많이 되나 봐요. 더구나 새롭게 진학을 해야 하는 중요한 시기에 이런 어려움을 겪고 있으니까요. 과거에 많은 성공 경험이 있는데도 지금의 자신을 보면 '난 할 수 있다' 는 느낌이 들질 않는군요. 그만큼 지금 당신이 겪고 있는 혼란이 큰 것 같아 안타깝네요.

지난 일 년을 망쳤다는 생각 때문에 잘 못할지도 모른다는 부담감이 더 크겠어요. 무엇보다 지금의 자신이 잘 통제되질 않아서 목표만큼 공부할 수 있다는 확신을 갖기가 힘들군요. 당장 하루하루가 당신의 계획과는 다르게 흘러가고 있으니까요. 반드시 이루고 싶은 일인데 잘 되질 않아 초조해하는 당신의 마음이 전해져요. 그만큼 이런 좌절이 당신에겐 생소한 경험이군요. 실패의 경험이 두렵고, 실패하면 다시 이전처럼 못 돌아 갈까 봐 불안해하는 당신이 안타까워요. 사실은 누구보다 유능한 사람인데 말이죠."

안 아 주 기

가족에 관하여

"가족들에게서 인정 대신 걱정하는 목소리를 들어야 했을 때 당신의 기분이 어땠나요? 당신의 이야기를 들어보면 과거에는 그런 경험을 한 적이 거의 없었군요. 당신 가족 안에는 '착한 아들이 되려면 ~해야 한다' 는 규칙이 있고, 당신이 그 규칙을 만족시키면 인정해 주고 칭찬해 주었어요. 예를 들어, '늘 열심히 공부하고 모범적이어야 한다', '방학 때는 집에 돌아와 가족과 함께 있어야 한다', '걱정을 끼치지 않아야 한다' 같은 것들이죠.

당신은 이 규칙들을 지키기 위해 열심히 노력해 왔어요. 그 결과 늘 성공적으로 인정을 받았죠. 어릴 때부터 이렇게 가족 안에서 살아남는 방법을 터득하게 된 거예요. 그리고 이 방법은 가족을 벗어나 당신의 삶 자체에도 중요한 규칙이 되었네요. 가만히 살펴보면 당신은 다른 곳에서도 동일한 형태로 열심히 노력했죠. 그 대가로 대부분의 사람들에게 인정을 받아 왔고요.

그런데 여자 친구가 나타나서 당신의 이 성공적인 삶에 처음으로 돌을 던졌군요. 균형을 깨 버린 거죠. 먼저 그동안 쭉 지켜 오던 가족 안에서의 인정에 흠집을 냈어요. 당신이 가족보다 여자 친구를 선택했을 때 가족들은 모두 규칙을 지키지 않는 당신에게 놀란 거죠. 그리고 다시 규칙을 지키라고 압력을 가했어요. '실망스럽다', '네가 지금 잘못하고 있다'고 말이죠. 당신도 태어나서 처음 받아 보는 이런 압력에 너무 당황하고 혼란스러웠겠어요.

여기서 그치지 않고, 그녀는 당신의 삶 속에서도 이 규칙을 지키기 어렵도록 만들기 시작했어요. 처음으로 연구팀보다 더 우선으로 선택해야 할 일이 생겼고, 때로는 당신의 계획을 무시하고 시험 전날에도 힘들다며 불러내기도 했죠. 당신이 태어나서 한번도 살아본 적이 없는 삶을 살도록 만든 거죠. 그 과정을 겪으면서 당신이 얼마나 낯설고, 혼란스러웠을지 짐작이 가요. 규칙을 지킬 때 인정해 주던 사람들의 지지도 차츰 잃게 되고, 참 많이 외로웠겠어요. 그런데도 이 새로운 삶을 일 년이나 지속해 오다니 참 신기하지 않나요.

당신이 가족 안에서 배워 온 규칙이 반드시 나쁜 것은 아니에요.

그러나 '항상 이 규칙을 지켜야만 옳다' 라는 생각에는 조금 염려되는 부분이 있어요. 왜냐하면 이 말 속에는 '규칙을 지킬지 안 지킬지 내가 선택한다' 가 아니라 '규칙을 지키지 않는 것은 나쁘다' 라는 생각이 깔려 있거든요. 사실 이 규칙을 지키지 않고도 건강하게 살아가는 사람들은 많아요. 그런데도 당신은 이 규칙을 지키는 것 외에 다른 선택은 하지 못하게 묶여 버리는 거죠. 규칙을 지키지 않는 건 '나쁜' 일을 하는 거니까요.

이런 생각이 드네요. 그렇게 꼭 지켜야만 하는 규칙이었다면 당신은 어떻게 지난 일 년 동안 규칙을 지키지 않고 살았을까요? 그녀를 좋아한다는 동기가 있었다고 해도, 당신은 가족보다 그녀를 선택하기도 하고, 공부보다 그녀를 선택하기도 했었잖아요.

혹시 자신도 의식하지 못한 마음 깊은 곳에서는 이 규칙을 무조건 지키기보다, 한 번 나의 의지로 새로운 선택을 해 보고 싶은 열망이 있었던 건 아닐까요? 그래서 가족으로부터의 압력과 혼란스러움을 느끼면서도 일 년 동안이나 노력한 거죠. 물론 그녀는 성숙하지 못했고 많은 잘못을 했어요. 당신을 힘들게 했죠. 좀 더 성숙한 사람이었다면 당신의 이 새로운 모험을 도와줬을지도 모르는데 안타깝네요.

어쨌든 당신이 그녀라는 존재를 통해서 뭔가 변화를 시도해 보았던 건 사실인 듯해요. 아쉽게도 그 결과는 좋지 않았지만 말이죠. 그래도 전 당신의 이 작은 모험 자체는 의미 있다고 말하고 싶어요. 용기가 필요한 일이었죠. 비록 가족들은 환영하지 않더라도, 당신이 처음으로 주체적인 선택을 한다는 모험을 해 본 거잖아요. 그 규칙을 절대적인 법이 아니라, 하나의 선택지로 만든 거죠.

전 당신이 선택했던 모험을 포기하지 않길 바라요. 다시 말하면, 이 규칙이 반드시 옳다고 생각하는 그 딱딱한 틀에서 벗어나길 바라고 있죠. 가족들이 어릴 때부터 당신에게 심어 준 규칙은 지혜로운 말들이었지만, 항상 옳은 말은 아니죠. 그녀만 해도, 당신이 최선을 다해 노력했지만 인정해 주지 않았잖아요. 그래서 당신은 '내가 노력해도 인정을 해 주지 않는 사람이 있다', '성실하고 착하게 행동해도 항상 사랑받지는 않는다'라는 새로운 지혜를 배워야 했죠. 그녀는 상처를 줬지만, 규칙이 '진리'가 아님을 확인시켜 주기도 한 거죠.

이젠 규칙의 노예에서 벗어나기로 해요. 자신의 선택으로 살고 싶은 열망에 귀를 기울이는 거죠. 당신은 더 이상 '옳고 그름'이 아닌 '새로운 가능성'을 바라고 있으니까요."

생각에 관하여

"결과적으로 당신의 첫 모험은 아픔을 많이 남겼네요. 처음 해 보는 갈등과 선택이 이미 익숙해진 삶을 지키는 일보다 더 좋은 결과를 가져오긴 힘들었겠죠. 서툴고 어색한 일로 가득했으니까요. 게다가 그런 당신의 선택을 누구보다 지지해 주어야 할 그녀에게서조차 인정을 받지 못했으니, 좌절감이 컸겠어요. 그래서 당신은 삶을 모범적으로 살아야 한다는 익숙한 규칙과 그녀를 만족시키고 싶다는 열망 중에 다시 전자를 선택했군요. 지난 시간의 모험은 모두 '손해 본 시간'이 된 거죠.

물론 그녀가 좋은 여자 친구는 아니었어요. 당신의 노력을 인정해 주지 않은 것도 잘한 일은 아니죠. 하지만 당신이 느끼는 분노는 단순히 그녀가 서운하게 해서가 아니라, '내가 옳은 일을 했는데도' 인정해 주지 않았기 때문인 걸 알겠나요? '어떻게 이런 사람이 있을 수 있지?', '나라면 절대 그렇겐 못할 거야.' 이런 생각이 드는 거죠. 당신의 세계 안에 처음으로 혼란을 일으키는 사람이 등장한 거예요. 심각한 피해도 남겼죠.

그래요, 그녀는 '열심히 노력하면 인정을 받는다' 는 규칙에 맞지 않는 사람이었어요. 그래서 당신은 두 가지 중에서 하나를 선택해야 했어요. 지금까지 살아온 가치관이 꼭 정답은 아니다라고 받아들이던가, 아니면 내 세계를 혼란시킨 그녀에게 모든 책임을 넘기고 계속 화를 내던가 말이죠. 그래서 지금 계속 분노하고 있는 당신은 단순히 상처를 받은 게 아니라 '내 삶을 망쳤다' 라는 억울함을 느끼고 있어요.

지난 1년간 교제를 하면서 당신이 정말 원했던 건 무엇이었나요? 당신은 그녀와 삶의 규칙 둘 다를 만족시키고 싶었던 듯해요. 사실 생활을 잘 조절하면서 여자 친구와도 잘 지낸다면 더할 나위 없이 좋은 연애죠. 그러나 그렇게 하기에는 여자 친구도 너무 미성숙했고, 당신의 규칙도 너무 경직되어 있었어요. 그래서 이 새로운 시도가 실패하게 된 거죠. 그리고 지금 당신은 그 책임을 그녀에게 묻고 있어요. 왜냐하면 당신은 규칙에 따라 '최선을 다해서' 노력했으니까요.

온 힘을 다했는데도 인정받지 못한다는 건 슬픈 일이죠. 그러나 사실 우리는 어떤 일의 결과를 통제하지 못해요. 내가 교통질서를 잘 지킨다고 해서 반드시 사고가 나지 않는 건 아니듯이 말이에요. '대부분의 경우 사고가 나지 않았다' 라는 경험만 있을 뿐이죠. 그렇기에 결과와 당신이 했던 노력을 이제 분리시켰으면 해요.

이야기를 들어주는 심리학

비록 그녀와의 연애는 이별로 끝났지만, 당신이 새롭게 했던 시도와 그녀를 위해 노력한 일은 결코 무가치하지 않아요. 설령 교통사고가 난다 해도, 그 사람이 교통질서를 지킨 행동이 여전히 가치가 있는 것처럼 말이죠. 적어도 당신은 그 속에서 내 삶의 규칙이 반드시 '진리'는 아니라는 중요한 진실을 알았잖아요. 사실은 '노력을 하면 반드시 인정을 받는다'는 그 규칙도 '노력한다'는 행동과 '인정'이라는 결과가 분리되어 있었던 거죠.

아무리 화가 난다 해도, 지난 일 년이 당신이 열심히 살아온 시간이라는 건 분명한 사실이에요. 당신의 삶과 그녀 둘 다를 만족시키려는 굉장히 어려운 노력을 했던 시간이죠. 그걸 위해서 당신은 처음으로 자신의 규칙에서 벗어나는 모험도 했었잖아요. 당신이 진정으로 원하던, 삶과 연애 모두에서 성공하는 인생을 살기 위해 꼭 필요한 노력이었죠.

그녀가 당신을 상처 주고, 혼란스럽게 했지만 결코 그 시간을 무가치하게 만들지는 못해요. 그러니 이제 '인정을 해 주지 않은' 그녀 책임이라고 생각하는 일은 그만하기로 해요. 아쉽긴 하죠. 하지만 그녀와 상관없이 당신이 한 노력들은 여전히 소중해요. 적어도 당신은 다음 연애에서는 좀 더 지혜로워지고, 규칙에도 덜 얽매일 테니까요."

감정에 관하여

"당신이 그녀를 존중하는 방법 중 하나가 화내지 않고 부드럽게 대하는 일이었군요. 당신이 이런 태도를 중요하게 생각해 왔다는 점은 당신의 이야기나, 저를 대하는 태도를 통해서도 알 수 있어요. 다른 사람에게 화내지 않고 따뜻하게 대하는 건 훌륭한 능력이죠. 상대를 편안하게 해 주고 호감을 느끼게 하니까요.

한 가지 걱정이 되는 건 늘 그런 태도를 유지하기 위해 당신이 너무 많이 참아야 하는 건 아닐까 하는 거예요. 화가 나지 않고 늘 상대방이 좋아 보인다면 상관이 없겠지만, 당신이 화를 내지 않는다고 해서 감정까지 상하지 않는 건 아니니까요.

그녀와의 관계에서도 이런 부분이 문제가 되었죠. 사실 그녀는 당신을 많이 화나게 했어요. 그녀는 요구가 많고, 만족할 줄 모르고, 예민하고, 말하는 태도가 강한 사람이었으니까요. 이런 기질을 가진 그녀는 납득하기 어려운 요구나 짜증나는 행동을 많이 했을 거예요. 예를 들어 당장 논문 통과 여부가 달린 중요한 발표수업이 코앞인데도 같이 있어 주지 않는다는 이유로 당당하게 당신을 비난하는 모습처럼 말이죠. 당신에게는 이해가 가질 않는 행동이겠죠. 자신의 방식과 너무 다르니까요. 그런데도 당신은 폭발해 버렸던 '그날'이 오기까지 늘 그녀를 달래고 참기만 했잖아요. 정말 '착한 남자 친구'였던 거죠.

안타깝지만, 사람의 감정은 참는다고 해서 없어지지 않는 심리적 특성이 있어요. 저희가 '미해결 과제 게슈탈트 치료에서 잘 쓰는 말입니다' 라고 부르는, 표현되지 않아서 충족하지 못한 감정과 욕구들은 시간이 지난다고 자연스레 사라지거나 다른 일을 통해 채워지지 않아요. 계속 남아서 우리를 괴롭히죠. '날 해결하란 말이야!' 라고 외치면서 말이죠.

배가 너무 고픈데 쇼핑을 하거나 영화를 보려 한다면 어떻게 될까요? 멋진 물건이나 영화 내용은 눈에 들어오질 않고, 음식 가게의 냄새와 영화에서 나오는 먹을거리만 자꾸 크게 느껴지지 않을까요? 계

이야기를 들어주는 심리학

속 배가 고프면 쇼핑이니 영화니 상관없이 무척 짜증이 나겠죠. 우리의 삶 속에서도 이와 비슷한 상황이 벌어지는 거예요. 지금 당신이 이런 곤혹스러움을 느끼고 있죠.

당신이 그날 폭발해 버린 이유는 더 이상 참기 어려워졌기 때문이죠. 화가 났다는 걸 표현한 건 다행이었지만, 문제는 그 한 번으로 속이 후련해지기엔 그동안 쌓아 온 감정들이 너무 많았어요. 그녀에게 배려받아야만 했는데 그러지 못했던 감정들이 갈 곳을 잃고 당신 안에서 방황하게 된 거예요. 그 당시에는 당신의 말을 인정해 주지 않았던 서운함, 비난을 당하는 화남, 늘 맞춰 줘야 하는데서 오는 피곤함 같은 감정들이었을 텐데 지금은 그 모든 것을 수용받지 못한 분노와 당신이 일방적으로 배려해야만 했던 억울함이 가득하군요. 앞의 감정들을 적절히 표현하지 못했기 때문에 이젠 '배고픔'이 아니라 '짜증'이 되고만 거죠.

이제 당신이 처음에 삼켰던 그 감정들로 돌아가 보면 좋겠어요. 서운했을 때, 지쳤을 때, 화났을 때, 아쉬웠을 때 그 순간들을 기억하나요? 당신이 그 당시 느낀 그런 감정이 지극히 자연스럽고 당연했던 것을 전 알아요. 제게 이야기해 주세요. 그때 '이렇게 배려받고 싶었다'고.

함께 그 시간에 조금씩 머물러 보면서 그때의 나를 다시 안아 주기로 해요. 당신도 많이 지치고 힘들었죠? 제가 그때의 여자 친구라고 생각하고 그 감정들을 한번 말해 보시겠어요? '오빠가 피곤한데도 널 만나고 싶어 왔는데 네가 이렇게 대하니 서운해.'라고 말이죠. '피곤했군요. 그런데도 날 만나러 와 줘서 고마워요. 제가 오빠를 배려하지 않는 것 같아 서운했군요.' 기분이 어떤가요? 물론 그녀는 이렇게 말하지 않았을 거예요. 하지만 당신의 감정은 이렇게 존중받아야 했어요. 그 감정은 소중한 것이었으니까요.

그래요, 당신은 이런 감정들을 인정받지 못해서 화가 난 거죠. 제게 지금 그 감정들을 인정받으니 기분이 어떤가요? 충분히 감정들을 표현해 보세요. 그리고 인정해 주는 말들에 머물러 보세요.

자, 이젠 역할을 바꾸어 제가 당신의 역할이 되어 볼게요. '오빠가 피곤한데도 널 만나고 싶어 왔는데 네가 이렇게 대하니 서운해.' 이 말을 들으니 기분이 어떤가요? 당신이 여자 친구라면 지금 뭐라고 말하고 싶나요? 미안하지만 조금은 섭섭한 기분도 드나요? 나의 마음을 몰라주는 것 같아서요. 그래요, 그녀는 이런 기분을 느꼈을지도 몰라요. 물론 자신의 섭섭함에만 초점을 맞춰 표현을 나쁘게 했더라도 말이죠.

당신은 참 많이 노력했어요. 그 순간의 서운함과 슬픔들을 그녀를 위해서라고 생각했기 때문에 삼켰어요. 자신이 좀 아프더라도 그렇게 해 주는 일이 좋다고 생각했죠. 사실은 그녀가 알아주길 원했었지만 알아주지 않는다고 상대를 비난할 마음이 없었어요. 기다리고 용서해 주려 했던 거죠. 그때의 당신을 보세요. 참 아름답고 선한 남자 친구의 모습이군요.

이렇게 부드럽고 따뜻한 당신이 감정을 표현한다고 해도, 상대방에게 큰 상처가 안 될지도 모르겠다는 생각은 들지 않나요? 아까 우리가 연습해 본 것처럼 이야길 한다면, 물론 갈등은 생겼을지 모르지만 지금처럼 억울함과 분노에 시달리지는 않았을 거예요. 거기다 상대가 좀 더 성숙하고 배려심이 있는 여성이라면 굳이 싸우지 않고도 서로 원하는 것을 잘 조율하지 않을까요? 일방적으로 당신이 참거나 상대가 참을 필요 없이 말이죠.

당신에겐 새로운 관계가 또 찾아올 거예요. 당신은 매력적인 사람이니까요. 그때는 조금씩 당신의 느낌을 표현하고, 원하는 것을 말해보지 않겠어요? 그 상대가 당신과 잘 조율해 갈 능력이 있는 사람이라면, 당신의 연애는 풍성한 행복으로 채워질 거예요. 혹시 그런 능력이 없는 사람이더라도 관계가 정리되었을 때 지금처럼 앙금이 남지 않을 거예요. 적어도 당신의 느낌과 욕구들을 표현했으니까요."

행동에 관하여

"지금 당신이 더 원하고 있는 일은 무엇일까요? 미래를 위해 공부하는 일과 답답한 감정을 풀어내는 일 중에 말이죠. 제가 느끼기에 당신이 지금 원하는 것은 공부 같네요. 그쪽을 더 원하기에 앉아 있지 않고 자꾸 밖을 배회하는 자신의 행동이 스트레스가 되는 거예요. 맘처럼 되질 않는 감정에 짜증도 나고 말이죠. 그렇다면 지금 우리가 함께 목표로 삼아야 할 일은 당신이 원하는 공부에 잘 집중하도록 방법을 찾는 일이군요.

그렇다면 어떻게 하면 좋을까요? 좀 전에 당신의 감정에 대해 다루면서 이전에 표현하지 못한 감정들이 지금 미해결 과제로 남아 있음을 발견했죠. 그리고 그 감정들은 지금이라도 하나씩 인정해 주는 작업이 필요하다는 사실도 알았어요.

이 모든 과정을 뛰어넘는다면 참 좋겠지만, 지금 당신의 무의식은 '그렇겐 안 된다'라고 말하고 있는 걸 느끼나요? 억지로 앉아 공부를 하려 해도 계속 집중이 되질 않고 답답해 터질 것 같은 마음이 바로 그 메시지죠. 그래서 우리는 당신이 지금 진정 원하는 공부를 하기 위해 당신 안에 있는 감정들을 정리해야 해요. 사실 당신의 무의식이 계속 이걸 해결하라고 재촉하는 이유도 당신이 미래를 더 잘 살아가기 위해서죠. 서로 상충되는 것 같던 두 가지 행동이 정말은 같은 목적을 위해 일어나고 있었던 거예요.

공부는 다 제쳐놓고 감정을 풀기 위해 시간을 쏟으라는 말은 아니에요. 당신이 지금 소중하게 생각하는 일을 하도록 돕는 것이 목적이니까요. 그러니 감정을 인정해 주는 시간을 당분간 규칙적으로 가져 보면 어떨까요?

예를 들어, 하루에 한 시간 정도씩 떼어서 자신에게 편지를 쓰는 작업을 해 봤으면 해요. 우리의 감정은 그 존재를 반드시 인정해 줘야 해요. 무시하려고 하면 언제까지고 자꾸 고약한 형태로 변하며 깊이 파고들 뿐 잘 사라지지 않죠. 그래서 우리는 '상처'가 남았다는 표현을 쓰게 되는 게 아닐까요? 어릴 때 부모에게 인정받지 못한 아이가 평생을 누군가에게 인정받으려 애쓰며 살아가는 모습은 사실 우리 주위에서 아주 흔히 볼 수 있어요.

그래서 우리의 감정은 반드시 인정해 줄 '누군가'를 필요로 해요. 그런데 놀라운 사실은 이 누군가가 바로 내 자신이 되어도 된다는 거죠. 앞에서 말한 평생을 인정받기 위해 애쓰고 살아가는 아이도, 스스로 '네가 지금까지 그렇게 인정을 받고 싶어서 애써 왔구나.'라고 진정으로 이해해 주기 시작하면 조금씩 그 삶에 변화가 찾아와요. 때로는 누군가의 도움이 필요하기도 하지만 가장 근본적으로는 자기 자신

이야기를 들어주는 심리학

에게 진정으로 수용받는 일이 중요하죠.

당신이 저를 만나러 오는 동안 저는 항상 당신의 감정을 인정해 주려 노력하겠어요. 당신은 존중받아야 할 존재이니까요. 그러나 당신 자신도 노력해야 해요. 그 당시의 감정을 표현하지 않고 억눌렀던 장본인은 바로 당신이기도 했으니까요. 그래서 저는 당신의 하루 일과에 새로운 행동을 하나 추가했으면 해요. 바로 그동안 소외되었던 감정만을 위한 시간을 만드는 거죠. 아까 이야기한 대로 자신에게 편지를 써 보는 것도 좋은 방법이에요. 유치하게 느껴질지도 모르지만, 글을 쓴다는 행동은 어느 순간 명상을 하는 행동과도 같아지죠. 특히 자신을 들여다보며 글을 쓸 때는 더욱 그래요.

이 방법이 맞질 않는다면 다른 새로운 시도를 해 보기로 해요. 하지만 우선은 이 작업을 한번 해 보겠어요? 하루에 한 시간 정도는 당신의 감정을 위한 시간으로 만드세요. 아침에 일어나자마자도 괜찮고 자기 전도 좋아요. 제 생각엔 도서관에 도착해 공부를 시작하기 전에 이걸 먼저 해 보아도 괜찮을 듯하네요. 정한 그 시간만큼은 반드시 다른 어떤 일과와도 바꾸지 않길 바라요. 스스로 가장 중요한 시간이라는 인식이 생기도록 말이죠.

그리고 좋은 노트를 한 권 따로 마련해서 거기에 자신에게 편지를 쓰기 시작하세요. 자신의 답답한 마음, 속상했던 마음들을 공감하며 써야 해요. 처음엔 참는 것이 당연했던 감정들이라 쓰기가 많이 어색하겠지만, 그래도 '~때 넌 참 서운했었지? 말하지 못해 답답했었구나.' 같은 형식으로 써 보는 연습을 꾸준히 해 봐요.

그렇게 그날에 떠오른 과거의 감정이나 느낌을 찾아보며 써 내려간 후에는 끝에 반드시 그런 자신을 인정해 주는 표현으로 마무리하세요. '네가 이렇게 힘들었던 시간이 있었는데도 지금 이 자리에 앉아서 공부하려 하는 모습이 대단해.', '그때 너의 마음은 당연히 그럴 만했어. 귀찮을 텐데도 그냥 묻어 버리지 않고 발전하려는 널 칭찬해 주고 싶어.' 같은 표현 말이죠. 처음엔 이게 효과가 있을까 의구심도 들고 어색할 거예요. 그래도 꾸준히 써 나가면 어느새 당신은 세상에서 가장 다정한 친구가 쓰는 편지처럼 글을 쓰고 있는 자신을 발견할 거예요.

이 방법을 통해서 조금씩 당신은 과거의 감정, 현재의 느낌들을 만나고 인정해 주고 정리하는 작업을 하게 되죠. 그러면 공부 시간에도 이전보다 혼란스럽고 답답한 감정이 찾아오는 빈도가 줄어들게 돼요. 그 감정만을 위한 시간이 따로 있으니까요. 그리고 자신의 감정을 인정해 주는 편지가 쌓여 갈수록 조금씩 그 내용도 희망적으로 변해 감을 느낄 거예요. 자, 힘을 내요. 자신을 만남으로써, 당신이 어떤 상처를 겪었어도 결코 포기하지 않으려던 미래도 만나게 될 테니까요."

몸에 관하여

"두통이 생긴 이유를 아마도 우리 둘 다 짐작하고 있죠. 아직 다 풀리지 않은 분노는 당신의 머리까지 망치질하고 있었군요. 마음의 복잡함만으로도 괴로운데 머리까지 아프니 하루하루가 힘겨웠겠어요. 그래도 두통을 잠재우기 위해 습관적으로 진통제를 계속 먹는 일은 걱정이 되요. 두통이 약을 먹어도 오래 잦아들지 않고 자주 오는 편인데 계속 진통제를 먹으면 잘못하다 속병까지 얻게 될지도 몰라요. 사실 우리의 몸엔 자극적인 약제거든요. 특히 빈속에 먹거나 하면

이야기를 들어주는 심리학

아스피린 같은 생약 성분도 위벽을 자극한다는 건 알려진 사실이죠. 드물긴 하지만 진통제에 의존하게 될 가능성도 있고요.

무엇보다 약을 먹는 행동이 근본적인 치료가 아니라는 점이 중요하죠. 당신의 두통은 흔히 말하는 '신경성' 증상일 확률이 높아요. 그렇기 때문에 근본적 치료는 심리적 영역에서 이뤄져야 하죠. 실제로 우리의 몸은 지속적으로 스트레스를 받거나 분노를 느낄 경우, 교감 신경의 지나친 항진으로 혈관 벽에 가해지는 압력이 높아져서 혈관성 두통을 유발하기도 하니까요. 그래서 저는 막연히 고통만을 피하기 위해 약국에서 진통제를 사다가 계속 먹는 지금의 방식은 일단 멈췄으면 해요. 그럼 아픈데 어떻게 하냐고요? 제대로 된 치료를 받아야죠. 전문의가 있는 병원을 찾아가 진단을 받고 정확한 약을 먹으면 좋겠어요. 약이 부담스럽다면 한의원에 가서 침 치료를 받아도 효과가 아주 좋아요. 어쩔 수 없이 약의 도움을 조금씩 받게 되더라도 그 횟수를 줄이도록 노력해 봐요. 그리고 심리적인 부분을 안정시키는 거죠.

사실 당신이 우리가 앞서 해 온 것처럼 감정을 수용받고 조금씩 과거의 시간들에 대한 분노를 푸는 작업을 계속한다면 당신의 두통도 점점 진정될 거예요. 그렇지만 시간이 걸리겠죠. 그래서 전문적인 도움도 받고, 몸이 상하지 않도록 보호하는 노력도 중요하다고 생각해요. 두통이 오면 통증으로 신경이 날카로워지기 마련이지만, 조금이라도 마음을 가라앉혀 줄 방법들을 개발해 봐요. 예를 들어, 따뜻한 차를 마시며 통증이 가라앉길 기다리거나, 약의 기운이 퍼질 때까지 천천히 산책하며 신선한 공기를 마시고 호흡을 정돈하는 방법도 있겠죠. 머리가 아픈 상황이 2차 스트레스가 되지 않도록, 일단은 몸을 편안하게 이완해 주는 일이 두통의 횟수를 줄이는 데 도움이 될 거예요.

그녀에 대한 불쾌한 감정이나 과거의 기억들과 같이 두통이 자주 찾아온다면, 그런 생각이 떠오르려 할 때 다른 기분 좋은 일들을 의지적으로 떠올려 보세요. 예를 들어, 교수님께 칭찬받고 성취감을 느꼈던 경험이나, 이전에 다른 여성에게 고백을 받아 기분이 좋았던 일 등, 당신에겐 힘들었던 기억만큼이나 행복한 기억도 많으니까요. 그녀에 대한 감정들은 따로 구분한 그 시간에만 떠올리도록 의지적으로 연습하는 거죠. 그리고 좋아하는 음악을 듣거나 잠시 친구들과 통화를 하는 등, 빨리 그 감정에서 다른 행동으로 주의를 옮기는 일도 두통을 완화시키는 데 도움이 되겠죠.

이렇게 당신의 몸과 마음을 보호하는 연습을 적극적으로 해 보기로 해요. 당신의 상처와 분노는 언젠가 지나갈 일들이죠. 그 시간들이 다 지나갔는데도 몸이 나빠지거나 신경이 예민해지는 건 슬픈 일이잖아요. 당신의 아픔과 상처들이 지나가듯이, 당신의 몸도 건강하고 쾌활한 상태로 새로워지려면 지금 방치하지 않고 보호하는 노력이 필요해요. 그렇게 한다면 지금은 힘든 시간이지만 이 모든 것이 지나갔을 때 더욱 건강하고 성숙해진 당신이 될 거예요. 자신을 지키는 방법을 배웠으니까요. 그 모습을 스스로 지켜 가기를 진심으로 바라요.”

대인관계에 관하여

“지금 당신의 모습을 보면, 사람을 잃는다는 경험이 얼마나 고통스러웠는지가 느껴져요. 자신이 관계에 의미를 부여하고 소중한 시간을 함께해 온 사람들과 멀어져야 하는 아픔은 정말 크죠. 당신에게도 지난 일 년간 겪었던 일들 중 가장 힘든 일이었나 보군요.

그 친구들은 당신과 가치관을 공유했고, 꿈을 함께 꾸던 사람들이 었죠. 서로를 잘 안다는 친밀감도 컸군요. 그래서 그녀와 친구들 사이가 좋지 않을 때 당신의 고민이 참 깊었겠어요. 친구들 입장에서도 그녀는 당신이라는 친구를 빼앗아 간 나쁜 사람이군요. 그녀를 보호하려던 당신까지 '변해 버린' 친구가 되어 버렸고요. 말로는 간단하지만 이 과정들을 실제로 많은 시간에 걸쳐 겪어야 했던 당신의 마음은 어땠을까요. 둘 다 소중하고 사랑하는 사람들인데 어느 한쪽도 그런 당신의 마음을 이해하지 못했으니까요. 생살을 잘라 내듯 친구들과 떨어져 나온 아픔이 지금도 당신 안에서 여전히 아물지 않고 있네요.

그때의 친구들에게 다시 한번 말할 기회가 있다면 어떤 이야기를 전하고 싶나요? 여전히 그들을 아끼는 당신의 마음을 전해 보세요. 여기 의자 위에 그 친구들이 있다고 상상해 봐요. 어떤 말을 하고 싶나요?

이번에는 당신이 이쪽으로 와서 앉아보시겠어요? 당신은 1년 전에 여자 친구 때문에 멀어져 간 바로 그 친구예요. 자, 제가 좀 전에 당신이 한 말을 다시 반복해 줄게요.

"나한테는 너희들이 참 소중했어. 그래서 여자 친구와 너희가 사이가 좋지 않을 때는 너무 괴로웠어. 내겐 너희도 여자 친구도 둘 다 소중한데 결국 너희가 날 변해 버렸다고 생각했을 때는 정말 슬펐어. 그때는 여자 친구를 버릴 수 없는 날 이해해 주길 바랐어. 하지만 지금은 그때 그렇게 헤어진 게 너무 후회가 돼. 평생 사이좋게 지내자고 했었잖아. 너희하고 친하게 지내던 날이 너무나 그립고 다시 돌아가고 싶어."

이 말을 들으니 기분이 어떤가요? 당신이 친구라면 뭐라고 대답하고 싶나요? 한번 이야기해 보겠어요?

이 작업을 해 보니 당신이 원하는 것과 친구들의 마음이 조금은 이해가 되죠. 그래요, 그들에게도 당신은 소중한 친구였어요. 그래서 상처도 깊었죠. 지금 당신이 여기서 말해 본 그대로 친구들에게 직접 이야기해 본다면 어떨 것 같나요? 당신이 혼자 두려워했던 상황과 막상 친구들의 자리에 앉아 느껴지는 감정이 조금은 다르죠? 아마도 친구들은 당신이 실제로 느껴 본 것과 비슷한 마음을 갖고 있지 않을까요?

가슴이 아릴만큼 잃고 싶지 않았던 친구들이라면 솔직하게 다시 부딪혀 보기를 바라요. 물론 친구들이 거절할 가능성도 있어요. 하지만 그래도 지금 당신의 상황과 별로 다를 바가 없죠. 혹시 다시 관계가 가까워진다면 당신은 잃었던 관계를 되찾을 수 있잖아요? 그리고 관계를 소중히 했던 시절의 추억들만큼은 당신뿐만 아니라 친구들에게도 변하지 않는 가치에요. 때로 사람들은 변하지만 말이죠. 한때 그렇게 서로를 소중히 여겼던 시간 자체만으로도 보물을 얻은 거죠. 그래요, 아쉽지만 고마운 일이죠.

이제는 여전히 내 곁에 있는 소중한 친구들도 돌아봤으면 해요. 당신은 대인관계의 기술이 뛰어난 사람이에요. 친밀하고 즐거운 시간을 보낼 힘이 있죠. 그러니 지금의 고통스러운 감정을 벗어나기 위해서도 그런 힘을 사용했으면 해요. 물론 억지로 괜찮은 척하며 함께 있는다면 곤혹스럽겠죠. 하지만 잃어버린 친구들만큼이나 지금 이 순간도 곁에 있어 주는 친구들을 소중히 생각한다면, 그들과 함께 지내는

이야기를 들어주는 심리학

시간 자체를 기뻐하게 될 거라 믿어요. 그리고 그런 새로운 경험들은 당신이 혼자 고립되어 계속 분노와 좌절에 빠지지 않도록 도움도 줄 테니까요.

많은 시간을 할애하지는 않더라도 소중한 친구들을 주기적으로 만나세요. 그리고 그 시간 자체를 누리세요. 함께 즐거운 일을 많이 하고 유쾌한 대화도 나누면서요. 우리의 행복은 그런 작은 경험들을 통해 쌓이니까요. 힘든 시간들 속에도 작은 기쁨들이 찾아와 당신에게 이겨낼 힘을 줄 거예요. 그리고 당신이 정말 가깝고 믿을 만한 친구에겐 이별한 사실을 알려주길 바라요. 당신의 솔직한 고민들도 진지하게 나눠줄 친구라면 그 말을 해 주지 않는 것이 더 상처 주는 일일지도 몰라요. 입장을 바꿔서 당신이 그 친구의 그런 사실을 알지 못했다면 기분이 어떨까요? 혹시라도 남을 통해 나중에 듣는다면?

당신이 상대방을 배려하면서 받은 인정과 기쁨만큼이나 상대방도 그런 기회를 얻기 원한다는 사실을 한번 믿어 봐요. 이전에 당신이 헤어진 친구들과 그랬듯이 말이죠. 당신 곁에는 아직도 잃어버리지 않은 소중한 친구들이 있으니까요."

성공에 관하여

"저는 지금까지 살아오면서 당신만큼 유능한 사람을 거의 만나보지 못했던 듯해요. 당신의 유능함은 깜짝 놀랄 정도죠. 지금까지 실패를 한 경험이 거의 없는데다, 다른 사람들의 객관적인 인정까지 충분히 받아 왔잖아요.

그런데 이렇게 성공적으로 살아온 경험이 하나의 부작용을 낳았군요. 실패를 해 본 적이 없기 때문에 실패가 너무나 크고 두렵게 느껴지나 봐요. 지금까지 그랬듯 계속 성공하지 않으면 인생이 크게 뒤집히거나 달라질 듯한 두려움, 그 감정이 당신을 괴롭히는군요. 스스로 느끼기에 지난 일 년간은 실패랄 것까지는 없지만 성공적이지 못했고, 지금은 공부도 성공적으로 진행되고 있지 않죠. 이런 상황을 이전엔 경험해 본 적이 없기에 '혹시 이번엔 실패하는 게 아닐까?'라는 생각이 드는군요.

하늘을 나는 매가 한 마리 있다고 상상해 봐요. 이 매는 원래 무리 중에 가장 빠르고 높게 나는 매였어요. 그런데 어느 날 혼자 날아가다 큰 난기류를 만났죠. 매는 몸이 흔들리고 날개를 제대로 가누지 못해 고통스러워하다가 결국 어느 높은 나무 꼭대기에 앉았어요. 이 매에겐 태어나서 처음으로 바람을 가르지 못한 경험이었죠. 매는 충격도 받았고 의기소침하기도 했어요. 그런데 제가 질문을 하나 할게요. 이 매는 실패 경험 때문에 이전처럼 날아갈 능력을 잃어버렸나요?

아니죠, 매는 단지 이전엔 만난 적 없는 난기류를 한번 경험했을 뿐이에요. 여전히 가장 빠르고 높게 나는 매죠. 오히려 이 경험이 밑거름이 되어 다음엔 난기류도 타는 매가 될지도 몰라요.

당신도 마찬가지에요. 실패 경험이 결코 본래 당신의 능력 자체를 없애진 못하죠. '유능함'은 실패를 하지 않음으로 인정받는 것이 아니라 그 사람 자체가 가진 능력으로 인정받는 거잖아요. 성인이 되어서도 초등학교 수학문제만 풀며 한 번도 틀리지 않는 사람보다, 몇 번을 실패하고 오류에 봉착하더라도 다시 도전해서 마침내 새로운 수학법칙을 발견해 내는 사람을 유능하다고 말하는 이유도 이 때문이죠.

실패는 하나의 과정일 뿐 결코 어떤 결정적인 평가기준이 되지 못해요. 당신이 무능하다는 증거도 되지 못하죠. 당신 안에는 결과와 상관없이 지금까지 쌓아 온 능력이 항상 있어요. 그것이 당신의 유능함의 근거죠. 물론, 우리는 그런 능력을 결과로 확인하긴 하지만, 그렇게 따지자면 당신에겐 엄청난 수의 성공 경험이 있잖아요. 그렇게 많은 성공을 해 온 사람이 이번에 실패를 하거나 앞으로 계속 실패를 할 가능성이 객관적으로 얼마나 될까요?

그래요, 두려움이라는 감정이 얼마나 비합리적인 토대 위에 서 있는지 이젠 좀 명확해졌죠. 그럼에도 불구하고 이 두려움이 힘이 없는 건 아니에요. 아까의 매가 '실패'라는 경험을 비극적이고 결정적인 상황으로 해석하고 날기를 두려워해서 다시는 날개를 펴지 않는다면 어떻게 될까요? 정말 그 매는 나는 능력을 잃어버린 새가 되겠죠. 사실은 여전히 있는 능력이지만 스스로 그 능력을 묶어 버리는 거예요. 그래서 실패를 해석하는 우리의 마음이 정말 중요하죠.

실패라는 사건 자체는 우리를 좀 의기소침하게 만들고 진지한 고민을 하게 하는 하나의 경험일 뿐이에요. 실수를 보완하고 더 성장하기 위해서는 꼭 필요한 과정이죠. 그러나 이 경험을 두려워할 때 우리는 날지 못하는 매처럼 더 이상 도전하기를 멈출지도 모릅니다. 내가 겪는 실패만큼이나 내가 이룰 성공도 많음을 인식하지 않는다면 아마도 우리는 힘을 잃고 말겠죠. 그런데 사실 우리는 이미 많은 실패 경험을 가지고 있어요. 그리고 실패 덕분에 지금의 모습이 되었죠. 어린 아이였을 때를 생각해 보세요. 당신도 걸음마를 시작할 때 무수히 넘어졌고 걷기에 실패했잖아요. 그러면서 균형감각을 배웠죠. 지금 당신이 잘 걷는 이유는 어릴 때의 무수한 실패와 연습 덕분이지 않나요? 알고 보면 우리 모두 이미 실패에 익숙하고 그 경험을 통해 발전하는 법도 알고 있잖아요.

당신에게 찾아올지도 모르는 실패가 두렵나요? 그렇다면 당신은 여전히 가장 높이 날 능력을 가진 매임을 기억하세요. 한번 실패한다 해도 언제든 다시 성공할 수 있어요. 걸음마를 배울 때처럼 말이죠. 그러니 이제 나는 언제든 다시 성공할 존재라고 믿어 주겠어요? 당신이 그렇게 믿는 동안은 아무도 당신에게서 그 능력을 빼앗지도, 발전을 방해하지도 못하니까요."

사랑에 관하여

"이제 우리는 당신이 그토록 화가 났던 이유를 알죠. 당신이 표현하지 못하고 남겨 뒀던 감정들, 가정에서부터 배워 온 규칙들, 친구들을 잃은 슬픔과, 미래에 대한 두려움을 모두 그녀의 책임으로 묶어 계속 화를 냈던 거죠. 한때 사랑했던 사람이니만큼 배신감이 더욱 크고, 많은 걸 헌신한 만큼 더욱 억울해졌으니까요. 그리고 그녀가 철없고 이기적인 면모를 보인 것도 사실이었죠. 당신이 정성을 다한 배려였던 따뜻한 태도를 그런 식으로 이용한 일면도 있음을 저도 인정해요. 당신의 감정과 소중하게 생각하는 영역이 무엇인지 관심을 기울이지 않았죠.

그러나 제가 이제 당신에게 말하려고 하는 단어는 '용서' 예요. 그녀를 용서하라고 말하다니, 화가 나나요? 아니요, 제가 말하고 싶은 것은 용서해야만 한다는 훈계가 아니라 '흘려보냄' 이에요. 지난 일

년 동안 힘겨웠던 자신을 흘려보내고 힘겹게 했던 그녀를 흘려보내는 일이죠.

당신은 지금까지 계속 지난 일 년을 곱씹으며 두통을 얻고, 분노하며 억울해하고 하루하루를 살아왔죠. 고통스러웠던 그 시간에 계속 사로잡혀 있었던 거예요. 지금은 더 이상 비난하는 여자 친구도 곁에 없고 하루에 수십 통씩 오던 문자도 없어요. 그런데도 당신은 여전히 그 시간을 살고 있군요. 기억 속의 그녀를 하루에 몇 번씩 스스로 불러내면서 말이에요.

알아요, 당신이 어쩌지 못하는 부분도 있음을. 당신도 생각하고 싶어서 떠올렸던 게 아니죠. 처음엔 잊고 싶어도 계속 생각이 나서 너무 괴로웠을 거예요. 하지만 3개월 이상이 지난 지금은 이제 조금씩 그 기억을 떠올리지 않을 힘도 생기지 않았을까요?

지금 이대로 계속 간다면 앞으로 당신이 만나게 될 새 연인과의 관계에도 불행한 일이 생기게 되요. 왜냐하면 당신 안에 여전히 살아 있는 그녀가 순간순간 새 연인과 겹쳐 보일 테니까요. 그래서 당신은 그 사람과 새로운 관계를 만들어 가는 것이 아니라, '이 사람도 옛날 여자 친구랑 비슷한 면이 있지 않을까?' 하면서 두려워하고, 그 증거를 찾고, 조금이라도 비슷한 면이 발견되면 그럴 줄 알았다는 듯이 경계하기 시작하겠죠.

그녀는 이전의 연인과 전혀 다른 사람인데도, 당신은 얼굴을 바꾸고 찾아온 이전의 연인과 다시 힘겨운 연애를 하는 것처럼 살게 될지도 몰라요. 참 무서운 일이죠. 당신이 원하는 일은 더욱이 아니고요.

그래서 저는 이제 당신에게 용서를 이야기하고 있어요. 이 '용서'

란 단순히 당신을 힘들게 한 그녀를 마치 성인이라도 된 듯이 다 이해하고 사랑하라는 말이 아니에요. 정말 특별한 몇몇 경우가 아니고서는 그런 용서는 불가능하죠. 우리는 상처를 받고 또 사랑도 하는, 그런 '사람'이니까요. 다만, 결코 흘러가지 못하도록 꽁꽁 묶어 내려 뒀던 기억의 닻을 이제 풀어 주기로 해요.

당신이 그 시간을 흘려보내지 못했던 이유의 깊은 곳에는 '내가 잘못한 게 아닐까'라는 죄책감도 자리 잡고 있죠. 그래서 더 그녀의 잘못을 강하게 비난하게 되지 않나요? 하지만 당신은 최선을 다했어요. 그 시절의 내가 살 수 있는 최선의 모습으로 살아갔죠. 그 시간을 수없이 곱씹으며 자신을 괴롭히지 않아도 되요. 그리고 그녀를 탓하지 않아도 괜찮아요.

일생을 통해 성장해야 하는 미숙한 우리이기에, 당신이 지난 일 년을 살아간 모습 그 자체로 괜찮아요. 사랑도, 미래에 대한 준비도 그 시간의 당신이 가진 온 힘을 다해 감당하며 살아 냈죠. 잘했어요. 그 시간은 결코 실패한 것도 망가진 것도 아니에요. 당신이라는 사람이 성장하기 위해 발버둥쳤던, 안타깝지만 소중한 일 년이었던 거예요. 우린 그 시간을 통해 많은 것을 얻었잖아요?

그러니 이제 그만 지난 일 년 동안의 나 자신과 그녀를 용서해 주기로 해요. 더 성장하기 위해 새로운 삶으로 또 나가야죠. 그 기억이 흘러가도록 허락해 주겠어요?

그렇다면 우리 지난 일 년을 떠나보내는 의식을 해 봐요. 여기 종이에 지난 일 년의 시간을 써 보세요. 괴로웠고, 아쉬웠고, 용서하기 힘들었던 마음들, 이젠 놓아주고 싶은 기억들, 당신이 마음에 꼭 붙잡

이야기를 들어주는 심리학

아 두고 있었던 시간을 자세히 쓰세요. …… 다 됐나요? 그럼 이제 그 종이를 잘 접어서 태워 버리기로 해요. 자, 스스로 불을 붙여 보세요. 타고 있는 모습을 보니 어떤 기분이 드나요?

이제 당신이 붙잡고 있던 지난 일 년은 재가 돼서 사라졌어요. 이젠 눈에 보이지 않는 과거의 시간이 된 거죠. 그렇다면 매일 당신의 머릿속을 채우고 있던 이 기억의 자리에 대신 어떤 걸 채우고 싶나요? 저는 당신이 괴로워하는 동안에도 여전히 당신 곁에 있었던 작고 따뜻한 행복들로 그 자리를 채우길 원해요.

오늘도 당신을 반겨 주는 친구들과 새로운 추억을 계속 만들어 가세요. 그리고 한 바퀴 돌다 보면 녹음과 신선한 공기를 느끼는 산책로의 전경, 공부하다 마시는 따뜻한 커피의 온기 등을 천천히 음미하는 시간도 가져 봐요. 이런 것이 오늘 당신에게 주어진 선물이니까요.

어쩌다 다시 그녀와 마주친다면 어떨까요? 아무렇지도 않고 도리어 반가울까요? 아니에요. 표현하진 않겠지만 어딘가 서먹하고 여전히 약간은 마음이 복잡해지겠죠. 하지만 '그래, 한때 저 사람과 함께 한 시간도 있었지. 잘 살기를 바라야지.' 하면서 다시 금방 지금 이 순간의 소중한 일들로 돌아온다면 그걸로 충분해요.

이제 행복을 맞이할 준비를 하세요. 당신이 과거를 용서하고 흘려보내는 선택을 했기에, 미래는 새로운 가능성으로 당신을 찾아올 거예요. 기억하나요? 당신은 반드시 성공할 사람이라는 사실을. 과거를 놓아줌으로써 한 걸음 더 성장한 당신이 진심으로 멋져 보여요."

그 후의 이야기

함께 연구를 진행하는 밥(Bob)과의 회의가 어느덧 저녁까지 접어들고 있다. 창밖으로 물들어 가는 오렌지 빛 하늘을 바라보다 펼쳐진 자료들을 정리하며 밥에게 말을 건넸다.

"오늘은 여기까지 하는 게 어때?"

"시간이 벌써 이렇게 됐군. 좋아, 일어나지. 자네 가족들이 기다리겠어."

"자네도 집에 가서 좀 쉬어야지. 내일 오전에 계속하도록 하자."

"그렇게 하지. 지금 자네를 밤늦도록 붙잡아 두는 건 범죄니 말일세."

밥이 장난스러운 표정으로 그렇게 말하고는 자신의 자료를 정리해 일어섰다.

주차장에서 밥과 헤어지고는 차를 몰고 한적한 도로를 빠져나간다. 열어 둔 창으로 달콤한 산 공기가 흘러들었다. 외곽에 위치해 있는 연구소는 보랏빛으로 물든 채 점점 작아져 간다.

박사학위를 딴 후 나는 바로 한 기업의 연구실에 합류해서 일을 하게 되었다. 때로는 정신없이 바쁘고 예상치 못한 상황들을 해결해야 할 때도 있지만 이곳에서 일을 하는 건 성취감이 있다. 한때는 실패할까 봐 두려웠던 학위과정에 극적으로 합격한 후로 시간은 순식간에 지나갔다. 모든 게 망가진 듯해 매일 화를 내던 그 몇 개월의 시간이 지금은 꿈같이 아련하다.

'하긴, 실패했어도 다시 도전했을 거야.'

이야기를 들어주는 심리학

한때 나 자신에게 열심히 썼던 편지들을 떠올리며 빙그레 미소를 지었다. 지금도 때로 혼자 조용히 책상에 앉아 노트를 펼치고 싶을 때가 있다.

차를 주차하고서 집을 향해 걸어간다. 부드러운 남색공기에 둘러싸인 내 집의 창문으로 온화한 빛이 내비치고 있었다.

"딩동."

"응, 나야."

문이 열리며 아직 말도 하지 못하는 아기의 반가운 소리와 상냥한 아내의 얼굴이 밀려왔다. 집안에 감도는 맛있는 음식 냄새. 따뜻하게 데워진 친근한 공기. 스르르 긴장이 풀린다.

"어서 와요, 오늘 잘 지냈어요?"

"응, 오늘은 많이 바쁘지도 않아서 괜찮았어. 자기도 별 일 없었지?"

그렇게 대답하며 아내의 팔 안에 있는 아기를 받아 안았다.

"안녕, 아빠 왔다. 엄마랑 잘 놀았어?"

아직은 나의 한 팔 안에도 너무 작은 아기. 그 몸에 코를 묻으면 뽀송뽀송하고 포근한 냄새가 난다.

"배고프죠. 어서 저녁 먹어요."

"그래, 같이 먹자."

옷을 대충 벗어 정리하고는 식탁 앞에 앉는다. 아기에게 젖병을 물려주고는 맞은편에 앉는 아내의 얼굴을 물끄러미 바라보았다. 이젠 어머니가 된 내 연인의 얼굴. 사려 깊고 눈물도 많지만 누구보다 날 사랑해 주는 여인의 얼굴이 뽀얗게 희다.

"자기, 왜 그래요?"

내가 물끄러미 보고 있는 것이 이상했는지 아내가 물었다.

"그냥, 오늘은 옛날 자기 생각이 나네."

"뭐야, 이상하네. 오늘 밥이랑 무슨 이야기라도 했던 거예요?"

"날 야근시키는 건 범죄라더군."

"알긴 잘 아네."

아내가 웃으며 어서 먹으라고 손짓을 한다. 낯선 환경에서 만나 서로 열심히 자신의 마음을 표현했었다. 상대방에 대한 사랑, 고마움, 서운함, 오해로 인한 때때로의 힘겨움. 그렇게 함께 울고 웃으며 힘껏 서로에게 진실한 마음을 전하는 동안 우리는 연인에서 부부로, 그리고 부모로 성장해 갔다.

"…… 오늘 밥 맛있네."

새삼 지금의 이 시간이 선명하게 다가와 뭉클하는 가슴을 밥 한 숟가락과 함께 삼킨다.

식사 후 뉴스를 둘러보려 켠 컴퓨터에 메일이 도착해 있었다.

오랜만의 그리운 이름. 내가 힘들던 시절 함께 해 주었고, 깊은 속 내까지 함께 이야기하고 의논하던 친구의 반가운 메일이었다.

"창호한테 메일이 왔네."

"어머 그래요? 어떻게 잘 지낸데요?"

아내도 반가운 듯 옆으로 다가와 몸을 기울였다.

"자기도 얼마 전에 아기를 낳았다는데. 딸이래."

"정말 잘됐다. 선물 보내야겠네. 누구 닮았으려나?"

이야기를 들어주는 심리학

밖에서 아기가 부르듯 보채는 소리가 들리자 모니터를 보고 있던 아내가 자리를 떴다. 좀 있다 재우는 걸 도와줘야지. 그래도 그 전에 잠시 친구에게 답장을 써야겠다.

'창호야.'

따각 따각 화면에 그 이름을 새기자 물씬 그리움이 밀려왔다. 주마등처럼 여러 추억들이 머리를 스친다. 그래, 오늘은 꼭 써서 보내자. 네가 있어 줘서 늘 고맙다고. 다행이라고, 너랑 만난 것이.

조금은 낯간지러운 기분을 느끼며 글자를 새겨 나간다.

친구야, 난 지금 참 행복하다.

이야기 둘 — 사랑받지 못할까 봐 두려워요.

"띠링."

문자가 왔다.

얼마 전 소개팅에서 만난 남자에게서였다.

일상적인 안부와 친절함이 가득한 문자를 한동안 바라보다 폰을 덮고는 한숨을 쉬었다. 이 사람이라면 날 정말 힘들게 하지 않고 사랑해 줄까? 아니, 그 전에 정말 나를 좋아하기는 하는 걸까?

'나 같은 사람을.'

은밀하게 떠오르는 생각을 애써 꿀꺽 삼킨다. 왜 이렇게 되었을까. 어느 순간부터 날 좋아해 주는 남자는 당연히 없을 거라고 생각하고 있었다. 사랑하고 사랑받는 생활을 너무나 동경하고 기다리지만, 한편으론 내게 다가오는 모든 남자들이 의심스러웠다. 지독한 외로움. 주변 친구들이 하나둘 결혼을 하는 모습을 볼 때마다 내게 어딘가 결핍이 있는 듯한 씁쓸함은 더해 갔다.

'남들은 저렇게 쉽게도 만나는데 …….'

나는 어려서부터 빨리 결혼하고 싶었다. 나만을 깊이 사랑해 주는 사람을 만나, 그 사람을 위해 포근하고 단란한 가정을 꾸미는 것이 소중한 꿈이었다. 그런데 이상하리만치 그런 만남들은 나를 비껴갔다. 아니, 지금 생각해 보면 누군가 다가올 때마다 내가 반사적으로 움츠러든 것도 같다. 되돌아보면 그 당시에는 내게 호감이 있었던 사람들의 마음을 도저히 믿지 못했었다. 그때는 왜 상대가 나를 좋아한다고 확신하지 못했을까. 아니, 사실은 느끼고 있었는지도 모른다. 그러나 혹시 나만의 착각일까 봐, 나만 상처 받게 될까 봐 두려웠다.

'문제는 지금도 계속 그러고 있다는 거야.'

이래선 안 된다는 생각에 다시 폰을 열었다. 단어 하나하나 고민해가며 답장을 쓴다. 호의가 기쁘다고 전해야 해. 하지만 내가 너무 좋아하는 듯한 느낌이 들지 않게.

'전송이 완료되었습니다.'

"휴 …… "

문자 하나를 보냈을 뿐인데 왠지 피곤해졌다. 여자 친구들과는 자연스럽게 주고받는 문자인데도 마치 손가락이 굳어지는 것 같은 이 기분. 단지 '남자'라는 성별이 하나 다를 뿐인데, 왜 이리도 힘겨운 걸까.

이야기를 들어주는 심리학

'빨리 만나고 싶다, 나를 한없이 사랑해 주는 내 짝을.'

외로움에 스산한 내 어깨를 스스로 위로하듯이 감싸 안았다.

어린 시절의 까무잡잡한 내가 인형 옷 같은 흰색 웨딩드레스를 입고 달려가고 있다. 어디 있지? 내가 좋아하는 신랑은? 햇살은 따뜻하고 바람은 부드러웠다. 자잘하게 핀 들꽃들 사이로 노란 나비가 날아다니고 있다. 둥실둥실. 이대로 행복한 신부가 될 것만 같은 기분. 어딘가에 있는 나의 신랑만 찾아내면 돼.

"저게 뭐야! 진짜 못생겼다."

갑자기 행복한 공기를 찢는 듯한 목소리가 들려왔다. 나는 멈춰서서 머뭇머뭇 소리가 난 쪽을 돌아보았다.

"아하하하, 쟤 좀 봐."

거기엔 내가 어린 시절 좋아했던 남자아이가 다른 아이들과 함께 나를 보며 배를 잡고 웃고 있었다.

"아냐, 아냐!"

너무해, 그런 말을 하다니. 내가 그렇게 싫은 거야?

풀썩 주저앉아 있는 사이, 어느새 장소는 우리 집으로 바뀌었다.

"당신이 나한테 해 준 게 뭔데!"

"또 시작이야! 그만 좀 해."

"…… 엄마 아빠, 싸우지 마."

익숙한 칙칙한 벽지, 어두운 방안, 거친 목소리.

"내가 지금까지 한 고생이 얼만데. 당신이 뭐 잘한 게 있어! 어? 이날 이때까지 나 데려와서 잘해 준 게 뭐가 있냐고! 당신 같은 사람

만난 게 내 인생 최고의 불행이야. 알아?"

"뭐라고? 이게 진짜!"

난폭하게 오고 가는 서로에 대한 저주와 원망, 그 사이에서 난 몸을 최대한 웅크리고 귀를 틀어막았다.

"그만해, 그만해!"

쇠된 소리가 나도록 외쳐도 부모님껜 들리지 않는다. 넘쳐흐르는 눈물.

"…… 그만해!"

소리를 지르다 번쩍 눈을 떴다. 몸이 식은땀으로 흥건히 젖어 있다. 숨을 거칠게 몰아쉬며 주위를 둘러보았다. 여기는 내 방. 그래, 꿈이었구나.

시계를 보니 오후 두 시였다. 모처럼의 휴일, 아까 밥을 먹고서 잠시 책을 보다 깜박 잠이 들었었나 보다.

'이런 꿈을 꾸다니 ……'

젖은 몸이 기분 나쁘다. 눈가로 흐른 희미한 눈물 자국. 꿈속에서의 비참한 기분이 떠올라 몸서리가 일었다. 얼른 화장지를 몇 장 뽑아 얼굴을 대충 닦고는 창문을 연다. 이 축축하고 우울한 공기를 바꿔야 해.

빠앙. 왠지 나른하게 들리는 자동차의 경적 소리. 거리는 토요일 오후의 여유로움이 넘쳐 부릉거리는 자동차들의 소음까지 한가로워 보인다.

"…… 날씨가 좋구나. 어디 쇼핑이나 가 볼까."

찝찝한 기분을 바꿔 보려고 그렇게 중얼거리며 토요일 오후의 잘마른 공기를 한껏 들이마셨다. 즐거워 보이는 사람들. 나도 이 거리로

이야기를 들어주는 심리학

뛰어들고 싶은 충동이 인다.

그렇게 창밖을 보고 있노라니 다정한 모습으로 어깨를 안고 걸어가는 한 쌍의 연인이 눈에 들어왔다.

"……"

좋겠다. 저 사람들은 저런 행복을 누릴 특별한 자격이 있는 걸까. 행복해 보이는 얼굴. 그냥 보기에는 나보다 특별히 나은 것도 없는데, 나에겐 없는 무언가가 그녀를 사랑스럽게 만들어 주는 듯해서 서글픔이 밀려왔다. 어떤 사람들은 부럽다고 말하는 나의 외모도 막상 거울 앞에 서면 늘 어딘가 사랑스러움이 부족해 보였다. 날씬해서 좋겠다느니 다이어트 때문에 고민해야 하는 우리 맘을 모를 거라느니 하는 주변 사람들의 시샘 섞인 반응이 부담스럽다. 내 마음도 모르면서 …… 자신들은 연애도 하고 얼마든지 사랑도 해 봤지 않는가?

계속 연락이 오던 소개팅에서 만난 사람도 내가 머뭇거리며 망설이고 있는 사이 연락이 점점 뜸해져 간다. 그 사람이 좋은지 잘 모르겠다. 아니, 더 정확히는 그 사람이 날 상처 주지 않을 사람인지 확신이 없다. 혹시라도 내가 알지 못하는 결점이 나중에 나타나 불행한 결혼생활이 된다면? 너무 앞선 생각이라고 머리 한 구석에선 말하고 있지만, 그래도 있을지 모를 불안요소를 찾는 걸 멈추지 못하겠다.

'난 정말 왜 이런 거야. 언제쯤 제대로 된 연애를 해 보려고.'

내 소원이 큰 욕심이라고는 생각하지 않는데. 결혼하고 싶고 사랑받고 싶다는 평범한 꿈이 있을 뿐이다. 이런 것도 이뤄지지 않는 내 삶은 여자로서 실패인 게 아닐까 두렵다. 나이가 들수록 부담감은 더해 간다. 막상 이성을 만나면 극도로 소심해지고 굳어 버리는 나. 이렇게 서툰데, 왜 좀 더 일찍 경험도 하고 실수도 해 보지 못했을까.

깔깔깔 …… 창밖을 지나가는 사람들의 웃음소리가 들린다. 좀 전까지 그렇게 여유롭고 평화롭게 보였던 광경인데 지금은 들어가지 못할 유리벽 안의 풍경처럼 막연하게 느껴진다. 원망스러울 만큼 좋은 날씨, 어딘가로 바쁘게 걸어가고 있는 수많은 남자들. 이들 중에 나를 사랑해 줄 한 사람이 없는 걸까. 보글보글 …… 투명한 어항에 갇힌 금붕어처럼 나는 멍하니 사람들의 경쾌한 발걸음을 바라보며 뻐끔뻐끔 소리 없는 슬픔을 토해 내고 있었다.

내가 안심할 수 있는 사람이 빨리 나타났으면. 충분히 사랑해 줘서 나도 정말 사랑스러운 여자라고 느끼도록. 내 의심이나 불안 따위는 다 녹여 버릴 만큼 나만을 좋아해 주는 사람이 빨리 나타났으면.

아직 멀게만 느껴지는 결혼까지의 거리가 마치 실제로는 영원히 가지 못할 신기루인 것처럼 불안으로 일렁인다.

마주보기

"나를 사랑해 주는 사람을 정말 만나게 될까요? 내게 심각한 결점이 있는 게 아닐까라는 생각까지 들어요. 이렇게 오래전부터 원하던 일인데, 왜 제겐 진짜 사랑이 찾아오지 않을까요? 막상 남자들을 만나면 왜 그렇게까지 불안해지는지도 모르겠어요. 내가 정말 행복해지기 위해선 어떻게 해야 할까요?"

이야기를 들어주는 심리학

나의 사랑

"정말 사랑받고 싶어요."

"당신의 꿈은 여성이라면 누구나 한번쯤 가져 보는 소박한 열망이고, 참 예쁜 소원이군요. 당신에게서 여성스럽고 부드러운 마음이 느껴져요. 나를 사랑해 주는 사람을 만나 함께 마음을 나누고, 행복한 가정을 만들어 가는 꿈을 소중하게 간직해 왔네요. 많은 돈을 바라지도, 큰 야망을 꿈꾸지도 않는군요. 다만 누구보다도 나를 사랑해 주는 사람을 만나, 평범하고 사랑 넘치는 가정을 이루면 당신은 가장 행복할 것 같아요.

그런데 이 작은 꿈이 지금까지 짧지 않은 시간을 살아오면서 한번도 이뤄지지 않는 듯해 슬펐겠어요. 내가 어려운 걸 원하는 건 아닌데, 이걸 이루지 못할 정도로 내게 큰 단점이 있는 걸까 고민되고 괴로웠군요. 막상 남자들이 다가오면 두려워하는 자신이 한심해 보이기도 하고요. 그래서 그런 당신의 두려움도 거뜬히 넘어서 다가와 줄만큼 강한 애정을 가진 사람을 만나고 싶은가 봐요.

그래요, 지금의 나의 모습을 있는 그대로 모두 포용해 주길 바라는 거죠. 누구보다 사랑받길 원하는 열망과, 정작 남성 앞에서면 굳어버리고 마는 두려움 사이에서 어쩔 줄 몰라 하는 당신의 모습이 안쓰러워요. 이 두 감정의 갈등이 당신이 진정으로 행복해지는 데 꼭 필요한 용기와 신뢰를 가로막고 있으니까요."

나의 가족

"우리 부모님처럼 살게 될까 봐 두려워요."

"그래요, 당신에게 '행복한 가정'이 특히 중요한 이유는 어릴 때부터 계속 보아 온 부모님의 모습 때문이겠죠. 어린 당신에게 부모님이 서로 비난하고 싸우는 모습이 얼마나 충격적이고 무서웠을까요. 그 가운데서 늘 불안했군요. 서로를 원망하고, 자신의 인생이 상대 때문에 불행하다고 분노를 쏟아 놓는 모습이 정말 비참하고 고통스러워 보였나 봐요.

지금도 꿈으로 나타나 당신을 괴롭힐 만큼, 산산이 부서지는 남편과 아내로서의 행복이 어린 당신에게 너무 생생하게 박혔네요. 그래서 당신이 행복하게 살기 위해선 절대 겪지 말아야 할 일이 바로 남편과의 갈등이 된 거군요. 부모님이 서로를 사랑한다고 믿지 못했기 때문에, 당신은 상대방이 당신을 사랑해야만 그런 갈등을 피할 수 있을 거라고 믿게 되었군요. 그래서 '사랑받는다'는 조건이 무엇보다 중요하겠어요.

부모님처럼 살지 않기 위해 그토록 애를 쓰는데도, 그 모습은 늘 당신의 뇌리에 새겨져 있네요. 그래서 전 당신의 모습이 애처로워 보여요. 정작 가슴 깊은 곳에서는 누군가를 만나 결혼하는 일 자체가 무서울 것 같아서요. 그런 모습 말고는 어떻게 살아야 할지 배우질 못했으니 얼마나 불안할까요. 그만큼 당신에게 가정의 모습은 깊은 상처로 남았군요."

나의 생각

"내가 어딘가 부족한 것 같고, 남자들이 내게 상처를 줄 거라는 생각이 자꾸 들어요."

"지금까지 연인을 만나지 못한 이유가 나에게 있다고 여기는군요. 마치 나는 사랑받기 위한 어떤 '자격'이 부족한 듯 생각하고 있네요. 예를 들어서 '난 사랑스러운 모습이 아니야.'라고 여기는 거죠. 이 생각이 당신을 참 힘들게 했을 듯해요. 그동안 비참한 기분이 들거나 자신이 싫어질 때가 얼마나 많았을까요.

남들이 뭐라고 하든, 언제나 자신은 '못생겼어!'란 말을 듣는 초라한 여자아이였군요. 그러니 누군가 당신에게 호감을 가지고 있다는 사실을 믿기 어려웠겠어요. 좋아한다고 하면 '그럴 리가 없어'란 생각이 먼저 들었죠. 그러니 얼마나 많이 관찰하고 의심해야 했을까요. 상대방이 날 좋아해 준다는 그 행복감을 누리고 즐거워해야 할 시간 동안 당신은 도리어 더 긴장하고 불안하고 지쳤겠군요.

어린 시절 철없고 짓궂은 사내아이의 무신경한 한 마디가 지금 당신에겐 모든 남자의 '진심'이라고 믿어지나 봐요. 당신에게 그 아이의 말이 이렇게 깊은 상처가 되었군요. 가능하기만 하다면, 그 꼬마아이를 한 대 쥐어박으며 '무슨 말버릇이야!'라고 좀 혼내 주고 싶네요. 그만큼 '남자'라는 존재 앞에 설 때마다 여전히 그날의 슬픔을 반복하는 당신이 안타까워요. 상대방의 진심이 어떠했든, 다가왔다 멀어지는 상황들이 반복될 때마다 당신은 '역시 그랬어'란 증거를 더 모아 왔을 테니까요. 그러니 나이가 들고 상황이 반복될수록 두려움은 더 커졌겠어요. 도리어 상대방은 당신에게 다가갈 기회를 얻지 못해 실망하며 멀어졌을지도 모르는데요.

이런 두려움을 딛고 용기를 내려면 '결혼하면 행복해진다'는 믿음이라도 있어야 하는데, 당신의 아버지도 '좋은 남자'의 모습을 보여주지 못했군요. 그러니 당신에게 연애는 '누구나 하는데 나만 못하는' 일 수준이 아니라 '엄청난 위험과 고통을 감수하는' 일이겠어요. 비록 의식하지 못하더라도 말이죠. 그러니 남자를 만나면 두렵고, 초라해지는 기분을 느끼지 않기가 어려웠겠군요."

나의 감정

"사랑받고 행복해지고 싶은데 그렇지 못할까 봐 너무 두려워요."

"그래요, 어떻게 두렵지 않겠어요. 내가 사랑받을 만한 사람이라는 확신도 들지 않고, 남자들은 나를 사랑해 주는 존재가 아니라 싫어하고 괴롭히는 존재라고 느끼니까요. 혼자 있을 땐 연애에 대해 합리적으로 생각하다가도, 막상 남자가 가까이 다가오면 걷잡을 수 없는 두려움에 당황스럽고 속상하죠. 그만큼 당신 안에 있는 그 불안은 뿌리가 깊은가 봐요. 당신이 의식하지 않으려 해도 이런 남성에 대한 잘못된 믿음은 당신의 감정을 흔들고 마는군요. 아마도 이런 믿음은 당신이 어릴 때부터 오랜 세월에 걸쳐 형성되어 왔기 때문이겠죠. 그래서 거의 자동적으로 반응이 일어나는 거예요.

사랑받고 행복한 관계를 만들고 싶은데 그런 행복한 감정 대신 늘 두려움과 불안을 느껴야 하니 정말 힘들겠어요. 언젠가는 그런 행복감을 느끼게 될 거라 기대하기도 점점 어려워져서 슬프군요. 실제로 누군가가 다가올 때 순간순간 느끼는 감정이 이런 두려움만은 아닐

텐데도, 이 감정이 모든 걸 덮어 버린다는 점이 안타까워요. 당신 안에는 사실 행복한 연애에 대한 기대감, 끌림, 함께 하는 기쁨 같은 감정들도 분명히 있는데 말이에요."

나의 행동

"정작 남자를 만나면 자꾸 굳어지고 소극적이 되요."

"자꾸 소극적으로 변하는 자신의 행동이 답답하죠. 그러면 안 된다는 걸 아는데도 마음처럼 되질 않는군요. 마치 무척 어려운 면접이라도 보는 듯이 긴장해 버리는 자신이 스스로도 납득이 되질 않겠어요. 상대방을 친밀하고 좋은 관계를 만들 사람이라고 생각하고 싶은데, 대하는 행동은 마치 자칫하면 날 상처 줄 사람인 듯 조심스러우니까요.

머리로는 내가 어느 정도 호의도 표하고 적극적으로 친해져야 상대방이 다가온다는 사실을 잘 알죠. 그런데 정작 행동은 마음대로 안되고, 머릿속도 자꾸 고민과 갈등이 가득해지는군요. 그래서 결과적으론 늘 다가가는 대신 망설이고, 자꾸 상대방을 관찰만 하게 되죠. 마치 이 사람이 안전하다는 증거를 찾으려는 듯 말이에요. 안 그래도 익숙하지 않은 이성과의 관계인데, 이런 방어적인 태도로 만나야 한다면 늘 당신도 상대방도 불편할 듯해요.

더구나 자칫하면 이런 당신의 태도가 '그 정도로는 안 돼, 날 안심시키려면 더 노력해.' 라는 잘못된 메시지로 전달될까 걱정스럽네요. 당신은 사실 더 친밀하고 아름다운 관계를 만들고 싶은 열망 때문에 실수할까 조심스럽고 긴장되는 것인데 말이죠."

나의 몸

"내가 사랑스럽지 않아 보여요."

"자신의 모습이 늘 부족해 보인다면 마음이 많이 힘들겠어요. 더구나 이것 때문에 사랑받지 못한다고 느끼면 얼마나 슬플까요. 내 가장 소중한 꿈을 이루지 못하는 이유가 바로 '나' 라는 말이잖아요. 그것도 당장 바꾸려 해도 쉽지 않은 외모가 문제라니, 여성이라면 누구나 우울해질 밖에요.

사실 당신은 비만하지도 않고 혐오감을 주는 얼굴도 아니죠. 심지어는 당신을 부러워하는 사람도 있네요. 그러나 이런 객관적인 평가나 다른 사람들의 말도 당신의 마음엔 전혀 위로를 주지 못하는군요. 나에게는 어딘가 부족한 '사랑스러움' 을 다른 사람들은 갖고 있다고 느끼니까요.

아무리 여자 친구들에게 칭찬을 들어도, 남자에게 사랑받지 못하는 외모는 소용이 없다는 생각이 슬퍼요. 누군가 칭찬할 때도 '아니야, 그래도 남자들은 그렇게 생각하지 않아.' 라는 생각에 칭찬들은 다 허공으로 사라져 버릴 테니까요. 조금은 으스대고, '내가 정말 그런가?' 하며 흥분해 봐도 될 텐데 여전히 슬퍼해야 할 만큼 마음이 많이 상했나 봐요. 정말 안타깝네요. 사실은 장점이 참 많은 모습인데도 그런 자신을 더 가꾸고 매력을 당당히 드러내기보다, 늘 단점만 크게 보여 자신을 사랑하지 못할 것만 같아서 말이에요."

나의 대인관계

"여자 친구들과 그러듯이 남자 앞에서도 자연스럽게 지내고 싶

이야기를 들어주는 심리학

어요."

"남자들 앞에만 서면 예민해지고 굳어지는 자신이 불편하군요. 남자들과도 굳이 연애관계가 아니더라도 편안하고 친밀한 관계를 맺고 싶은 열망이 있나 봐요. 그래요, 이성이기 이전에 같은 사람으로서 좋은 관계를 만들어 가는 일은 자연스럽고도 멋진 일이죠. 그런데 여자들 앞에선 너무나 편안한데 남자들과 함께 있을 때면 경계태세로 변하는 자신이 이해가 가질 않아 답답하군요.

당연한 듯 남자들과도 친하게 지내는 친구들을 보면 부럽기도 하고요. 그런 모습을 볼 때면 괜히 쓸쓸해지거나 비교가 되어 또 자신을 탓할까 걱정스럽네요. 사실 누구보다 괴롭고 힘든 사람은 바로 당신인데 말이에요. 하지만 남자들을 마치 적이나 까다롭고 신비로운 존재로 여기기보다는 친밀하고 편안하게 대하길 원하는 당신의 바람은 참 긍정적으로 느껴져요. 자신 안에 두려움이나 불안이 있는데도, 그걸 넘어서 한 사람의 인간으로서 다가가려 하는 건강한 열망이 분명 당신을 변하게 할 테니까요."

나의 성공

"사랑을 받지 못하면 여자로서 실패한 것 같아요."

"외모가 사랑스럽지 못하다는 생각이나, 남자들과 친밀하기 어려운 상황만으로도 충분히 힘들죠. 그런데 '이런 나는 여자로서 실패자야.'라는 생각마저 해야 한다면 얼마나 마음이 무너질까요. 시간이 흐를수록 더 우울하고, 자신을 비난하게 될 듯해요. 안 그래도 힘든데 말이죠. 우리 삶의 의욕을 뺏어 가는 말 중에 '넌 실패자야'란 말보다 더 막강한 말이 있을까요? 그런데 당신은 마음속으로 늘 그 말을 들으며 살고 있군요.

당신의 기준은 너무 엄격하네요. 다른 잘해 온 일들이 수없이 많아도 내가 해 보지 못한 그 경험이 삶을 평가하는 유일한 기준이군요. 물론 누군가를 사랑하고 사랑받는 경험은 행복하고 특별한 순간이에요. 그러나 연애를 하고도 삶을 행복하게 살아가지 못하는 사람은 무척이나 많죠. 반대로 평생 독신으로 살아가도 훌륭한 사람 역시 많고요. 그러나 다른 어느 것으로도 당신의 가슴을 채우진 못할 만큼 사랑받아야 한다는 열망은 크군요. 그 기준의 옳고 그름과 상관없이, 사랑받지 못하는 실패자라고 느껴야 하는 당신의 고통이 너무 안쓰러워요."

안아주기

가족에 관하여

"남성에 대한 거절감과 두려움 이전에, 당신 안에 그려진 가정의 모습이 정말 행복한 그림인지 함께 생각해 보았으면 해요. 이 그림이 행복하지 않다면 당신은 단순히 '남자에게 사랑받지 못할까 봐' 불안한 것이 아니라 '결혼하면 불행해질까 봐' 두려움을 느낄 테니까요. 그렇게 되면 머리로는 좋은 사람을 만나 행복한 관계를 이루려 해도,

이야기를 들어주는 심리학

몸과 감정은 그런 상황에서 어떻게든 필사적으로 도망가려고 할 가능성이 있어요. 내 열망과 정서적 반응이 분리되어 버리는 거죠. 지금 당신이 겪고 있는 어려움처럼 말이에요. 왜 이런 일이 생기냐고요? 누군가를 만나 연애를 한다는 건 불행한 가정을 이뤄 고통을 겪어야 한다는 말과도 연결되잖아요. 내 뇌리에 새겨진 그림이 그것뿐이라면 말이죠.

그래서 당신 안에 있는 가정상을 함께 찬찬히 살펴봤으면 해요. 그 속에서 내가 느낀 감정들이 어땠는지도 만나보고 말이죠. 한번 눈을 감고 편안히 몸을 기대 보세요. 그리고 천천히 숨을 들이쉬며 내쉬세요. 몸에 긴장이 풀리고 편안해질 때까지, 생각들을 하나씩 숨과 함께 밖으로 내보내면서 호흡에 집중해 보세요. 자, 이제 편안하게 제 질문에 떠오르는 이야기들을 해 주세요.

'가정'이라는 말을 떠올릴 때 어떤 그림이 떠오르나요?

구체적으로 생각해 볼까요? 엄마의 표정은 어떤가요?

그 얼굴은 어떤 말을 하고 있나요?

아빠의 표정도 한번 떠올려 보세요. 아빠는 무슨 말을 하나요?

두 사람이 함께 있는 광경을 떠올려 보세요. 어떤 분위기인가요?

두 사람은 서로에게 뭐라고 말하고 있나요?

그 말을 듣는 당신의 기분은 어떤가요?

당신은 이 가정에서 계속 살고 싶은가요?

자, 당신의 마음속에 그려진 그림이 행복한 모습은 아니었군요. 그리고 그 가정 안에서 당신은 많은 아픔과 슬픔을 느꼈네요. 어린 시절 너무나 많이 힘들었겠어요. 그리고 그런 감정을 경험하며 계속 살길 원하지도 않는군요. 당신 안에 부부는 이렇게 서로를 비난하고 원망하는 모습이고, 가정은 언제 또 폭풍이 닥칠지 모르는 불안한 곳이었으니까요. 결혼을 생각할 때마다 제일 먼저 이 그림이 뛰어나와서 당신을 불안하게 만들었을 듯해요. '혹시 이렇게 살게 되면 어쩌지?'라는 생각에 조심스러워질 수밖에 없었군요.

당신은 이런 두려움을 계속 간직한 채로 살아가길 절대로 원하지 않죠. 그럼 우리 지금 이 그림을 새롭게 그려 보기로 해요. 당신이 살아가고 싶은 가정의 모습은 어떤 그림인가요? 어떤 모습이어도 괜찮아요, 지금은 마음껏 상상해 봐도 되는 시간이죠. 한번 떠올려 보시겠어요? 편안하게 당신이 원하는 가정은 무엇인지 그려 보세요.

당신이 원하는 가정은 어떤 모습인가요?

거기서 당신은 어디에 있나요?

지금 당신의 표정은 어떤가요? 기분은?

자, 당신의 배우자가 저기 있네요. 그 사람은 어떤 표정을 짓고 있나요?

그 사람은 당신에게 뭐라고 말하나요?

당신은 뭐라고 말해 주고 싶은가요?

당신의 자녀는 그 속에서 어떤 표정을 짓고 있나요?

지금 그 그림을 떠올려 보면서 느낌이 어때요? 편안하고 행복한 느낌이군요. 이렇게 살아보고 싶나요? 그래요, 당신은 분명히 이렇게 살 거예요. 잠시 지금의 그 행복감에 머물러 보세요. 충분히, 깊이, 지금의 느낌을 누리고 경험해 봐요.

…… 자, 이제 천천히 눈을 떠 보겠어요? 기분이 어떠세요? 내가

정말 이루고 싶은 가정을 그려 보는 것만으로 힘이 나죠. 당신은 그런 가정을 이루며 살 수 있어요. 정말이에요! 하지만 누군가가 그냥 그렇게 만들어 주지는 않죠. 당신의 불안도 그냥 사라지지는 않고요. 당신이 스스로 새로운 그림을 가지도록 노력해야만 해요.

쉽진 않겠죠. 그러나 당신이 방금 느껴 본 행복감을 삶 전체를 통해 누리고 싶다면, 지금 함께 힘을 내 봐요. 사실은 당신도 그런 행복한 삶을 간절히 바라고 있잖아요? 그래서 결혼을 하는 일도, 사랑받고 싶다는 열망도 그냥 던져 버리지 못했죠. 그 누구보다 변화되길 바라고 있는 사람은 바로 당신이니까요.

그럼 어떻게 하면 되냐고요? 제가 먼저 제안하고 싶은 방법은 당신이 새롭게 그린 그림처럼 행복한 가정을 찾아보는 일이에요. 물론 현실의 가정이 늘 행복만 가득하진 않겠죠. 그렇지만 당신이 느끼기에도 화목한 가정, 서로를 깊이 사랑하고 신뢰하는 가정들이 있을 거예요. 오랜 세월에 걸쳐 그런 가정을 이뤄 낸 성숙한 부부들도 많겠죠. 그런 가정을 주변에서, 또 여러 매체를 통해서도 찾아보세요. 그리고 가능하다면 그런 사람들과 친해져서 그 사람들이 어떻게 행복을 유지하는지 자세히 관찰해 봐요. 무엇이 다른지, 무엇이 갈등이 있어도 그 가정을 유지시키는지 깊이 살펴보는 거예요.

아마도 지금까지 당신 눈엔 그런 가정보다 불행한 가정이 훨씬 잘 보였을 거예요. 당신이 불안하기 때문에 그런 불안을 증명해 줄 정보에는 민감하거든요. 하지만 한동안은 시선을 다른 데로 돌리기로 해요. 족집게처럼 그 가정의 약점을 찾아내서 '별 수 없네'라는 식으로 생각하는 것도 안 돼요. 이제부터는 의지적으로라도 화목한 가정을 찾고 그 가정의 좋은 점을 보도록 노력해 봐요. '아, 이렇게도 살 수 있구나' 라고 자연스럽게 생각하게 될 때까지 그런 가정을 찾는 일을 포기하지 말아요. 우리 주위에도 생각보다 많이 있으니까요.

　이 일을 계속하다 보면 당신이 이루고 싶은 가정의 모습도 조금씩 구체화될 거예요. '아, 나도 이런 모습은 갖고 싶어', '이렇게 하면 싸울 땐 효과적이겠어' 같은 구체적인 생각들이 모이는 거죠. 그래서 당신이 원하는 남성상도 막연히 '나를 엄청 사랑해 주는 사람' 이 아니라 '이런 대화방식을 쓰거나 이런 성품을 가진 사람' 으로 변화되어 갈 거예요.

　갈등을 해결하는 기술, 서로에게 친밀감을 표현하는 방법 등 우리가 함께 찾아내고 연습할 부분은 많이 있어요. 하지만 그 무엇보다 중요한 일은 먼저 당신 안에 있는 불행한 가정의 그림을 새로운 그림으로 바꾸는 작업입니다. 이 변화가 시작되어야 당신 안에 있는 불안도 조금씩 작아지고, 또 실제로 남성과 새로운 관계를 맺을 용기도 얻게 되기 때문이에요. 지금은 비록 불행에 익숙하다 해도 포기하지 마세요. 이제부터라도 새로운 행복을 보고, 경험하면 당신의 마음도 정서도 분명히 달라질 거예요. 경험을 통해 형성된 두려움이라면, 새로운 경험을 통해 바꾸는 것도 가능하다는 사실을 꼭 기억했으면 해요.”

생각에 관하여

　“어린 시절 좋아하는 아이에게 그런 말을 듣는 경험은 너무나 충격적이었겠어요. 단순히 '싫다' 는 말을 들어도 상처를 입었을 텐데, 못생겼다는 말에 비웃는 듯한 모습까지 봐야 했으니 어린 마음에 얼

　이야기를 들어주는 심리학

마나 수치심을 느꼈을까요? 아빠든, 다른 친구든, 누군가 나서서 그 아이를 나무라고 그 말이 틀렸다고 해 준 사람이라도 있으면 좋았을 텐데, 그런 경험도 기억에 없군요.

아마도 어린 시절 당신 주위엔 예쁘다고 말해 주는 좋은 남성이 없었나 봐요. 사실 딸이면 못나도 아빠들이 예뻐 죽겠다고 보듬고 챙기기 마련인데요. 당신의 아버지는 그런 표현이 서툰 사람이었나 보군요. 그래서 결과적으로 당신은 자신이 사랑스럽다는 사실을 이성에게 충분히 확인받지 못한 채 상처만 안고 자라게 된 거죠.

솔직히, 당신이 스스로 사랑스럽지 못하다고 생각하는 일과, 다른 남성들도 그런 식으로 생각할 거라는 믿음이 안타깝다 못해 속상해요. 왜냐하면 당신은 제가 보기에도 날씬하고 상당히 매력적인 외모를 가졌으니까요. 모든 남성이 당신 스타일을 좋아하진 않겠지만, 분명 좋아하는 사람들도 상당히 있었을 텐데요. 더구나 '못생겼다'고 말한다면 그 사람의 취향을 상당히 의심해 봐야 할 걸요. 어린 시절 그 아이는 그저 놀리고 싶었거나 분위기를 띄우려고 철없이 한 말임을, 지금 우리가 그 또래의 아이들을 보면 알잖아요.

이런 제 말이 지금은 이해되지 않는다는 걸 알아요. 당신 안엔 너무나 생생한 사실로 기억되어 있으니까요. 어린 시절의 그 사건과, 지금까지 아무도 날 사랑해 주지 않았다는 증거가 말이죠.

그런데 혹시 이 사실은 알고 계세요? 누군가를 좋아한다고 표현하는 일은 남자들에게도 매우 큰 용기를 필요로 하는 일이에요. 좋아하는 상대일수록 거절을 당할까 봐 두렵기 때문이죠. 그냥 적당히 편한 거리에 있는 것이 아니라 그 사람의 가장 가까운 곳에 가고 싶고,

또 나의 가장 가까운 자리에 와 달라고 요청하는 일이기 때문에 사랑
은 그 자체가 모험이에요. '나' 라는 경계를 허물고 '너' 와 하나가 되
고 싶다고 말해야 하니까요.

당신이 좋아하던 누군가에게 고백해 본 적이 있나요? 그때 느꼈
던 두려움 이상으로 남자들도 두려움을 느껴요. 한국 사회는 남성들
에게 약한 모습을 보여선 안 된다는 부담감을 더 안겨 주거든요. 그래
서 이전에 당신에게 호감을 보였던 남성들은 사실 굉장한 용기를 낸
거였어요. 그리고 더 가까이 가기 위해 당신이 조금이라도 용기를 주
길 바랐던 거죠. 자신을 받아들일 의사가 있다는 가능성을 열어 주길
말이죠.

정말 좋아한다면, 그런 게 없어도 다가오는 게 당연하지 않느냐고
요? 아뇨, 사실 그 정도로 상처를 두려워하지 않는 사람은 거의 없어
요. 그리고 성숙한 사람이라면 그런 식으로 행동하지도 않죠. 상대방
과 균형을 맞춰 감정을 키워 가길 원하니까요.

그런데 상대가 다가오면 당신은 바로 '이 사람이 날 상처 주지 않
을까' 라는 두려움부터 느꼈죠. 그래서 상대방에게서 그런 불안을 확
인하는 증거들을 찾아내며 소극적이 되었을 거예요. 그럼 어떤 일이
일어날까요? '이 사람은 나에게 호감이 없구나' 라거나, 심하면 '날
의심하는구나' 라는 오해를 하게 만들죠. 결국 당신은 상대가 좀 더
증거를 보여 주길 원했지만, 상대는 용기를 잃고 돌아서는 상황이 생
기지 않았을까요? 안타깝죠.

그래서 전 당신이 이 사실을 알기 원해요. 한 남성이 당신에게 다
가오기 위해서는 상대방도 당신의 모험을 필요로 한다는 사실을. 상

대방이 다가오지 못하는 것은 당신이 싫기 때문이 아니라, 당신이 마음을 열어 준만큼 자신도 더 다가가려고 하기 때문이죠. 이건 사실 동성이든 이성이든 비슷해요. 우리는 친밀감을 쌓을 때 상대방이 나에게 열어 준 마음의 크기를 보면서 그 거리를 좁혀 가죠. 당신도 가까운 친구들과 친해진 과정을 생각해 보세요.

현실의 남성은 동화 속의 백마 탄 왕자님과는 조금 달라요. 상대방도 당신만큼이나 상처 받기를 두려워하는 한 인간이죠. 용기를 줘야 해요. 물론 먼저 '당신이 좋아요' 하면서 갑작스레 다가갈 필요는 없지만, 당신의 관심과 애정을 보여 줘야만 하죠. 무엇보다 그 사람이 당신에게 호감을 가지고 있다는 사실을 믿어 주는 신뢰가 필요해요.

'나를 한없이 사랑해 주는' 사람을 만나고 싶나요? 그렇다면 당신도 '같이 한없이 사랑할' 준비를 해야 해요. 지금까지는 나의 불안에서 나오는 모든 의심들을 다 극복하고 척척 다가오는 사람이 진짜 날 사랑하는 사람이라고 생각했다면, 이제는 그 생각을 바꿔 보기로 해요. 사랑은 서로가 용기를 내고 모험을 하는 일이에요. 당신을 사랑스럽게 생각하는 상대의 마음을 신뢰하고, 또 지금의 친절함을 있는 그대로 믿어 줘야 하죠. 지금의 당신에겐 매우 낯설고 어렵지만, 그 노력을 시작할 때 비로소 상대로부터 당신이 두려워하던 말 대신, 듣고 싶었던 '사랑스럽다'는 말을 듣게 될 거예요. 힘을 내세요. 사랑은 용기와 변화를 양분으로 자라는 씨앗과 같으니까요."

감정에 관하여

"당신은 지금의 문제를 극복해 보려고 참 열심히 생각했군요. 그래서 옛날의 기억이 영향을 미친다는 사실도 알고, 부모님의 불화도 관련이 있다고 생각해요. 그런데 그렇게 열심히 원인을 찾고, 해결도 하고 싶은데 막상 상황이 닥칠 때는 당신의 의도와 상관없이 불안이 올라오는군요. '지금 내가 또 이렇게 불안하구나, 이유는 아마 옛날 일 때문이겠지.' 이렇게 생각하는 일이 최선일 뿐, 정작 불안해하는 감정을 바꾸진 못해 답답하고 좌절할 때가 많았죠.

하지만 전 당신을 칭찬해 주고 싶네요. 그동안 참 잘해 왔어요. 당신이 '내가 왜 이럴까'라고 생각하며 열심히 원인을 찾아보려고 한 시간이 결코 소용이 없었던 게 아니에요. 도리어 당신이 이 문제를 극복하는 데 큰 도움이 될 거예요. 그동안 혼자서 포기도 않고 열심히 생각해 왔군요. 애를 많이 썼네요.

그래도 막상 불안한 감정 상태는 여전히 바뀌지 않는데 지금까지 해온 일이 무슨 소용이냐고요? 사실 그 감정이 쉽게 변하지 않는 이유가 있답니다. 그래도 변화시키려면 당신이 열심히 논리적으로 생각하는 과정이 꼭 필요해요. 조금 어려운 이야길 할게요. 우리 인간의 뇌는 아주 복잡하고 다양한 기능을 하는 기관이죠. 그중에 욕구와 충동, 감정을 주로 관장하는 곳을 대뇌변연계라 불러요. 뇌의 안쪽에 있는데요. 이곳은 우리의 생존을 위한 본능적 반응을 주로 한다고 생각하면 돼요. 그리고 당신이 열심히 원인을 찾으며 사용했던 기관은 대뇌피질, 특히 전두엽이죠. 이곳이 우리의 논리적 사고와 체계적 판단을 담당하거든요.

이 두 곳은 다 기억을 관장하지만, 대뇌변연계에 저장된 기억은 무의식적 영역에 가깝죠. 그런데 인간이 아이일 때 먼저 완성이 되는

이야기를 들어주는 심리학

곳은 대뇌변연계예요. 전두엽은 그보다 천천히 완성되어 가기 때문에, 어릴 때 경험한 강렬한 기억은 특히 변연계 깊숙이 저장되기가 쉽죠. 그런데 문제가 있어요. 변연계는 기억을 논리적으로 해석하지 않아요. 그리고 이 기억이 불쾌한 것이었다면 변연계는 이 기억과 비슷한 자극이 올 때마다 불쾌한 감정을 다시 일으켜요. 즉, '이 기억과 비슷한 상황은 위험해!' 라고 경고하는 거죠.

예를 들자면 사자를 만났을 때 우리는 '저건 사자고, 육식성이고, 나를 해칠 가능성도 높아. 그러니 피해야 해.' 라는 식으로 사고하고 행동하지 않죠. 바로 공포심과 긴장감이 치솟으면서 몸이 저절로 피하고 달아나려 하는 거죠. 변연계에 저장되었던 '위험한 동물' 이라는 기억이 일으키는 정서 및 신체 반응이에요. 그런데 우리는 왜 이렇게 느끼는지 그 순간 이유를 알지 못해요. 변연계는 체계적으로 기억을 정리해서 우리가 떠올리도록 해주는 기관이 아니니까요. 또 정말 위험한 경우와 그렇지 않은 경우를 잘 구분하지도 못하죠. 판단과 재해석을 하는 역할은 전두엽이 하거든요. 그러니 변연계는 비슷한 상황이 되면 일단 무조건 경종을 울리게 되요.

당신의 경우 남성을 만나면 일어나는 반응이 이 변연계의 작용과 관계가 많아 보여요. 그럼 거의 무의식적으로 일어나는 일인데 어떻게 하냐고요? 그래요, 그저 이 사실을 알게 된 정도로 변연계는 달라지지 않죠. 그럼에도 우리가 전두엽을 통해서 상황을 정확히 판단하고 합리적 결론을 내리는 일은 중요해요. 사실 뇌의 이 두 기관은 연결되어 있으니까요. 즉, 변연계의 기억을 전두엽이 재해석하는 작업을 해야 하죠.

머리가 아프죠? 이제 어려운 이야기는 그만할게요. 우리가 분명히 알게 된 사실은 당신이 어릴 때 겪은 부모님의 불화나, 그 남자아이의 놀림이 전두엽뿐만 아닌 변연계에 저장된 기억이라는 사실이에요. 그러니까 당신에게 남자는 '위험신호'를 발생시키는 대상인 거죠. 그래서 당신은 남성을 만날 때 마치 무서운 동물을 만난 것처럼 긴장하고 조심스러워지죠. 현재로는 거의 자동적으로 말이에요. 그런데 그 순간 당신이 느끼는 감정은 사실 두려움만이 아니에요. 잘못 울린 경보음이 워낙 커서 잘 느끼진 못하지만, 만남에 대한 기쁨, 호감을 받는 행복감, 관계에 대한 기대감과 설렘도 분명 있어요. 그리고 우리는 이 두 종류의 감정들 사이에서 어느 한쪽을 선택하는 게 가능해요. 전두엽의 도움을 받아서 말이죠.

이제는 '이 상황은 별로 위험하지 않아'라고 당신의 뇌를 설득할 필요가 있어요. 그러려면 기존의 기억과는 다른 예외 경험을 많이 해야 하죠. 변연계가 '이젠 별로 위험하지 않나 보네'라고 느끼도록 말이에요. 이 과정이 아까 말한 기억의 재해석 작업이에요. 어떻게 하냐고요? 이젠 불안한 상황이 왔을 때 느껴지는 감정 그대로 반응하는 것이 아니라 합리적인 판단에 따라 대안적 감정을 느끼려고 노력하는 거죠. 그리고 그 감정을 느끼는 것처럼 행동하고 말이죠. 처음엔 쉽지 않겠지만, 이성과 가까워진 상황에서 내가 느끼고 있는 긍정적 감정을 의지적으로 찾는 연습을 하세요. 집에 돌아와서 '나는 오늘 그 상황에 두려움 말고 어떤 다른 감정들을 느꼈지?' 하고 찾아보는 거죠. 글로 써 봐도 좋아요. 그리고 찾아낸 그 감정에 맞게 행동하는 거예요.

예를 들면, 우연히 남성과 같이 식사를 하게 된 경우, 물론 불안하

이야기를 들어주는 심리학

고 긴장되겠지만 집에 와서 내가 느낀 좋은 감정은 뭐였을까 찾아봐요. 찾아낸 감정이 대화를 할 때 느낀 즐거움이었다면 '오늘 함께 이야기해서 즐거웠어요.'라고 문자를 보내는 거죠. 처음엔 이런 감정들의 소리가 너무 작게 들리겠지만, 자꾸 귀를 기울이기 시작하면 조금씩 그 목소리가 커질 거예요. 찾기도 더 수월해지죠. 물론 두려움은 계속 있어요. 그래도 오랜 시간 이 작업을 계속하면 어느새 두려움의 힘이 많이 약해져 가는 걸 느낄 거예요. 계속 불안이 올라오면 그때마다 전두엽의 도움을 받으세요. '난 이제 어린아이가 아니고, 그런 말을 듣는다 해도 옛날처럼 그냥 당하고만 있진 않아. 그리고 이젠 내게 그렇게 말하는 사람도 없지. 이 정도로 불안한 감정은 잘못된 거야.' 이렇게요.

계속 예외 경험을 쌓기 시작하면 당신의 뇌도 불안뿐 아니라 다른 감정들을 느끼는데 조금씩 더 활발해질 거예요. 당신이 이성과 만날 때 느끼게 되는 감정은 두려움만이 아니에요. 당신의 뇌는 그보다 훨씬 풍성하고 아름다운 감정의 하모니를 만들어 낼 능력이 있음을 믿어 봐요. 보물찾기를 하는 기분으로 저와 함께 하나씩 찾아보지 않겠어요? 그 아름다운 감정들이 주는 행복을 당신도 누리길 진심으로 바라요."

행동에 관하여

"당신이 남성을 만나면 굳어지는 이유 중에는 분명 익숙하지 않기 때문도 있을 거예요. 그러나 이런 행동을 하는 이유가 그뿐만은 아니라는 사실을 우리는 이제 알죠. 앞서 말했듯이, 우리는 여러 가지 이유에서 연습이 필요해요. 남성을 만나고, 새롭게 반응하고, 새롭게 느껴 보는 연습 말이죠.

당신이 진정 원하는 행복은 한 남성과 만나서 서로 사랑하고 관계를 아름답게 가꾸며 행복한 가정을 이루는 일이죠. 그런데 지금 당신에겐 남성 자체가 두려움의 대상이기 때문에 '당신이 사랑하고 사랑받고 싶은 사람'은 거의 최종 보스 같은 존재예요. 안 그래도 긴장되는데 거기다 사랑의 감정까지 더해지면 얼마나 마음을 가누기 어렵겠어요? 그러니 차근차근 남자들에게 익숙해져 보기로 해요.

먼저 연애가 목적이 아닌 만남의 자리에서 연습해 보는 거죠. 당신이 평소 관심 있거나, 지금 소속되어 있는 공동체 중에 남자들과 자연스럽게 함께 활동할 공간이 있나요? 예를 들자면 동호회 활동이나 자원봉사 모임 같은 것도 좋아요. 다 같이 모여 밥도 먹고, 서로 자연스럽게 대화를 하게 되는 그런 모임을 찾아봐요.

우선은 상대를 내가 여자 친구들을 대할 때와 똑같이 대한다는 목표를 세우세요. 누군가 말을 걸어온다면 긴장하지 않고 여자들에게 하듯이 반응하는 연습을 하는 거죠. 앞서 말한 대로, 불안을 인정하지 않고 긍정적인 감정을 찾는 연습이 도움이 될 거예요. 사람은 여럿이니까 실수하더라도 기회는 많아요. 친구들에게 인사는 당신이 먼저 하기도 하죠? 그렇게 모임에서 연습할 목표를 세워 봐요. 첫 주는 반갑게 인사해 줄 때 반갑게 반응하기, 둘째 주는 내가 먼저 가서 인사해 보기, 셋째 주는 한 사람과 5분 이상 대화해 보기, 같은 식으로 말이죠.

제가 표를 만들어 줄게요. 당신이 한 칸씩 목표를 써 보겠어요? 어

이야기를 들어주는 심리학

색한 면이 많더라도, 그날의 목표를 시도해 보았다면 성공이에요. 발전하고 있는 과정이죠. 그러니 작은 성공에도 자신을 칭찬해 주세요. 혹시 좋은 반응이 한 번이라도 있었다면 꼭 적고 충분히 기뻐해야 해요. 당신 삶에 새로운 사건들이니까요.

이렇게 모임을 가지면서 해야 할 일이 하나가 더 있어요. 여러 남성들의 모습을 한번 객관적으로 관찰해 보는 거예요. 그동안은 남자들을 볼 때 '저 사람은 분명 이런 모습 때문에 상처를 줄 거야.' 하는 식의 관찰이 많았을 거예요. 상대방의 위험요소를 족집게처럼 찾아내는 거죠. 그러나 당신의 예민한 관찰력 자체는 장점이에요. 이젠 그 관찰력을 불안을 확인하기 위한 방편이 아니라 '객관적'으로 활용해 보자고요.

남성을 내가 사랑받아야 할 대상으로 보기 전에, 한 명의 관찰대상으로 보세요. 마치 실험실에 있는 듯한 기분을 가지면 좋겠어요. 그리고 여자와 비슷한 면과 다른 면들이 어떤 게 있는지 관찰해 보는 거죠. '내게 어떻게 대할' 가능성을 찾는 게 아니라 그냥 '여자와 어떤 공통점, 차이점이 있지?' 라고 관찰 보고서를 작성하는 거예요.

앞서 말한 목표를 수행하면서, 때론 나누는 대화 속에서, 단체로 회식을 하는 자리에서도 그런 다름은 많이 느껴질 거예요. 그런 특징들을 하나씩 모아 정리해 보세요. 두 달 정도를 '보고서 만들기'의 일차 기한으로 둘까요? 이 일을 하다 보면 긴장감이 많이 줄어든 상태에서 남성이라는 존재를 객관적으로 이해하는 데 도움이 될 거예요. 나와 비슷한 면, 다른 면을 찾는 동안 '아, 남자들도 사람이구나.' 라고 구체적으로 느끼게 되면 좋겠어요.

이렇게 상대방을 이성으로 인식하지 않고 친숙해지는 연습을 하다 보면 남성에 대한 신뢰감이 형성되고 그냥 '인간 대 인간'으로서 친근감을 갖는 법을 배우게 될 거예요. 남성도 좋은 사람과 나쁜 사람이 있고, 나와 잘 맞는 사람과 그렇지 않은 사람도 있죠. 이런 보편적인 이해와 신뢰가 바탕이 되어야 그 위에 더 특별하고 친밀한 관계도 만들게 돼요. 그러니 이 새로운 모험을 함께 해 볼까요? 자신이 사랑하는 사람을 잘 이해하고 사랑해 주는 멋진 여성이 되는 걸 목표로 말이죠."

몸에 관하여

"분명히 말하건데 당신은 못생기지 않았어요! 믿지 않아도 별 수 없죠. 그건 사실이니까요. 물론 지금의 모습에서 맘에 안 드는 부분도 있겠죠. 당신이 세상에서 가장 아름다운 여성이 된다고 해도 자신에게 만족하지 못할 부분은 있을지도 몰라요. 아름답고 멋진 탤런트들도 자신의 외모에 대한 불만을 다 가지고 있다는 사실을 아나요? 외모로 우열을 가리는 일은 정말 안타깝고 누구도 만족이 없는 허무한 경쟁이죠. 실제로 그 기준조차 제각각이니까요.

그러나 당신이 '난 사랑스럽지 못해'라고 생각하는 마음은, 당신이 깊이 상처 받았음을 의미하죠. 사랑스러운 외모가 못되기 때문에 난 행복해지지 못한다는 슬픈 생각이 깔려 있는 거예요. 어릴 때 당신은 그런 메시지를 받았고, 그런 식으로 말한 그 아이를 비난하기보다 '내가 정말 못 생겼구나'라고 그 말을 사실로 받아들였어요. '나 때문에' 그런 일이 생긴 거죠. 그러니 나의 행복을 막고 있는 건 그 누구도 아닌 나 자신이 되어 버렸어요.

이야기를 들어주는 심리학

그런데 전 여기서 걱정되는 점이 하나 있어요. 나의 외모 때문에 행복하지 못하다면, 나를 가꾸고 소중히 하고 싶은 마음이 들까요? 당신이 원하는 일은 '사랑스러운' 여성이 되는 일이잖아요. 그런데 정작 자신을 사랑스럽다고는 믿지 못하고 있죠. 내가 스스로 사랑스럽지 못한데, 누군가 사랑스럽게 본다 한들 그게 믿어질까요? 더구나 자신을 열심히 가꿔 보아도 '역시 이래 봤자야'라는 패배감이 계속 들진 않을까요? 언제나 자신을 사랑스럽지 못한 사람으로 보고 있으니까요.

정말 변하고 싶지만, 아무리 노력해도 마음이 바뀌지 않는 한 여전히 난 사랑스럽지 못한 사람임에는 변함이 없죠. 당신 눈에 자신의 미운 모습들이 계속 보일 테니까요. 이 딜레마 속에서 탈출하지 못하는 한, 당신은 계속 불행하지 않을까요.

그래서 전 당신에게 감히 말하고 싶어요. 당신이 자신을 사랑하지 못하는 한, 사랑스러운 사람이 되진 못할 거라고 말이에요. 더 구체적으론 당신이 자신의 외모를 사랑하지 못하는 한 말이죠. '난 완벽해!'라는 나르시시즘에 빠지라는 말이 아니에요. 나의 장점을 잘 알고 그걸 충분히 인정해 줘야 한다는 말이죠. 그래야 다른 누군가 '너 그 모습이 예쁘구나.'라고 말할 때 '그래, 내가 그 부분이 좀 괜찮지.'라고 인정할 힘이 생겨요. 자신감도 붙고요.

그러니 이제 내 몸에 대한 새로운 관점을 가져 보지 않겠어요? 제가 숙제를 하나 내 드릴게요. 지금부터 일주일에 다섯 개씩 자신의 장점을 찾아보세요. 특히 외형적인 부분에서요. 처음엔 잘 안보일 거예요. 그래도 꾸준히 계속 하셔야 해요. 이 장점 찾기를 하려면 나의 모습을 자꾸 새로운 관점에서 봐야만 해요. 예전에 단점이라고 생각한 부분도 재평가해야만 하고요. 그래야 새로운 장점을 계속 찾게 되니까요. 그렇게 찾다 보면 '내가 이렇게 장점이 많았나?' 하는 생각이 들겠죠. 그럼 잘하고 있는 겁니다.

그리고 찾아낸 장점을 돋보이게 하는 새로운 방법을 저와 함께 연구해 보기로 해요. 예를 들어, 당신은 예쁜 팔 라인이 장점이네요. 그럼 그걸 돋보이게 하는 방법은 뭐가 있을까요? 어떤 스타일의 옷을 입었을 때 더 강조가 될까요? 무조건 드러낸다고 해서 좋은 것도 아니죠. 패션은 우리가 충분히 즐기고 연구해볼 만한 심오한 영역이랍니다. 그리고 나의 장점들을 계속 가꾸는 생활 습관도 함께 찾아봐요. 예를 들어, 스트레칭 10분이 당신의 장점을 강화해 준다면 즐겁게 그 일을 하는 거죠. 어때요, 함께 생각해 보는 일도 즐겁지 않겠어요?

이렇게 나의 장점을 발견하고 소중히 관리하는 생활에 집중하면 그건 곧 나 자신의 모습을 사랑하는 일의 시작이에요. 그렇게 해 가면서 새롭게 변화시키고 싶은 면들을 적극적으로 바꿔 보세요. 그럼 당신은 자신을 생각할 때 슬픈 표정 대신 점점 생기 넘치는 표정을 짓게 될 테니까요. 자신을 가꾸는 일에 재미도 느끼고 말이죠. 이런 자신감과 생동감이 당신이 바라던 '사랑스러움'의 가장 큰 요소임을 당신도 알게 되길 바라요. 여성을 빛나게 하는 매력은 바로 자신을 가꿀 줄 아는 감각과 자신감이니까요."

대인관계에 관하여

"이제 당신의 관계의 폭이 넓어질 때가 되지 않았을까요? 그동안 친구가 다 여자들뿐이었다면 이젠 남자 친구도 만들어 보면 좋겠어요. 연인이 아니라 남자인 '친구'를 말이죠. 남자들과도 친구가 되려면 그들의 '다름'을 이해해 주어야 해요. 그러기 위해서 우리가 관찰도 하고, 관계를 맺는 연습도 해 본 거죠. 그렇지만 친구가 되기 위해서는 여자 친구들과 동일하게 대해 주어야 할 필요도 있죠. 그런데 이성과 관계 맺기가 어려운 사람들 중에는 이 부분에 어려움을 겪는 사람들이 많아요. 바로 나의 태도에 차이가 있는 거죠.

당신은 어떤가요? 친구가 되는 과정부터 생각해 봐요. 처음 모르는 여성이 다가올 때 당신은 어떻게 대하나요? 그리고 남성에게는 어떻게 대하나요? 그리고 다가오는 동기는 어떻게 생각하나요? 남자들도 여자들이 다가올 때와 똑같은 목적으로 다가온다고 느끼나요? 이정도만 생각해 보아도 이미 대하는 태도와 생각에 차이가 많음을 알게 되죠. 물론 완전히 똑같을 순 없겠지만, 적어도 인간으로서 신뢰해 주는 마음은 동일해야 한다고 생각해요. 그런데 당신이 여성과 다르게 남성을 경계하는 이유는 불안하기 때문이죠.

이 불안을 걷어 내야 할 필요는 충분히 공감했죠. 그러면 이제 정말 여자 친구와 친해지듯이, 한번 좋은 남자 친구도 만들어 보겠어요? 지금 당신에게 가장 큰 도움이 될 도전이라고 생각해요. '친구'가 필요하기 때문에 그 사람이 꼭 미혼일 필요는 없겠죠. 또 나이 차이가 많이 나도 크게 문제가 되지 않을 듯해요. 도리어 이미 결혼을 한 사람이거나, 나이가 많이 차이 난다면 당신이 이성으로 의식하는 부담감을 줄여 주는 효과도 있지 않을까요? 그렇게 먼저 당신이 '친구'가 되고 싶은 좋은 사람을 찾아보세요. 대화가 잘 통하고, 그쪽도 당신을 편안하게 대해 주는 사람이어야겠죠.

좋은 사람을 만났다면, 이젠 여자 친구들과 친해졌을 때처럼 한번 대해 보는 거예요. 두려워하지 말고, 이야기를 들어 주면서 그 사람의 신뢰할 만한 부분들을 찾아보세요. 당신이 친구들과 만날 때 소중히 여기는 부분을 그 사람에게서도 찾는 거죠. 그리고 발견된 좋은 점을 있는 그대로 믿어 주세요. '친구'가 되고 싶다는 의사를 표현해도 좋아요. 동성 친구들에게 하듯이, 편안한 관계를 만들고 싶은 당신의 마음을 상대에게 전해 보세요.

당신이 여성들과 친구가 될 때는 관계의 변화가 자연스럽죠. 처음에 별로 의식하지 않았던 사람이 지내다 보니 대화가 잘 통해 친구가 되기도 하고, 같이 어떤 일을 하면서 자주 부딪혀 자연스럽게 친해지기도 하죠. 그런 것처럼 남성에게도 똑같이 해 보는 거예요. 여자 친구들과 하듯이 농담도 해 보고 같이 진지한 대화도 해 봐요. 여럿이 함께 만나 놀러 가기도 하고, 맛있는 걸 먹으러 가기도 하고 말이죠. 당신이 이렇게 행동을 조금 바꾸어 보면 생각보다 상황이 많이 달라지는 걸 발견할 거예요. 그리고 나중에 정말 연인이 생겼을 때 남자의 입장에서 조언도 해 줄 소중한 친구를 얻게 되겠죠.

남성들과도 친밀감의 경계를 제한하지 말아요. 남자들과도 친구가 될 수 있고, 친한 선후배, 좋은 멘토도 될 수 있죠. 물론 연인도 될 수 있고 말이죠. 사람은 변화무쌍한 존재이기에, 그 사람들 간의 관계도 변해 가죠. 그런 수많은 관계의 형태 중에 서로 즐겁고 의미 있는 관계를 공유할 순간이 있다는 건 참 신비롭고도 행복한 일이지 않나요?

남자를 '내가 사랑받아야 할 대상'이라는 단순한 정의에서 이제 자유롭게 풀어 주기로 해요. 그들도 나처럼 우정과 신뢰와 애정을 필요로 하는 한 명의 실존적 인간임을 인정해 주세요. 그리고 좋은 친구를 만나듯이, 훌륭한 동료를 만나듯이 그들과도 사람 대 사람으로서 만나다 보면 어느 순간 '친구'에서 연인으로, 동료에서 '연인'으로 자연스럽게 다가오는 사람도 생길 거예요. 그러면 당신은 상대가 이성이기 이전에 한 명의 인간임을 알기에, 더 편안하게 그 사람을 받아 주지 않을까요? 먼저 남성이라는 성별을 가진 한 사람을 있는 그대로 바라보고, 사랑해 주세요. 그럴 때 당신 안에 있는 두려움도 넘어설 신뢰와, 또 함께 있어도 편안한 관계의 자유로움이 당신 삶에도 찾아오리라 생각해요."

성공에 관하여

"당신은 인생을 실패하지 않았어요. '나'라는 존재가치는 연애를 해 본 경험의 유무 정도로 달라지지 못해요. 전 세계에서 단 하나밖에 없는 다이아몬드보다 당신이 더 독특하고 놀라운 존재임을 아나요? 전 세계에서 유일할 뿐 아니라, 당신은 살아 있으니까요. '무엇을 어떻게 했는가'와 상관없이 당신은 비교하지 못할 존귀한 가치를 가진 사람이에요.

그런데 이런 나를 비참하게 만들 능력이 있는 존재가 딱 하나 있어요. 바로 자신이죠. 다른 사람들이 뭐라고 비난한다 해도, 자신이 그 말을 믿지 않으면 여전히 그 사람은 존귀한 존재로 살아가죠. 역사에 위대한 방향 전환을 가져온 많은 위인들이 그랬듯이 말이죠. 그러나 아무도 비난하지 않는다 해도 스스로 자신을 무가치하고 초라하다고 생각한다면 그걸 막아 줄 능력을 가진 사람은 아무도 없어요. 그만큼 자신의 내면세계에 대한 고유권한은 절대적이에요.

당신에게 묻고 싶어요. 당신이 연애를 해보지 못했기 때문에 실패자라고 말하는 사람은 누구인가요? 당신 주위에서 계속 그렇게 말하고 있는 사람이 있나요? 저도 아니고 당신의 가족도 아니에요. 어릴 때의 그 개구쟁이 꼬마조차도 그렇게는 말하지 않았죠. 그렇다면 계속 그렇게 말하고 있는 사람은 누구인가요? 그 말을 마치 소중한 법처럼 절대적으로 신뢰하고, 그러면서 상처 받고 있는 사람은 바로 당신 자신이 아닌가요?

가슴 아픈 말일지도 모른다는 걸 알아요. 당신을 아프게 하고 싶은 마음은 전혀 없어요. 하지만 그보다 더 당신이 그 잘못된 믿음 때문에 고통받는 걸 멈추도록 돕고 싶어요. 당신이 받을 필요도 없고, 받아서도 안 되는 고통이기 때문이에요. 생각을 해 봐요. 당신은 부모님이 고통으로 가득한 인생을 사셨다고 생각하죠. 그런데 그분들은 결혼을 하셨어요. 몇 번씩 결혼과 이혼을 반복하다 마지막엔 쓸쓸하게 죽어 간 여인들도 많죠. 마리아 칼라스처럼 말이에요. 평생을 독신으로 살아가는 수녀님들은 어떤가요? 마더 테레사의 인생을 우리는 실패했다고 평가하나요?

연애를 평가적 가치로 다루는 건 이제 그만두기로 해요. 마치 능력이나 성공의 기준이라도 되는 것처럼 짝이 있는 사람들과 자신을 비교하며 스스로 비참해지는 습관도 이제 멈춰요. 이렇게 간단한 생각의 전환만으로도 그 힘을 잃고 마는 거짓말을 계속 믿고 살아간다면 분하지 않나요?

당신은 연애를 하지 못해서 실패한 사람이 아니에요. 아름다운 연애를 해 보길 원하는 소망을 가진 사람이죠. 바람이 아직 이뤄지지 않아 아쉽고 답답해하지만 순수하고 단정한 태도를 가진 한 사람의 아름다운 여성, 이게 바로 당신이에요.

당신의 소원이 이뤄지길 저도 바라요. 건강하고 행복한 사랑을 하고 화목한 가정을 이루는 모습을 진심으로 보고 싶어요. 그 꿈을 이루기 위해서 함께 여러 가지 방법도 생각해 보고 새로운 변화도 시도했죠. 그러나 인생의 진정한 성공은, 연애로 결정되지 않아요.

진정으로 성공한 인생은 삶에 대한 깊은 의미를 발견하는 사람의 것이라고 생각해요. 마지막에 기뻐하고 감사하며 눈 감게 되는 생애. 그 삶이 진정한 의미에서 성공한 인생이지 않을까요? 어떤 외모나 재산, 지위와도 상관없이 우리들은 모두 성공한 인생을 살 기회가 있어요.

진정으로 성공한 인생을 살기 위해 지금부터 내 삶을 소중하게 가꿔 가요. 나를 소중히 여기세요. 그럼 당신의 인생에도 아름다운 사랑이 선물로 다가올 거예요. 당신이 누군가를 사랑할 만한 준비가 된 여성으로 변화되어 갈 테니까요. 기대감을 가지세요. 자신을 사랑하고 소중하게 여기는 여성에게, 그 여성을 사랑하고 소중하게 대해 주는 남성도 가까이 다가올 것임을 전 믿고 있어요."

사랑에 관하여

"사랑은 그저 받는 것이 아니에요. 사랑은 '하는' 것이죠. 누군가와 사랑한다는 일은 사랑을 받는 것 이상으로 사랑을 주는 걸 의미해요. 바로 당신이 상대를 사랑 '하는' 시간이 당신이 기다리고 있는 언애이죠. 그래요, 연애는 사랑을 받는 만큼이나 사랑을 해 주는 일로 채워져 있어요.

지금까지 당신의 연애에 대한 고민을 살펴보면서 우리는 두려움과 만났죠. 상대가 나를 상처 입히지 않을까 의심하고, 나를 정말 사랑해 줄지 끊임없이 확인받고 싶어 했던 두려움. 그러면서 그 두려움을 해결하는 책임까지도 상대 남성에게 맡기고 있었죠. 지금 내 앞의 그 사람이 날 두렵게 한 것도 아닌데 말이에요.

말했듯이 사랑은 '서로 하는' 것이죠. 그러나 내가 그 상대를 의심하고 두려움을 없애 줄 증거를 요구하고 있는 동안은 나는 그 사람을 '사랑하는' 게 아니에요. 즉, 사랑은 시작되지도 못했고 시작될 수도 없죠. 설사 상대방이 나를 사랑한다 하더라도 내가 그를 사랑 '하고 있지' 않으니까요. 그리고 자신을 믿지 못하고 위험한 존재로 의심하는 여성을 남자가 일방적으로 사랑하기란 참 어려운 일이죠. 당신이 표현하지 않는다고 하더라도 말이에요. 사랑받기 어려웠던 이유가 조금은 이해되나요?

우리는 말하지 않아도 눈빛으로, 몸의 반응으로, 미세한 행동들과 사소한 선택들로 자신의 마음을 이야기해요. 그리고 사랑은 서로의 마음이 열릴 때 시작되는 화음과 같죠. 당신이 마음을 열고 상대방을 향해 사랑을 연주하지 않는 동안은 상대방도 느껴요. 아직 '사랑'이 시작되지 못한다는 것을. 상대가 당신에게 호감을 가지고 있다 해도 그것이 사랑이 되질 못하죠.

그래서 사랑에는 '용기'가 필요해요. 어떻게 될지 끝을 알지 못하고, 상대방이 날 얼마나 크게 사랑해 줄지 다 알지 못해도, 지금 여기

이야기를 들어주는 심리학

서 나와 함께 있는 이 사람에게 마음을 여는 용기, 상처를 받을 각오와 상대가 소중히 하는 이상으로 나도 이 관계를 소중히 할 용기가 있어야 해요. 그리고 이렇게 용기를 내기 위해서 당신에게 꼭 필요한 또 한 가지는 바로 '신뢰'예요.

지금까지 우리가 깊이 살펴보았던 두려움은 사실 내 안에서 만들어진 것이죠. 상대방이 나에게 준 감정이 아니에요. 그렇기에 이제 이 두려움을 해결할 책임은 다시 나에게로 가져와야 해요. 이 두려움과 싸울 사람은 바로 '나'이지 상대가 아니니까요. 그리고 이제는 상대를 내 두려움과 상관이 없는 새로운 한 사람으로 만나주어야 해요.

그는 어릴 때 날 놀리던 그 남자아이도, 엄마를 행복하게 해 주지 못한 나의 아빠도 아니에요. 나와 전혀 다른 인생, 다른 경험을 하며 살아온, 지금 내게 다가서려 용기를 내고 있는 한 남성이죠. 앞의 두 사람 만큼이나 내게 새로운 경험을 안겨 줄 가능성을 가진 새로운 사람이에요. 그 사람이 보여주는 친절이나 호감, 성품의 여러 좋은 모습들을 있는 그대로 믿어 주는 신뢰, 그것이 바로 당신의 사랑에 꼭 필요한 변화임을 이젠 알지 않나요?

당신에게 다가서는 남자를 이제 나도 사랑할 만한 소중한 사람으로 대해 주세요. 그 사람을 있는 그대로의 모습으로 믿으려 하는 당신을 두려움이 또 막아서겠죠. 그러나 그 두려움을 상대에게 확인받으려 하지 않고 나 스스로 벗어나려 선택하세요. 사랑은 그렇게 분명한 나의 책임을 필요로 하는 관계에요. 일방적으로 의존하는 게 아니라 끊임없이 스스로 변해가려 노력해야만 지켜지는 관계죠. 그렇게 상대를 의심하지 않고 사랑하려 노력할 때 상대도 당신의 의심을 넘어서 신뢰를 주고 사랑하려 노력할 거예요. 왜냐하면 당신에게 사랑받고 있음을 느끼니까요. 그렇게 사랑은 '서로' 가 해야만 자라 가는 관계예요.

기억하세요. 사랑은 일방적으로 받는 게 아니라는 사실을. 상대가 지고 가야 할 만큼 나도 이 선택의 책임을 지고, 그 사람이 나에게 헌신하기를 원하는 만큼 나도 그를 위해 노력하는 관계가 당신이 원하는 진정한 사랑이에요. 상대도 나만큼 사랑받지 못할까 봐 두려워하고, 상처로 끝날까 봐 두려워하죠. 그러나 '우리' 가 행복한 관계를 만들 거라 믿고 모험을 하는 거예요. 이렇게 사랑을 해야만 행복한 관계를 만들게 되니까요. 그러니 용기를 내세요. 당신도 함께 믿고 모험을 시작할 때 비로소 그토록 바라던 연애의 화음이 시작될 거예요. 그리고 당신은 끝까지 아름다운 곡을 완성해 낼 힘이 있어요. 스스로 달라지고자 하는 용기를 가지고 포기하지 않고 노력해 온 사람이 바로 제가 만난 당신이니까요."

그 후의 이야기

후텁지근한 공기가 밀려온다. 창문을 열자 강렬한 열기에 익어 가고 있던 빛살이 방안으로 뛰어들었다. 일렁일렁 아지랑이가 피어오르는 도로. 올해는 10여 년만의 폭염이라고 했던가. 거리에는 토요일 오후인데도 사람들이 많지 않다. 다들 어딘가의 에어컨이 켜진 닫힌 공간에 들어가 이 더위를 피하고 있겠지.

가방을 챙겨 들고 일어섰다. 한결 밝아진 옷 색깔에 발랄한 차림의 나를 마지막으로 거울에 비춰 확인하고는 문을 나선다. 오늘은 새로 이사할 집을 알아보러 가는 날이다.

"여보세요. 네, 안녕하세요. 지금 그쪽으로 가는 길인데요…… 네. 15분 정도면 도착할 거예요. …… 예식장 앞이요? 네, 알겠어요. 좀 있다 뵐게요."

부동산 업자의 전화를 끊고는 택시를 잡았다. 시원하게 식은 시트에 몸을 기대고 창밖의 풍경을 바라보노라니 두근두근 심장이 뛴다. 지금까지 살던 작고 어두운 방에 처음 들어가면서 이곳을 나갈 때는 결혼할 때리라 생각했다. 그러나 지금 난 혼자서 새로운 나의 보금자리를 찾으러 간다는 묘한 감격을 맛보고 있다.

'나를 위해 예쁘고 환한 방을 선물해 주는 거야.'

마치 태어나서 처음으로 낯선 곳을 탐험하는 듯한 흥분과 긴장감. 얼마 전까지는 하루 빨리 든든한 남자가 나타나 내 생활환경이나 중요한 문제들을 척척 변화시켜 주길 원했었는데.

'…… 지금은 내가 하고 싶은 일인데 자기가 다 해 주려고 들면 짜증날 거야.'

왠지 웃음이 나와 피식 웃고는 두 팔을 한번 꼭 안았다.

여러 집을 돌아보고서도 까다롭게 고민하는 나를 상대하느라 부동산 업자도 지쳤나 보다. 그래도 어쩌랴. 나에겐 특별한 의미가 있는 집인걸. 안쓰러운 마음에 조금 미안해졌지만 곧 애써 마음을 고쳐먹었다. 괜찮아, 이 사람에겐 이게 직업이잖아. 나 자신을 위한 큰 선물인데, 꼭 맘에 드는 집을 찾아야지.

여자 혼자 와서 의외로 고집스럽게 구는 게 당황이 되었던지, 몇 차례 여기저기 전화를 해 보던 끝에 한 곳을 안내받았다. 작은 공원을 옆으로 낀 조용하고 한적한 동네의 집이었다.

"여깁니다."

부동산 업자가 문을 열어서 방을 보여 주자, 난 커다란 창문에서 온화하게 들이 비치고 있는 오후의 햇살이 제일 먼저 눈에 들어왔다. 환하고 포근한 방. 여성스럽게 무늬가 박힌 벽지의 색깔과 전에 살던 사람의 취향이었는지 군데군데 붙어 있는 나비 모양의 장식물까지. 지금 살던 방의 두 배는 될 듯한 아기자기하게 꾸며진 공간이 편안하게 날 감싼다.

'여기야!'

다른 곳을 둘러보겠냐는 업자에게 이곳을 계약하고 싶다고 하자, 이제야 해방된 듯 시원한 표정이 비로소 그의 얼굴에 돌아온다. 간단하게 이사 날짜와 계약금을 논의하고는 바쁘게 사라져 가는 부동산 업자의 차를 배웅했다.

'내가 해냈는걸!'

이번에 이사할 땐 동호회의 친구를 좀 불러서 도와 달라고 할까. 남자의 힘이 아무래도 좀 필요할 테니까. 그럼 밥은 뭘 먹여야 하나? 역시 중식?

이런 저런 생각들을 하며 한가롭게 집 주변의 동네를 걸어 보았다. 한때는 나 혼자서 남편은커녕 남자 친구도 없이 이렇게 살아야 한다는 게 초라하게 느껴진 적도 있었는데. 지금은 나의 삶을 가꾸고 누리며 새로운 시도들을 해 보는 게 재밌다. 당장 결혼 안 해도 될 듯한 기분이 들만큼.

　'지금도 행복한 가정을 이루고 싶은 꿈은 여전히 가지고 있지만…….'

　먼저 나 혼자서도 행복하게 살 줄 알아야겠다. 그게 내가 내린 결론이었다. 내가 행복해야 만나게 될 사람도 행복하게 해 줄 힘이 생길 것 같다. 그 사람에게 온몸을 의지하지 않아도 두 발로 잘 서 있는, 때로는 의지도 되어 주는 그런 내가 되고 싶다.

　파란 하늘이 시원해 보인다. 더운 바람이 살랑 머리를 흩트리며 따뜻한 손으로 뺨을 쓰다듬고 지나간다. 태양으로부터 쏟아지는 뜨거운 열기가 대지를 짙은 푸른빛으로 성숙시켜 가고 있다. 이 열기의 끝에는 빨갛게 상기된 열매들이 더 달콤한 향기로 맺히는 걸까?

　천천히 버스 정류장 쪽으로 발걸음을 옮기며 그런 생각들에 잠겨 있을 때였다.

　"…… 저기"

　"…… 네?"

　"갑작스럽게 죄송한데요, 아무래도 말을 걸어 보고 싶어서 …… 지금 말 걸지 않으면 후회할 것 같았거든요. 저…… 괜찮으시면 연락처 좀 가르쳐 주시겠어요?"

　한 선량해 보이는 남자의 목소리와 어우러진 매미 울음소리가 귓전에 요란하다. 맴맴맴맴 …… 그 소리를 들으며 나의 여름이 깊어 가고 있었다.

다시 만나는 시대 속 인물

프리다 칼로

프리다 칼로는 가장 유명한 여성 화가 중의 한 사람이다. 사실 대중적으로는 그녀가 위대한 화가로 존경하고 사랑했던 디에고 리베라보다도 훨씬 많이 알려져 있다. 그녀는 인생의 말년에 이렇게 말했다고 한다. "나의 평생 소 원은 세 가지뿐이다. 디에고와 함께 사는 것, 그림을 계속 그리는 것, 공산당원으로 활동하는 것."

그런데 이 말은 진실이었지만, 거짓을 내포하고 있는 진실이었다. 그 세 가지는 그녀가 진정으로 원했던 것이고, 잃게 되었을 때 슬퍼했던 것이기도 했지만, 또한 '어쩔 수 없이 원하게 된 것들'이기도 했기 때문이다.

1907년 7월 7일 멕시코의 코요아칸에서 태어난 프리다 칼로는 여섯 살 때 소아마비를 앓아 한동안 다리를 제대로 쓸 수 없었다. 그래도 그 정도로 그쳤다면 그녀는 좀 내성적이고 어두운 구석이 있을망정 전체적으로 평범한 여성으로 자랄 수 있었을 것이다. 실제로 18세가 될 무렵 그녀는 총명하고 발랄하며 생명의 약동이 넘치는 소녀로 즐겁게 살아가고 있었다.

그러나 그해(1925년) 9월에 끔찍한 교통사고가 일어났다. 그녀가 타고 있던 버스와 전차가 정면충돌했고, 전차의 쇠난간이 부서지며 프리다 칼로의 복부를 관통했다. 그녀는 기적적으로 목숨을 건졌지만 척추와 골반에 남은 후유증이 평생 그녀를 괴롭혔고, 나이를 먹을수록 고통과 병세가 악화되어 끝내는 다리를 절단해야 했다. 그리고 아마도 그 때문에, 평생 아이를 가질 수 없었다(임신은 여러 차례 했으나 매번 유산되었다.).

프리다 칼로는 의대에 진학하려는 꿈을 접어야 했고, 대신 그림과 정치에 관심을 두기 시작했다. 그녀는 사고 전에도 취미로 그림을 즐겨 그렸지만 어디까지나 취미였다. 하지만 한동안 하반신을 움직이지 못하며 병원 침대에 누워만 있으면서 시간을 때울 방법 중 하나가 침대에 누운 채로 그림을 그리는 것이었고, 그리하여 본격적으로 그림에 재미를 붙인다. 또한 민족주의와 반제국주의, 사회주의가 뒤섞여서 억압적인 정부에 저항하고 있었던 멕시코의 정치 현실에 진지하게 관심을 두기 시작한다. 그리하여 그녀는 그림에도 옛 멕시코 미술의 화법을 적용하여 자신의 진보적, 저항적인 입장을 나타내려고 했다. 그 이전에 그린 그림을 보면 유럽풍이 강했고, 지적이면서 신경질적인 소녀 취향의 그림이던 것이 교통사고 이후로 전혀 다른 방향으로 발전하게 된다.

그리고 1928년, 프리다는 디에고 리베라를 만난다. 유럽의 초일류 예술가들과 교류하며 세계적인 명성을 날리고 있던 그는 멕시코로 돌아와 벽화 작업을 하고 있던 중이었다. 그녀는 학교를 방문한 그를 몇 년 전에 잠시 보았었다. 하지만 그때는 큰 관심이 없었는데, 이제는 달랐다. 프리다는 거장인 그에게 자신의 그림을 인정받고 싶었으며, 나아가 이 사람의 특별한 존재가 되기 바랐다. 마법은 이루어져서, 1년 뒤에 두 사람은 결혼식을 올린다. 프리다는 22세, 리베라는 43세였다. 뜻밖의 사고로 소녀 시절의 꿈이 무참하게 부서진 후 '재생'을 찾고 있던 그녀에게 리베라는 연인이자 남편이자 아버지이자 스승이었다.

그러나 리베라는 전형적인 '마초 영웅'이었다. 개구쟁이 사내아이를 확

대해 놓은 것 같은 이런 남자는 결코 한 여성에게 만족하지 못하며, 끝없이 바람을 피우지만 자신의 여자가 피우는 바람은 용서하지 못한다. 그리고 술과 여자, 미치광이 같은 일탈에서 삶의 기쁨을 느끼는 한편으로 뭔가 위대하고 숭고한 사명을 수행해야만 삶의 보람이 있다고 여긴다. 프리다는 리베라의 기행과 과대망상에 장단을 맞춰 주었고, 그의 정치적 낭만주의에 동참하여 스스로도 공산주의자가 되었다(그러나 실제로 진지하게 공산혁명에 동참한 적은 없었으며, 노선 차이가 극과 극인 트로츠키와 친했다가, 스탈린을 숭배했다가 했다. 두 사람은 국제적 명성 덕분에 세계를 돌며 호화로운 생활을 했지만, 그녀는 항상 "나와 내 그림은 비참한 멕시코와 세계의 민중들을 잊지 않는다"라고 말했다.). 바람기만큼은 그녀도 괴로울 수밖에 없었지만, 그래도 못 본 척, 못 들은 척하는 식으로 넘어가곤 했다.

그러나 결국 사정이 달라졌다. 리베라가 하필 프리다의 여동생 크리스티나에게까지 손을 댔다는 사실, 그리고 그녀가 그린 그림이 점점 유명해져서 '나도 천재다. 이제는 굳이 디에고의 그늘 아래 있을 필요가 없다'는 생각이 싹트기 시작했다는 사실이 그녀를 디에고에게서 해방시키는 작용을 했다. 그래도 프리다는 리베라를 떠날 수 없었는데, 끊임없이 나빠져 가는 그녀의 건강이 큰 이유 중 하나였다. 리베라는 "내가 돈을 벌어 오면 프리다의 병원비로 순식간에 없어진다."라고 불평하곤 했다. 프리다는 물질적으로도 리베라에게 의존했지만, 또한 고통스러워하는 자신이 매달리고 위로받을 수 있는 정신적 의지처로서도 리베라를 떠나보낼 수 없었다.

이런 모순된 상황에서 그녀는 더욱 열심히 그림을 그리고, 농담을 하고, 그리고 바람을 피웠다. 원숙기에 도달한 그녀의 그림을 보면 배에서 태아가 빠져나와 공중에 떠 있거나, 프리다 스스로의 머리를 한 사슴이 온통 화살을 맞으며 달리고 있거나 한다. 이를 두고 유럽에서 유행하던 초현실주의의 하

이야기를 들어주는 심리학

나라는 비평을 받기도 했으나, 그녀 스스로도 말했듯이 "나의 그림은 초현실이 아닌 현실이다." 초현실주의는 여성의 배꼽에서 호랑이가 튀어나오는 식이지만, 그녀의 그림은 태아가 튀어나오고 있으며 그것은 아기를 낳지 못하는 자신의 괴로움을 '있는 그대로' 묘사했던 것이다. 그렇다면 여자 머리를 한 사슴이 달리는 것 같은 '비현실'적인 화면은 풍자화나 만화의 묘사에 가깝다. 하지만 풍자화나 만화로 보기에는 그 페이소스가 너무 슬프고 무겁다.

그녀는 고통받는 자신의 모습을 비현실적이고 과장된 터치로 그려냈다. 그렇게 하여 치솟는 울분과 끝없는 무력감, 비애, 공포를 해소하려 했던 것이다. '자신이 원하지 않은 운명'을 '자신이 창조한 형상'으로 바꿈으로써. 사교적인 자리에서 그녀를 만난 사람들은 그녀가 늘 유쾌했으며 농담을 잘했다고 하는데, 겉으로는 아무 근심도 없는 듯 즐거운 체하고(또는 진짜로 느끼는 즐거움을 과장하고), 진지한 현실을 뒤틀고 장난거리로 만드는 농담을 하는 일 역시 자신의 고통을 해소하는 방법이었다. 여기에 변함없는 애정만 주어졌다면 그녀의 정신 건강은 큰 문제가 없었을 것이다. 하지만 리베라가 갈수록 그녀에게 실망과 불안을 주고 있었다. 결국 프리다는 눈물을 짜고, 집안일을 그만두고, 바가지를 긁는 등의 '평범한 아내들'의 바람기 대처법 대신에 스스로도 바람을 피기로 선택했다. 그것은 '오로지 디에고의 사랑에만 목을 매고 있는' 자신의 조건에 대한 풍자나 농담 같은 것이었다.

그러나 그 사실을 리베라가 알아 버렸고, 마초 영웅에게 그것은 견딜 수 없는 일이었다. 결국 두 사람은 1939년에 이혼했다. 프리다 칼로의 정신적, 육체적 건강은 악화일로에 빠졌다. 연애 문제에서 자신을 잃어버린 그녀는 정치에 힘을 쏟기 시작했는데, 급진적이다 못해 잔혹할 정도의 정치행동까지 지지하고 나섰다. 그림도 점점 이상해졌다. 전에는 비참한 내용일지라도 '풍자'라는 틀에서 잔잔하고 유머러스하게 표현되었는데, 이때는 거칠고 흉흉한 기운이 화폭에서 감돌았다.

결국 스스로도 우울과 노쇠를 겪고 있던 리베라가 재결합을 원함으로써 사태는 극단적으로 치닫지는 않았다. 그러나 이미 그녀의 상태는 회복이 불가능한 지경까지 이르러 있었다. 두 사람은 10년 남짓 두 번째 결혼생활을 이어갔으나 전과 같은 열렬함은 없었고, 갈수록 올라가는 프리다 칼로의 명성에 반비례해 건강은 나빠져 갔다. 마침내 1954년 7월 13일, 그녀는 코요아칸의 집에서 숨을 거두었다. 임종의 자리에는 아무도 없었고, 뒤늦게 발견한 간호사가 다른 집에서 지내고 있던 리베라에게 소식을 전했다. 그녀가 자살한 것일지도 모른다는 추측도 있다.

프리다 칼로처럼 지독하고 치명적인 건강 장애를 가진 사람이 그토록 많은 것을 누리고 살며, 놀라운 업적을 이룬 경우는 흔치 않다. 그녀가 마음의 고통을 달래려 썼던 방식인 '그림', '농담', 그리고 '사랑'도 유효했다. 하지만 그 세 가지는 동시에 마음의 고통을 계속해서 재생산하는 기능도 하고 있었다. 늘 소박한 삶과 낮은 곳의 삶을 생각했다는 그녀, 그녀가 '생각'만이 아니라 실제로 그런 삶을 느끼고 동참하는 시도를 해 보았으면 어땠을까.

이야기를 들어주는 심리학

5 장

행복한 삶을 위해 지켜야만 하는 것들

여행이 이제 거의 끝나 갑니다. 이 한 권의 시간 동안 저와 동행하면서 당신은 무엇과 만나셨나요? 행복이란 무엇일까라는 작은 고민과 보통사람이라는 환상, 모두가 당연한 듯 지고 있었던 여러 불편한 모습들을 만나셨나요? 그리고 먼저 행복을 찾는 여행을 떠난 사람들의 모습 속에서 비슷한 고민을 하고 있는 자신도 만났으리라 믿습니다.

깊은 고민의 자리에서 용기를 내어 새로운 자원들을 캐내는 그들의 모습을 보면서, 혹시 당신도 자신의 자원들을 발견했나요? 그랬다면 제가 이 작은 책을 세상에 내놓은 의미는 충분히 채워지고도 남은 것입니다.

우리가 처음 이 여행을 시작한 목적은 '행복'이었습니다. 어떻게 내 삶 속에 숨어 있는 행복들을 길어 내어 만날 수 있을까, 그 달고도 시원한 맛으로 목마른 내 삶을 축일 수 있을까 하는 은근한 기대로 당신은 이 장까지 왔겠지요. 이 길을 걷는 동안 우리는 행복을 방해해 왔던 크고 작은 장애물도 알게 되었고, 그것을 치워 낸 사람들의 모습도 보았습니다. 어떤가요? 당신의 행복을 방해하고 있던 장애물을 치우는 방법도 이젠 조금씩 보이나요?

이 책 속의 사람들이 받았던 위로를 당신도 받고, 그들이 자신을 깊게 만났던 모습을 통해 당신도 자신을 만났다면 좋겠습니다. 이 한 권의 제한된 지면을 통해서 많든 적든 당신이 행복해질 자원을 발견했다면 그것만으로도 큰 수확입니다. 그러나 이 책을 곧 덮게 될 지금, 분명 이제까지의 나에겐 낯선 그 자원들과 새로운 삶의 방법들이 당신의 두 손 위에 놓여 있습니다. 당신은 이것을 어떻게 하고 싶나요?

긴 여행의 끝에서 우리는 다시 여기 섰습니다. 과거의 나와 작별하고 새로운 삶에 도전할까, 지금 모습 이대로 그냥 머물러 있을까를 고민해야 하는 선택의 기로에 말입니다.

처음부터 그랬듯이, 그 선택은 당신의 몫입니다. 행복을 찾아내는 눈을 한번 크게 떴다 해도, 그 다음 순간 다시 눈을 감는 것조차 어느 누구도 막지 못할 당신의 선택입니다. 이 생의 주인은 바로 당신이기 때문입니다. 그래서 전 당신에게 묻고자 합니다. 행복을 만날 준비가 되셨나요? 날마다 새롭게 길어 올리는 변화의 물결 속에서만 살아서 역동하는 행복을 말이죠. 매일 조금씩 성장할 때만 행복은 색이 바라지 않으니까요.

준비가 되셨다면 이제 우리의 남은 이야기들을 하고자 합니다. 이미 찾아온 행복, 혹은 그 행복을 얻는 지혜들을 계속 지키고 가꿔 갈 소중한 방법들에 대한 이야기입니다.

유리창을 닦고 세상을 보기

이 책에서 만난 사람들의 모습을 보면 공통적으로 가지고 있는 어려움이 있었습니다. 그것은 바로 세상을 바라보는 마음의 창문이 각자의 얼룩으로 왜곡되어 있었던 것입니다. 어떤 사람은 잿빛으로 칠해진 창문을 보며 세상은 삭막하고 어둡다고 느꼈고, 어떤 사람의 창문에는 폭풍우가 몰아치듯 늘 흠뻑 젖어 울고 있는 세상이 보였습니다. 진한 종이가 붙어 있어 누군가 다가와도 보지 못했던 창문, 커다란 붉은 얼룩이 있어 사람들이 내게 늘 물감 폭탄을 집어던지는 듯 보이는 창문도 있었습니다. 그렇게 얼룩이 덮인 창문으로 세상을 보면 우리는 거절감과 우울함, 외로움과 버거움을 느끼게 됩니다. 아무도 나와 싸우려 하지 않아도 늘 전쟁터에 놓인 듯 긴장해서 예민하게 자신의 상처를 핥게 되는 것이죠.

그래서 새롭게 행복을 만나려면 제일 먼저 내 마음의 창에 있는 얼룩을 닦아내야 합니다. 그래야 정말 투명한 세상, 있는 그대로의 세상이 보이기 때문이죠. 때로는 비바람도 치고 추운 겨울의 쓸쓸한 풍경도 있겠지만, 그래도 투명한 창을 통해서만 간밤의 폭풍우를 이겨낸 나비의 날갯짓과 겨울을 쫓아 보내는 매화의 꽃망울도 볼 수 있습니다. 어려움보다도 훨씬 자주 우리에게 다가오는 작은 희망들 말입니다. 바로 이런 삶의 아름다움을 발견하는 일이 행복의 열쇠입니다.

이 책에 소개된 이야기에서, 생각과 과거의 기억 깊숙이 숨어 있던 얼룩들을 하나하나 닦아내는 작업을 그렇게 정성스럽게 해야 했던 이유가 바로 이것입니다. 우리가 편견이 없고 맑은 눈을 가지고 있어야 내게 다가오는 상황을 정확하게 만나고, 그 속에서 희망도 발견해 낼 테니까요. 가슴속의 상처와 상관없이 세상을 객관적으로 바라보고 그 속에서 희망을 찾아내는 능력이, 바로 행복한 사람들이 갖고 있는 힘입니다.

때로는 인생의 먹구름이 다가와 우리 마음에 비를 내릴 때도 있습니다. 그럴 때 우리는 잠시 웅크리고 앉아 비가 그치기를 기다립니다. 이 외롭고 추운 시간이 지나가길 말이죠. 그런 날이라 할지라도 우리는 최소한 투명한 창문을 갖고 있어야 합니다. 그래야 부옇게 흐려진 창문에다 손가락으로 웃는 얼굴이라도 그리며 그 너머로 세상을 보니까요.

힘든 상황과 슬픈 감정이 찾아온 날도 내 안에서 웃는 그림으로 그 풍경을 재해석해 내는 힘. 그것은 바로 그 창을 통해 이미 많은 행복을 찾아낸 사람들에게서만 나옵니다. 이 시간이 지나면 반드시 다시 행복을 만나리라는 기대감이 그런 그림을 그리게 하니까요.

이제 이 책을 보며 찾아낸 나의 얼룩들을 닦아내기로 합시다. 이 얼룩들은 바로 우리가 세상에 대해, 혹은 자신에 대해 잘못 갖게 된 신념입니다. 당신이 투명한 세상을 바라보려 하면 분명 그 왜곡된 믿음들은 당신을 방해할 겁니다. 오랫동안 익숙해진 광경이기 때문에 원래 세상이 이렇다고 당신을 속일지도 모르죠. 그러나 기억해야 합

이야기를 들어주는 심리학

니다. 그것은 어디까지나 내 창문에 생긴 얼룩이라는 것을. 그걸 닦아 냈을 때 당신은 훨씬 넓고 다양한 행복의 가능성들을 만나게 됩니다. '항상' 나를 버려두거나, 비난하는 세상 따위는 그 어디에도 없으니 까요.

한번 유리창을 닦았다 해도 얼룩들은 은근슬쩍 다시 생기기 마련 입니다. 그래서 날마다 새롭게 창문을 닦고 행복을 만날 준비를 해야 합니다. 내가 자라기를 멈추고 정체된다면 그 순간부터 다시 마음의 창문은 흐려지기 시작합니다. 머릿속의 왜곡된 얼룩들과 싸우세요. 그 얼룩을 지워 주는 새로운 경험들을 적극적으로 받아들이기 바라 요. 이 노력이 책을 읽고 있는 지금만이 아니라 매일의 삶에서 계속될 때, 이전과는 전혀 다른 행복한 세상을 만나리라고 전 확신합니다.

나를 수용하고 안아주기

이 세상에서 가장 큰 적은 바로 '나 자신'입니다. 죽고 싶어질 만 큼 자신을 몰아붙이는 치명적인 방법을 아는 사람도, 다른 사람들의 칭찬을 한 방에 물리쳐 버릴 막강한 비난의 말을 아는 사람도 바로 '나 자신'이지요. 그래서 사람들은 누구보다 나 자신에게 사랑받지 못해 불행하고 힘들 때가 많습니다.

이 책에 있는 사람들은 예외 없이 자신을 수용하고 사랑해 주는 연습을 했습니다. 그래야만 진정으로 행복해질 수 있기 때문입니다. 때로는 너무나 연약하고 때로는 지나치게 콧대가 높아지기도 하는,

남한테 보이기엔 부끄러운 자신을 가장 잘 알고 있는 사람은 바로 당신이죠. 그런데 가슴 한쪽에 숨긴 이 약한 나를 스스로 비난하는 동안은 어떤 좋은 걸 가져도 행복은 요원할 뿐입니다.

그래서 우리는 나와 화해하는 연습을 해야 합니다. 성공적으로 잘 살아갈 때뿐 아니라 실수하고 약하며 게을러지고 마는 자신까지 있는 그대로 안아 줄 때, 우리는 '자기비하'와 헤어질 수 있습니다.

사람은 장점과 단점 모두를 가진 복잡한 존재죠. 장점만을 가진 나는 진짜 내가 아닙니다. 마치 TV영상처럼, 옳고 좋은 모습만을 비춰 대는 깊이도 없고 이상한 존재일뿐이죠.

인간은 르누아르의 그림과 같습니다. 어두운 음영과 조화되지 않으면 밝은 색채가 진정한 화사함을 드러내지 못하죠. 그렇기에 당신의 약함, 실수, 눈물들도 존재를 더 풍성하고 깊게 만드는 소중한 요소입니다.

그러니 이제 나를 안아 줍시다. 실패할 때 '그럴 만해, 난 완벽한 사람이 아니잖아.'라고 말해 주세요. 그럼 당신은 훨씬 빨리 용기를 얻게 될 거예요. 혹시 마냥 나 자신을 방임하게 될까 봐 두려운가요? 그런 걱정을 하고 있다면 당신은 결코 자신을 그냥 내버려두지 못하는 사람입니다. 그러니 걱정 말아요.

나 자신을 안아 주는 방법 중 가장 좋은 방법이 바로 칭찬입니다. 완벽한 사람이라면 칭찬받는 일을 하는 것이 당연하고, 그 칭찬도 별 가치가 없겠죠. 그러나 실수가 많고 노력하는 존재인 까닭에, 우리에게 칭찬은 내가 열심히 이 순간을 살고 있다는 확인이자 선물입니다.

칭찬을 받아들이지 못하는 사람들은 흔히 '난 그만큼 잘하지 않

이야기를 들어주는 심리학

았어.', '내게 진심으로 이런 말을 하는 건 아닐 거야.' 라고 생각합니다. 이 말 뒤에는 완벽을 추구하는 높은 기준이 깔려 있죠. 그게 아니라 내가 정말 잘한 게 없는 듯해 그렇다고요? 네, 맞습니다. 그 정도는 별것 아니라는 자신에 대한 비현실적인 기대가 있으니 지금 행동 정도는 잘한 게 아니죠.

자신은 비난하면서 남은 늘 칭찬하는 사람들이 있습니다. 그런데 이건 사실 말이 안 되는 일입니다. 그 칭찬은 진심으로 상대를 향한 격려이기보다, '남을 칭찬하는 착한 행동을 해야 한다' 는 높은 기준을 만족시키려는 이기적인 행동이죠. 자신에게 높은 잣대를 들이대는 사람은 깊은 관계로 들어갈수록 결국 상대에게도 높은 잣대를 대고 있음이 드러납니다. 그 기준은 '사람은 누구나 이 정도는 해야 한다' 는 인간 자체에 대한 높은 기대에서 오기 때문입니다. 그래서 자신을 안아 주지 못하는 사람은, 진정한 의미에서 남도 안아 주지 못합니다. 칭찬을 받아들이지 못하는 사람은 남을 진심으로 칭찬하기도 어려운 거죠.

자신을 수용하는 사람은 칭찬을 겸허히 받아들이고 진심으로 기뻐합니다. 약하고 실수도 많은 내가 누군가에게 칭찬을 들을 정도로 노력했다는 사실을 대견해하죠. 작은 것 하나를 이루고서도 성취감을 느끼고, 다음에 대한 기대감을 가집니다. 물론 그러다 실수해도 괜찮습니다. 원래 실수하는 게 당연한 사람이니까요. 이런 사람들은 결코 자신을 확대해서 바라보지 않습니다. 어쩌다 거만해지더라도 '아, 내가 또 교만해졌구나. 그래, 난 원래 이렇게 착각도 할 만한 약한 사람이지.' 라 생각하고 곧 본래의 자신으로 돌아옵니다.

이런 사람에겐 매일의 삶이 감탄의 연속입니다. 삶이 즐거워지고, 좌절해도 빨리 일어나죠. 이 사람들은 '난 이 정도밖에 안 돼.' 같은 말은 결코 하지 않습니다. 더 잘해야 하는데 이 정도밖에 못했다는 의미가 깔려 있는 그런 말 대신, '이만큼 해내다니 대단해.'라고 말하죠. 진정한 겸손은 '자기비하'에서 나오는 것이 아니라, 자신을 정확히 알고 수용하는 겸허한 마음에서 나옵니다.

자신을 칭찬하는 일은 즐거운 경험입니다. 더 나은 삶을 추구하려는 자신을 격려하는 최고의 방법이기도 하죠. 진정한 칭찬 안에는 연약한 자신을 그대로 안아 주는 수용과, 그런데도 발전하는 자신에 대한 감탄이 있으니까요. 그래서 칭찬은 우리 모두에게 필요합니다. 진심으로 받아들이는 연습도, 진심으로 칭찬하는 연습도 해야겠죠.

남에게 칭찬을 듣는 일도 소중하지만, 내가 노력하고 성취한 것에 대해 가장 잘 아는 사람은 바로 나 자신이죠. 매일 자신을 칭찬해 주세요. 그 칭찬은 남이 해 주는 것 이상의 큰 힘이 있습니다. 아무도 내 마음에서 빼앗거나 멈추게 하지 못하니까요.

행복해지기 위해서 이제 자신과 최고의 친구가 되기로 해요. 비난을 멈추세요. 나는 사실 실수하는 게 당연한 약한 사람입니다. 그렇기에 작은 성취만으로도 칭찬받을 이유는 충분합니다. 나를 있는 그대로 안아 주세요. 그리고 약하면서도 늘 더 나아지기 위해 노력하는 자신을 계속 격려하기 바라요. 자신의 연약함을 용납하고 작은 성취도 있는 그대로 기뻐하는 마음, 그 마음이 바로 행복한 사람들이 가진 최고의 보물이자 겸손이라는 아름다운 성품의 비밀입니다. 그렇기에 마음이 가난한 사람들은 행복한 것이죠.

이야기를 들어주는 심리학

우리가 '클로버'라고 부르는 토끼풀은 사실 잡초입니다. 어디라도 자투리 흙만 있으면 끈질기게 자라나는 생명력이 강한 풀이지요. 사람 손이 닿지 않은 깨끗하고 고요한 곳만이 아니라, 오염된 대도시의 힘없는 가로수 밑에서, 모래 가득한 학교 운동장의 구석에서, 심지어는 흙이라곤 모두 아스팔트로 덮어 버린 도로가의 먼지 쌓인 틈에서조차 토끼풀은 올라와 소복하게 자신들의 영토를 펼칩니다. 조금만 눈을 돌리면 어디서나 쉽게 찾아볼 수 있는 흔하고 초라한 풀, 그게 바로 토끼풀이지요.

그런데 우리는 토끼풀을 단순히 잡초 취급만 하진 않습니다. 어쩌다 그 녹색 무더기가 눈에 띄면 가만히 들여다보며 무언가를 찾습니다. 나폴레옹의 생명을 구해 주었다는 네 잎 클로버의 의미가 바로 '행운'이기 때문이지요. 네 잎이 달린 토끼풀은 흔하지 않기 때문에 어쩌다 찾아내면 우리는 왠지 뿌듯하고 기쁩니다. '행운'을 잡았다고 느끼니까요. 그런데 네 잎 클로버 한 장 주위로 소복하게 무리를 이뤄 자라난 세 잎 토끼풀의 의미는 무엇인지 아나요? 그 의미는 바로 '행복'입니다.

제겐 '행복'이란 의미가 더 소중합니다. 그래서 어느 날부터 세 잎 클로버를 더 좋아하게 되었습니다. 삶의 터전 어디에서든 끈질긴 생명력으로 흙을 밀치고 올라오는 그 행복. 흔하게 느껴질 만큼 무수히 많이 덮여 손을 흔들고 있는 그 행복이 왠지 감동적으로 보여, 전 그 모습을 보며 삶의 작은 지혜를 깨닫습니다.

오늘 당신 주위에 있는 소중한 것들을 만나세요. 어제와 슬프게 헤어져야 했던 사람도 있겠지만, 지금 이 순간에도 여전히 내 곁에서 당연한 듯 손을 흔들고 있는 오늘이 있습니다. 거리를 걷다 한번 올려다본 하늘에서 하얗게 빛을 반사하는 구름, 길거리에서 배가 고파 주머니의 잔돈 얼마를 주고 받아 드는 따끈한 붕어빵, 오늘도 나를 반갑게 맞아 주는 익숙한 그 사람이 바로 당신의 세 잎 클로버입니다.

전화기를 꺼내 들고 친근한 이름들에게 전화를 하세요. 하루를 살아가다 칭찬받을 일이 생기거든 기꺼이 기쁜 마음으로 수용하세요. 이것들이 하나씩 당신의 마음에 줄기를 늪히고 새로운 뿌리를 내려 점점 더 푸른빛을 늘려 갈 것입니다. 당신 삶 속에서 지금 다가온 작은 행복을 일상적인 순간으로 지나쳐 버리지 말고 꼭 붙잡으세요. 그리고 마음껏 누리세요. 그러면 그 행복은 다음에 더 많은 무리로 당신을 찾아올 것입니다. 아니, 당신이 그 행복의 푸른 무더기들을 더 쉽게 발견하게 될 것입니다.

살아가다 보면 이런 행복들을 놓칠 때도 있습니다. 열심히 연습했던 행복을 찾는 방법을 잊어버리고, 그냥 발아래 잡초인 것처럼 밟고 지나갈 수도 있습니다. 가끔씩 내게 화려한 변화를 가져다 줄 듯한 극적인 행운은 찾아보지만, 일상적인 행복은 먼 나라의 이야기처럼 그냥 무심히 지나쳐 버릴지도 모릅니다. 이 책에 실린 여러 사람들도 어느새 삶의 속도에 밀려 자신의 찾았던 행복을 다시 놓쳐 버릴 수도 있습니다.

그러나 괜찮습니다. 어딘지 모르게 삶이 우울해지고 다시 색을 잃어 가는 듯한 공허한 느낌이 들면, 그날부터라도 다시 당신의 발밑과

거리 구석구석을 살펴보세요. 분명히 어느 작은 틈이라도 뚫고 올라와, 세 잎 클로버는 손 흔들고 있을 것입니다. 행복은 그동안 왜 날 무시했냐고 화내지 않습니다. 그저 바로 오늘 당신의 삶 속을 푸르게 물들인 채 반갑게 인사할 뿐입니다. 아무리 삭막한 삶이라 해도 아주 작은 틈을 뚫고서 올라와 당신의 삶에 행복의 영토를 넓히고 있을 것입니다.

용기를 내세요. 타샤 튜더처럼, 빅터 프랭클처럼, 당신의 삶에도 분명히 행복해질 충분한 자원들이 있습니다. 당신이 찾으려고만 한다면, 분명 그 행복들은 기꺼이 당신에게로 가까이 다가올 것입니다. 우리가 누릴 행복은 어디서든 찾아낼 수 있고 누구든 누릴 수 있는 보편적이고 소박한 행복, 끈질긴 생명력으로 다시 자라나는 지금 이 순간 만나는 행복입니다.

행복을 같이 찾아 줄 친구가 필요하신가요? 그럼 오늘 저를 찾으세요. 저는 이 땅 전역에 흩어져 살고 있는 심리상담사입니다. 당신이 고개만 돌린다면, 어느 켠이든 반갑게 손을 흔들며 제가 서 있겠습니다. 우리들이 서 있겠습니다.

참고자료

완벽주의로부터의 해방(데이빗 스톱 저, 김태곤 역, 미션월드, 2006)

우리에게 숨어있는 힘(미리암 그린스팬 저, 고석주 역, 또하나의 문화, 2001)

유능한 상담자(제라드 이건 저, 제석봉 외 역, 학지사, 1999)

인지 신경과학과 신경심리학(Marie T. Banich 저, 김명선·강은주·강연욱 역, 시그마프레스, 2008)

타샤의 정원(타샤 튜더·토바마틴 저, 공경희 역, 윌북, 2006)

행복한 사람, 타샤 튜더(타샤 튜더 저, 공경희 역, 윌북, 2006)

현대 이상심리학(권석만 저, 학지사, 2003)

돈 나라 사람 나라(그것이 알고 싶다 700회)

신데렐라 신드롬(그것이 알고 싶다 309회)

타샤의 정원(MBC스페셜 2008. 11. 14)

http://100.naver.com/plant/detail/782516/

http://blog.daum.net/newsbeat/6963807

http://www.opengirok.or.kr/683